罗平汉 / 著

永远的
延安精神

YONGYUAN DE
YAN'AN JINGSHEN

陕西新华出版
陕西人民出版社

图书在版编目（CIP）数据

永远的延安精神/罗平汉著. —西安：陕西人民出版社，2024.3（2024.5重印）
 ISBN 978-7-224-15200-5

Ⅰ.①永… Ⅱ.①罗… Ⅲ.①延安精神—研究 Ⅳ.① D648.4

中国国家版本馆 CIP 数据核字（2024）第 003714 号

| 出 品 人：赵小峰 |
| 出版统筹：关　宁 |
| 策　　划：王亚嘉　马　昕 |
| 责任编辑：赵小峰　王亚嘉　党静嫒　王晓飞　马　昕　程家文 |
| 　　　　　文　博　南先锋 |
| 责任校对：解小敏　周惠侠　常颖凡　陈　曦　张　敏　袁宏军 |
| 装帧策划：赵文君 |
| 封面设计：赵文君 |
| 内文版式：蒲梦雅 |

永远的延安精神

作　　者	罗平汉
出版发行	陕西人民出版社
	（西安市北大街 147 号　邮编：710003）
印　　刷	中煤地西安地图制印有限公司
开　　本	787 毫米 ×1092 毫米　1/32
印　　张	11
字　　数	210 千字　图 52 幅
版　　次	2024 年 3 月第 1 版
印　　次	2024 年 5 月第 3 次印刷
书　　号	ISBN 978-7-224-15200-5
定　　价	78.00 元

如有印装质量问题，请与本社联系调换。电话：029-87205094

前 言

1935年10月19日,中共中央率由原中央红军一军团、三军团和军委纵队组成的中国工农红军陕甘支队,经过二万五千里长征,到达陕甘苏区的吴起镇,由此落脚陕北,实现了中国革命重心从南方到北方的转移。

1937年1月10日,中共中央领导机关离开当时的驻地保安,于1月13日进驻延安。1947年3月,由于国民党军队向陕北发起所谓的重点进攻,并以14万人分两路进攻延安,3月18日,中共中央领导机关撤离战斗、生活了10年又3个月的延安。从延安撤离后,毛泽东、周恩来、任弼时率中共中央和人民解放军总部精干机关留在陕北,指挥全国各战场的作战;由刘少奇、朱德等组成中央工作委员会前往华北,进行中共中央委托的工作;叶剑英、杨尚昆主持的中央后方委员会转移到晋西北,统筹后方工作。1948年3月21日,毛泽东、周恩来、任弼时率中共中央机关和人民解放军总部部分人员从米脂县的杨家沟出发,前往河北与中央工委会合,于23日从吴堡县的川口渡过黄河离开陕北,进入晋绥解放区的临县。如同宝塔山是延安的象征,延安又是陕北的象征,中共中央在陕北战斗、生活了13年,这就是人们所说的党中央在延安13年的由来。

中国共产党领导的新民主主义革命总共 28 年。中共中央在陕北的 13 年，跨越了土地革命战争、全民族抗日战争、解放战争三个历史阶段，是新民主主义革命时期中共中央进驻时间最长的一段时期。延安时期是党的力量得到大发展的时期，也是党自身不断成长成熟的时期。延安时期，党领导人民不但实现国内革命战争到全民族抗日战争的转变，取得抗日战争的完全胜利，奠定人民解放战争胜利的基础，而且积累了不断加强自身建设的一系列经验，实现了马克思主义中国化，培育形成了中国共产党人永远的精神财富——延安精神。延安这座坐落在西北黄土高原的古老城市，因为其在中国革命中的神圣地位而被载入史册，成为共产党人永远的精神家园。

在中国共产党人的精神谱系中，延安精神有其独特的历史地位。2015 年 2 月，习近平总书记在陕西考察时指出："延安是革命圣地。延安时期是我们党领导的中国革命事业从低潮走向高潮、实现历史性转折的时期。老一辈革命家和老一代共产党人在延安时期留下的优良传统和作风，培育形成的以坚定正确的政治方向、解放思想实事求是的思想路线、全心全意为人民服务的根本宗旨、自力更生艰苦奋斗的创业精神为主要内容的延安精神，是我们党的宝贵精神财富。"[1] 2020 年 4 月，习近平总书记在陕西考察时再次强调："党中央在延安十三年，形成了伟大的延安精神。延安精神培育了一代代中国共产

---

[1] 习近平:《论中国共产党历史》，中央文献出版社2021年版，第98页。

党人,是我们党的宝贵精神财富。要坚持不懈用延安精神教育广大党员、干部,用以滋养初心、淬炼灵魂,从中汲取信仰的力量、查找党性的差距、校准前进的方向。"[1] 2022年10月,党的二十大刚刚闭幕,习近平总书记就率领中共中央政治局常委来到延安,瞻仰延安革命纪念地,宣示新一届中央领导集体将继承和发扬延安时期党形成的优良革命传统和作风,弘扬延安精神。

延安精神具有穿越时空的永恒魅力。今天,党所处的历史方位、所面临的形势和任务,与延安时期相比发生了巨大的变化,但延安精神没有过时也不会过时。共产党人在任何情况下,都必须保持政治上的清醒,坚定正确的政治方向,坚定理想信念;解放思想没有止境,实事求是也没有止境,这条思想路线必须长久遵循;党为人民而生,因人民而兴,为人民服务的根本宗旨永远不能忘;时代在变,环境在变,国家走向富强,人民实现小康,但更宏伟的目标等待共产党人去努力实现,自力更生、艰苦奋斗的创业精神始终不能丢。在学习和感悟延安精神的过程中,笔者撰写了这本书,以示对这一伟大精神的崇高敬仰。

---

1 习近平:《论中国共产党历史》,中央文献出版社2021年版,第39—40页。

目 录

001　第一章　十三年奋斗与延安精神的生成

002　一、落脚陕北,建立抗日民族统一战线
011　二、神圣抗战的中流砥柱
028　三、开展党的建设伟大工程
035　四、努力争取和平民主
043　五、实现战略防御到战略进攻的转变
050　六、波澜壮阔的革命实践锻造出伟大精神

063　第二章　坚定正确的政治方向

064　一、"政治方向好像是一个人的头"
074　二、最低纲领与最高纲领的有机统一
087　三、准确把握社会主要矛盾,制定正确的政治路线
112　四、坚持党对一切工作的领导
143　五、以党性修养牢固政治方向

157　第三章　解放思想、实事求是的思想路线

158　一、教条主义给中国革命带来严重危害
168　二、实事求是思想路线的形成发展

179　三、既解放思想又统一思想
203　四、在调查研究中深化对实事求是的认知

225　第四章　全心全意为人民服务的根本宗旨

226　一、人民就是江山，江山就是人民
237　二、一切为了群众，一切依靠群众
255　三、"只为民族与人民求福利"
269　四、政策与策略是党的生命

297　第五章　自力更生、艰苦奋斗的创业精神

298　一、"永远不在困难面前退缩"
310　二、"我们的困难真是大极了"
318　三、自己动手，丰衣足食
330　四、发扬艰苦作风，厉行廉洁政治

第一章 十三年奋斗与延安精神的生成

在中国革命波澜壮阔的历史画卷中，延安时期是极为重要的一段。中共中央在这13年里，领导人民实现了由国内革命战争到全民族抗日战争的转变，取得了抗日战争的伟大胜利，成功将人民解放战争由战略防御转入战略进攻，为新民主主义革命在全国的胜利奠定了基础。在这13年的革命实践中，中国共产党人形成了具有独特气质的革命精神，即延安精神。

一、落脚陕北，建立抗日民族统一战线

陕北，顾名思义，指的就是陕西省的北部地区，包括今天陕西省的延安市和榆林市。它东隔黄河与山西相望，西与甘肃、宁夏毗邻，北与内蒙古相连，南与陕西关中相接，是我国黄土高原的中心地区。战国的秦昭王时期，秦国就在延安一带置高奴县。历史上，延安长期是陕北的政治、经济、文化中心。

陕北是西北地区中国共产党组织建立较早的地区。党成立后不久，就有陕北籍的进步知识分子如李子洲等人加入党组织，他们随后返回家乡传播马克思主义。此后，陕北地区党团组织相继建立，到1926年6月，陕北共建有党组织7个，党员近60人。[1]大革命失败后，陕北地区的党组织与党员积极开展武装斗争。1927年10月，中共陕西省委领导了著名的清涧起义，打响了西北地区武装反抗国民党反动派的第一枪。此后，陕北地区的党组织一直没有停止对武装斗争的探索。20世纪30年代前期，刘志丹、谢子长、习仲勋等人领导创建了陕甘边和陕北两块革命根据地，并先后创建了中国工农红军第二十六军和第二十七军。1935年初，陕甘边和陕北两块革命根据地实现统一，形成了陕甘革命根据地。同年9月中旬，原来战斗在鄂豫皖革命根据地的红二十五军经过战略转移，来到了延川县的永坪镇，

---

[1] 中共陕西省委党史研究室:《中国共产党陕西历史》第一卷（1921—1949），中共党史出版社2021年版，第41页。

随后，红二十五军与红二十六军、红二十七军合编为红十五军团。

1934年10月，中央苏区第五次反"围剿"失利，中共中央、中革军委率中央红军主力等8.6万余人从中央苏区转移，踏上了漫漫西征之路，于1935年6月在川西地区与先期转移到这里的红四方面军会师。两军会师后，红四方面军主要领导人张国焘由于个人野心得不到满足，公然反对中共中央提出的北上的正确方针，主张南下向四川、西康边界退却，甚至电令红四方面军已经过了草地的部队南下。在这样的情况下，为贯彻北上方针，避免红军内部可能发生的冲突，毛泽东、张闻天等中央领导人经过紧急磋商，决定率红一军、红三军（即原中央红军的一军团、三军团）和军委纵队（不久红一军、红三军、军委纵队合编为中国工农红军陕甘支队）先行北上，随后攻克天险腊子口，越过岷山，于9月18日到达甘肃岷县南部的哈达铺（今属宕昌县）。在哈达铺，毛泽东等中央领导人通过阅看国民党统治区出版的报纸，了解到陕北仍然有党领导的红军与根据地，便提出到陕北去安家的主张。9月27日，中共中央政治局常委在通渭县的榜罗镇召开会议，正式决定前往陕北。会后不久，陕甘支队翻过六盘山，于10月19日到达陕甘革命根据地的吴起镇，标志着中央红军历时一年之久的长征胜利结束。

大革命失败后，中国共产党人走上了武装斗争之路，并相继建立了若干块革命根据地，中国革命走向了复兴和发展。但是，1931年1月中共六届四中全会后，"左"倾教条主义在中共中央取得统治地位，在各革命根据地强行贯彻其"左"倾的政治路线、组织路线和军事路线，导致除陕甘以外各主要革命根据地的反"围剿"相继失利，这些根据地的红军不得不进行战略转移，即长征。长征的目的是为了寻找合适的区域开辟新的革命根据

永远的延安精神

★ 吴起镇全景

地，中央红军的长征之所以长达一年之久，行程达二万五千里，就是因为始终没有找到一个能够落脚安家之处。此时，陕甘革命根据地作为硕果仅存的一块有较大面积的完整革命根据地，就显得尤其珍贵，它使经过长期征战的中央红军有了一个安家之处，有了一个可以休养生息的地方。自此，陕北成为新民主主义革命时期中共中央进驻最久的地方。

到达陕北后，陕甘支队恢复红一方面军番号，将红十五军团并入红一方面军序列。1936年2月，红一方面军进军山西开展东征，扩大了红军和红军的影响。同年5月起，又向陕甘宁三省边界国民党军事力量比较薄弱的地区进行西征，将陕甘根据地扩大为陕甘宁根据地。

1936年7月，原来活动在湘鄂川黔革命根据地的红二、红六军团，在任弼时、贺龙等人的率领下，经过长途跋涉在四川的甘孜与红四方面军会师。随后，红二军团、红六军团、红三十二军合编为红二方面军。由于中共中央对张国焘的分裂主义作了灵活而又坚决的斗争，经过朱德、刘伯承、任弼时、贺龙等力争，加之得到徐向前等众多红四方面军指战员的支持，红二、红四方面军终于共同北上并于同年10月与红一方面军胜利实现会师。长征的胜利是中国共产党人创造的人间奇迹。毛泽东说过："长征是历史纪录上的第一次，长征是宣言书，长征是宣传队，长征是播种机。"[1] 长征中红军将士翻越一座座高山，跨过一条条江河，一路宣传革命道理，

[1]《毛泽东选集》第一卷，人民出版社1991年版，第149—150页。

以自己的行动宣示党和人民军队的宗旨，展示了中国共产党及其领导下的人民军队一往无前的革命精神、无坚不摧的优秀品质，从而极大地扩大了党的影响。红军长征是一部伟大的史诗，它所铸就的长征精神更是共产党人永恒的精神财富。

从1935年夏天起，日本帝国主义以吞并华北的河北、山东、山西、察哈尔、绥远及北平、天津五省两市为目的，制造了一系列侵略事件，史称华北事变。中华民族面临更为严重的生存危机，整个华北危在旦夕。初到陕北的中共中央，首要任务是实现由国内战争到抗日民族战争的转变，建立广泛的抗日民族统一战线。

中国共产党人以挽救民族危亡为己任。1935年8月，驻共产国际的中共代表团草拟了《中国苏维埃政府、中国共产党中央为抗日救国告全体同胞书》（即八一宣言），不久公开发表。宣言呼吁全国各党派、各军队、各界同胞，应当有"兄弟阋墙外御其侮"的真诚觉悟，不论过去和现在有任何政见和利害的不同，有任何敌对行动，都应当停止内战，集中一切国力去为抗日而奋斗。

这年12月9日，在中共北平临时工作委员会的领导下，北平学生高呼"反对日本帝国主义""停止内战，一致对外"等口号，向北平当局请愿。在请愿未果的情况下，学生举行示威游行，遭到反动军警的镇压。第二天，北平各校学生举行总罢课。这场运动得到全国各界的广泛响应，有力地推动了抗日救亡运动的发展。

形势的发展需要党及时调整方针政策。同年12月，中共中央政治局在陕北的瓦窑堡召开扩大会议，着重批判了党内存在的关门主义，针对形势的变化，不失时机地制定了抗日民族统一战线政策。会议指出：随着中日民族矛盾上升为主要矛盾，民族革命

★ 《为抗日救国告全体同胞书》

的新高潮推醒了工人阶级与农民中更落后的阶层，广大小资产阶级和知识分子已转入革命，一部分民族资产阶级、许多富农和小地主、一部分军阀，对革命也采取同情的态度甚至有参加的可能，就是地主买办阶级也不是铁板一块，因此，应该建立广泛的抗日民族统一战线。为适应广泛的抗日民族统一战线的需要，会议决定将"工农共和国"改为"人民共和国"，保护民族工商业的存在和发展，对于富农的土地财产除封建剥削外采取保护政策。这样做的目的，就是要组织动员一切愿意抗日的人们团结起来，共同挽救民族危亡。会议还指出：中国共产党不但是工人阶级的利益的代表者，而且也是中国最大多数人民的利益的代表者，是中国无产阶级的先锋队，同时又是全民族的先锋队。党应该成为一个共产主义的熔炉，用共产主义把许多非无产阶级出身的党员的政治水平提高到无产阶级先锋队的地位。这些充分表明，中国共产党已经能够从实际情况出发，创造性地进行工作，党已经开始成熟起来。

大革命失败后，共产党人和革命群众遭到掌握强大武装的反动派的残酷镇压，不得不与之开展武装斗争，但在民族存亡的关键时刻，中国共产党主动提出停止内战、一致对外的主张，表明党将国家、民族和人民的利益看得高于一切，在人民群众中树立了良好形象。

为了加强北方地区党的工作，推进抗日救亡运动的继续发展，瓦窑堡会议后，中共中央派刘少奇以中央驻北方代表的身份主持北方局工作。刘少奇到达北方局所在地天津后，传达了瓦窑堡会议精神，纠正了华北党内存在的关门主义和冒险主义倾向，恢复、整顿、重建曾经遭受严重破坏的各级党组织，为迎接全民族抗战的到来作了重要的组织准备和干部准备。1936年上半年，中共中央和中共驻共产国际代表团先后派冯雪峰、潘汉年到上海，开展统一战线工作，并开始重建党的组织。

瓦窑堡会议后，中共中央加紧了对张学良、杨虎城及其东北军和第十七路军的争取工作，并与之结成了"三位一体"的统战关系，抗日民族统一战线首先在西北地区取得了成功。1936年下半年起，党在山西的上层统一战线工作也取得显著成绩，接办并改组了抗日团体山西牺牲救国同盟会，推动了山西抗日救亡运动高潮的到来。

中共中央到达陕北后，蒋介石一方面加强对陕北革命根据地的"围剿"，另一方面又主观地认为红军经过长征元气大伤，已成强弩之末，可以用类似招安的方式让共产党就范，并以此应对全国人民日益高涨的抗日呼声。从1935年冬天开始，国民党方面先后在上海、南京、莫斯科同共产党人商谈抗日，但由于蒋介石没有诚意，提出中国共产党根本无法接受的条件，谈判没有实质性的结果。尽管如此，国共两党间的接触与谈判，毕竟使双方之间有了联系沟通的渠道。

1936年5月5日，毛泽东和朱德以中华苏维埃人民共和国中央政府主席、中国人民红军革命军事委员会主席的名义，发表《停战议和一致抗日通电》，公开放弃反蒋口号，实际上将"抗日反蒋"政策转变为"逼蒋抗日"政策。6月20日，中共中央就"停止内战，一致抗日"致书国民党五届二中全会，明确表示"国民党中任何领袖、任何委员起来抗日救国，我们同样愿意以全力支持他们"，中国共产党随时准备与他们进行合作救国的谈判。8月25日，中共中央发出致国民党中央并转全体国民党党员的信，倡议在抗日的大目标下，国共两党实行第二次合作。9月1日，中共中央发出《关于逼蒋抗日问题的指示》，强调目前中国的主要敌人是日本帝国主义，把日本帝国主义与蒋介石同等看待是错误的，"抗日反蒋"的口号也是不适当的，"我们的总方针，应是逼蒋抗日"[1]。

1936年12月12日，张学良、杨虎城两位将军在苦苦劝谏蒋介石停止内战、一致抗日无效后，发动兵谏，扣押了蒋介石等人。红军将士得知西安事变的消息时，一开始有的人第一反应是主张杀蒋。这是可以理解的，蒋介石发动四一二反革命政变后，进行了近十年的反共内战，一直对共产党人及其同情者实行残酷的镇压政策，几乎每个红军将士都有战友牺牲在蒋介石的枪炮之下，还有许多红军将士的亲人惨死在蒋介石的反革命屠刀之下。共产党人的伟大，在于能把个人利益置于国家民族利益之下，杀蒋固然可以解一时之恨，但可能引发大规模内战，这恰恰是亲日派和日本军国主义希望看到的。经过认真研究，中共中央提出应抓住西安事变的有利时机，将局部的抗日民族统一战线转变为全国性的抗日民族统一战线，不应将反蒋与抗日并立，主张和平解决西安事变。应张、杨的邀请，中共中央派遣周恩来、叶剑英、林伯渠等前往西安，和张、杨一起同蒋介石及南京方面的代表谈判。蒋介石终于承诺"停止剿共，联红（军）抗日"，西安事变得以和平解决。至此，内战基本停止。

1937年2月10日，中共中央发表《给中国国民党三中全会电》，提出了停止内战、集中国力、一致对外等五项要求和停止武力推翻国民党政府的方针

---

[1] 中共中央文献研究室、中央档案馆编:《建党以来重要文献选编（一九二一——一九四九）》第十三册，中央文献出版社2011年版，第276页。

等四项保证,在全国引起了巨大的反响,也得到了国民党内抗战派的赞同。这次会议上,国民党和南京政府实际接受了中国共产党提出的国共合作抗日的政策,全国性的抗日民族统一战线基本形成。

随后,国共两党先后在西安、杭州、庐山和南京等地举行谈判,商谈国共合作、红军改编等具体问题。虽然国民党方面仍缺乏合作的诚意,但历史的潮流已不可逆转,团结抗战已是大势所趋。

这年5月,中国共产党全国代表会议(当时称苏区党代表会议)在延安召开,会议提出了巩固和平、争取民主和实现抗战三位一体的任务,并强调在统一战线中必须坚持无产阶级的领导权。随后,又召开了白区工作会议,批判了"左"倾关门主义的错误,要求党在白区工作中贯彻抗日民族统一战线政策。

二、神圣抗战的中流砥柱

1937年7月7日,日本侵略军在北平西南的卢沟桥附近向中国军队发动猛烈进攻,遭到中国军队的坚决抵抗,史称七七事变或卢沟桥事变。日本发动的是全面侵华战争,使中华民族面临亡国灭种的危险。

7月底,北平和天津相继沦陷。8月13日,日军大举进攻上海,直接威胁到国民党统治的核心地区,中国军队奋起抵抗。此后,国民党政府先后在正面战场组织多次战役,抵抗日军的侵略。

卢沟桥事变发生后的第二天,中共中央就发出了《中国共产党为日军进攻卢沟桥通电》,号召"全中国同胞,政府,与军队,团结起来,筑成民族统一战线的坚固长城,抵抗日寇的侵掠！""国共两党亲密合作抵抗日寇的新进攻！"[1] 同一天，毛泽东、朱德等致电蒋介石，表达红军将士"为国效命，与敌周旋，以达保土卫国之目的"的强烈意愿。也在这一天，中央书记处指示中共中央北方局："不管日方将扩大为大规模战争或将暂时取外交压迫形式"，都要"坚决保卫平津保卫华北"，并"着手组织抗日义勇军，准备进行艰苦的游击战争"。[2]

7月15日，到达庐山的周恩来将《中共中央为公布国共合作宣言》交给蒋介石。宣言提出迅速发动全民族抗战、实行民主政治和改善人民生活等三项基本要求，并重申愿为实现孙中山先生的三民主义而奋斗，停止推翻国民党政权和没收地主阶级土地的政策，取消苏维埃政府以期全国政权之统一，取消红军名义及番号改编为国民革命军等四项保证，以此作为国共合作的政治基础。

1937年8月22日至25日，中共中央政治局在陕北洛川县的冯家村召开扩大会议。会议通过的《中共中央关于目前形势与党的任务的决定》指出：随着全国性抗战局面的形成，存在两条不同的抗战路线，一条是国民党只要政府和军队参加，不愿意发动全国人民参加的片面抗战路线，另一条是共产党所主张的全面全民族的抗战路线。强调"共产党及其所领导的民众和武装力量，应该最积极的站在斗争的最前线，应该使自己成为全国抗战的核心"。会议通过了《中国共产党抗日救国十大纲领》，其主要内容是：（一）打倒日本帝国主义；（二）全国军

---

[1] 中央档案馆编：《中共中央文件选集（一九三六—一九三八）》第十一册，中共中央党校出版社1991年版，第275页。

[2] 中共中央文献研究室、中央档案馆编：《建党以来重要文献选编（一九二一—一九四九）》第十四册，中央文献出版社2011年版，第360页。

事的总动员;(三)全国人民的总动员;(四)改革政治机构;(五)抗日的外交政策;(六)战时的财政经济政策;(七)改良人民生活;(八)抗日的教育政策;(九)肃清汉奸卖国贼亲日派,巩固后方;(十)抗日的民族团结。这十大纲领实际上制定了一条与国民党的片面抗战路线完全不同的全面抗战路线。会议还确定独立自主的山地游击战为基本作战方针,在敌后放手发动群众开展独立自主的游击战争,在国民党统治区广泛发动群众性的抗日救亡运动,在统一战线中必须争夺领导权。会议决定成立中共中央革命军事委员会,毛泽东为书记(实际称主席),朱德、周恩来为副书记。

在经过与国民党谈判之后,8月25日,中共中央军委发布命令,主力红军改编为国民革命军第八路军(9月11日,国民党政府军事委员会又将第八路军番号改为第十八集团军,但人们仍习惯称八路军),朱德任总指挥,彭德怀任副总指挥,叶剑英任参谋长,左权任副参谋长,任弼时任政治部主任,邓小平任政治部副主任。八路军下辖三个师,即第一一五师、第一二〇师和第一二九师,分别由原来红一、二、四方面军改编而成,以林彪、贺龙、刘伯承分任师长,聂荣臻、萧克、徐向前分任副师长。1937年10月,中共中央决定八路军恢复政治委员制度,三个师的政治委员分别由聂荣臻(后为罗荣桓)、关向应、张浩(后为邓小平)担任。随后,根据国共谈判达成的协议,原活动在南方八省(琼崖红军游击队除外)的红军游击队改编为国民革命军新编第四军,叶挺为军长,项英为副军长,参谋长张云逸,副参谋长周子昆,政治部主任袁国平,政治部副主任邓子恢。新四军下辖四个支队,陈毅、张鼎丞、张云逸、高敬亭分任支队司令员。

9月22日,国民党中央通讯社发表《中共中央为公布国共合

★ 《中国共产党抗日救国十大纲领》

作宣言》。第二天，蒋介石发表了实际上承认中国共产党合法地位的谈话。从此，第二次国共合作正式形成。

主力红军改编之后，立即挺进华北敌后。9月25日，八路军第一一五师主力在山西灵丘县的平型关附近设伏，一举歼灭日军1000余人，取得了自全民族抗战以来中国军队的第一场大胜仗，打破了日本"皇军"不可战胜的神话，极大地振奋了全国军民坚持抗战的信心。10月19日，八路军第一二九师第七六九团一个营，夜袭山西代县阳明堡的日军飞机场，毁伤敌机20余架，有力地配合了国民党军正在进行的忻口会战。

1937年11月，太原沦陷后，八路军根据洛川会议确定的方针，深入敌人后方开辟抗日根据地。第一一五师一部以五台山为中心建立了华北敌后的第一个抗日根据地——晋察冀边区。1938年1月10日，在冀西的阜平县召开晋察冀边区军政代表大会，选举产生了晋察冀边区行政委员会，这是中国共产党在敌后建立的第一个统一战线性质的抗日民主政权。接着，第一二〇师创建了晋西北和大青山抗日根据地，第一二九师开辟了晋冀豫抗日根据地，第一一五师主力建立了晋西南抗日根据地。党领导的山东抗日武装与后来进入山东的第一一五师一部创立了山东抗日根据地。新四军组建后，也迅速挺进华中敌后，开展游击战争，在皖西、皖南、苏南等地开创了华中抗日根据地。

各抗日根据地建立后，多次粉碎日伪军的围攻与"扫荡"。例如，八路军第一二九师在1938年2月至4月，先后取得了长生口、神头岭、响堂铺、长乐村等战斗的胜利。2月22日，在正太路东段长生口设伏，消灭日军一个加强中队；随即转师南下，3月中下旬，于邯（郸）长（治）公路线上的潞城县神头岭和涉县响堂铺，取得两次伏击战的重大胜利，共歼敌军1500余人，击毙与缴获骡马 700 余匹，击毁敌运输汽车 180 余辆；4 月 16 日，再在武乡长乐村一举歼敌 1500 余人。在创建和发展各抗日根据地的同时，八路军、新四军也得到迅速发展，到 1938 年 10 月，八路军发展到 15.6 万人，新四军发展到 2.5 万人，各抗日根据地的人口超过 5000 万，中国共产党领导的敌后战场正式形成，有力地配合了正面战场的抗战。

由于敌强我弱，同时又由于中国是一个人口众多、幅员辽阔的大国，这就决定抗日战争将是持久的，但最后的胜利必将属于中国人民。为了鼓舞全国军民的抗战信心，1938 年 6 月，毛泽东发表了长篇讲演《论持久战》，科学地预见抗日战争将经过战略防御、战略相持和战略反攻三个阶段，系统地阐明了中国共产党的抗日持久战的战略总方针。

全民族抗战爆发后，国共之间实现了第二次合作。鉴于 1927 年大革命失败的教训，中共中央认为在国共合作未正式形成前，应当开展反关门主义的斗争，而在国共合作既已实现之时，就应防止右的倾向，警惕右倾危险，在统一战线中必须坚持独立自主原则。

1937 年 11 月底，中共驻共产国际代表，同时也是共产国际执委、主席团委员和候补书记的王明，从莫斯科回到延安。12 月 9 日至 14 日，中共中央政治局召开会议，听取王明对共产国际指示的传达，讨论抗战形势和国共关系诸问题。王明在报告中一方面强调要坚持抗战、巩固和扩大以国共合作为中心的统一战线，但另一方面又提出"一切经过统一战线"的主张，对中共中央洛川会议以来在统一战线上本来正确的主张加以批评与指责。其实，"一切经过统一战线"并非王明的发明，而是共产国际的意见，而共产国际这个主张又是基于西班牙共产党和法国共产党建立人民阵线的经验。自然，如果在统一战线中中国共产党取得了领导地位，一切通过和服从统一战线实际上就是一切通过和服从共产党，这当然是对共产党有利的。问题是中国的统一战线恰恰是在中国共产党承认蒋介石全国领袖地位的情况下建立的，中共中央在《为公布国共合作宣言》中明确表示，红军改编后"受国民政府军事委员会之统辖"[1]，如果一切都经过并服从统一战线就会丧失独立自主原则，捆住了自己的手脚。所以，王明在抗战初期的所谓右倾错误，本质还是教条主义的错误。十二月会议后，王明担任中共代表团团长和中共中央长江局书记，虽然他在国共合作和开展抗日宣传中做过一些有益工作，但也存在着在统一战线中迁就国民党、轻视敌后游击战、与中共中央闹独立性等问题，给长江局的工作和新四军的发展带来一些消极影响。

1938年9月29日至11月6日，扩大的中共六届六中全会在延安召开。毛泽东在全会上作了《论新阶段》的政治报告，分析了抗日战争即将进入战略相持这个新阶段后的形势，明确提出要使马克思主义中国化的历史任务，强调马克思主义必须和我国的具体特点相结合并通过一定的民族形式才能实现，"马克思主义的中国化，使之在其每一表现中带着中国的特性，即是说，按照中国的特点去应用它，成为全党亟待了解并亟须解决的问题"[2]，要求共产党员应成为实事求是的模范。在会议作总结时，毛泽东批评了王明"一切经过统一战线"的口号，强

---

[1] 中共中央文献研究室、中央档案馆编:《建党以来重要文献选编（一九二一——一九四九）》第十四册，中央文献出版社2011年版，第370页。

[2] 中央档案馆编:《中共中央文件选集（一九三六——一九三八）》第十一册，中共中央党校出版社1991年版，第658—659页。

永远的延安精神

★ 1938年9月29日至11月6日,党的扩大的六届六中全会在延安召开。图为主席团成员合影［前排左起：康生、毛泽东、王稼祥、朱德、项英、王明；后排左起：陈云、博古（秦邦宪）、彭德怀、刘少奇、周恩来、张闻天］

调统一战线必须坚持独立自主的原则。他指出:"国民党是当权的党,它至今不许有统一战线的组织形式。""如果所谓'一切经过'就是经过蒋介石和阎锡山,那只是片面的服从,无所谓'经过统一战线'。"[1] 毛泽东强调一定不要破裂统一战线,但又决不可自己束缚自己的手脚。

1938年10月,日军占领广州、武汉,抗日战争进入战略相持阶段。这是全民族抗战三个阶段中最持久、最艰苦,同时也是最关键的阶段。

从这时起,日本侵华政策发生了重大变化。由于国民党政府被迫退守西南、西北地区,日军侵占了东北、华北、华中、华南的大片中国领土。但由于其兵力有限,只能占领城市和交通线附近地区,广大农村仍然掌握在以八路军、新四军为主的中国军队手中。于是,日军在正面战场上停止了战略进攻,渐次将主要兵力用于对付敌后战场的八路军和新四军,对国民党政府则采取政治诱降为主、军事打击为辅的方针。在这种情况下,国民党统治集团内部的投降、分裂、倒退活动加剧。1938年12月,亲日派头子、国民党副总裁汪精卫逃离重庆,公开投靠日本军国主义。蒋介石集团虽然仍留在抗日阵营内继续主张抗战,但惧怕共产党在抗战中发展壮大,也开始转向抗日与反共并举。1939年1月,国民党五届五中全会决定了"溶共""防共"和"限共"的方针。在这之后,国民党顽固派采取各种措施加剧反共摩擦活动。

[1] 《毛泽东选集》第二卷,人民出版社1991年版,第539页。

面对这一情况，中共中央提出了抗战、团结、进步的方针。1939年7月7日，中共中央发表《为抗战两周年纪念对时局宣言》，提出了"坚持抗战到底——反对中途妥协！巩固国内团结——反对内部分裂！力求全国进步——反对向后倒退！"的口号。

根据中共六届六中全会"巩固华北，发展华中"的战略部署，中央军委决定八路军第一一五师主力挺进山东，第一二〇师主力进军冀中，第一二九师主力进入冀南和冀鲁豫，帮助和配合地方党组织，广泛开展群众性的游击战争，巩固和扩大抗日根据地。新四军也分别成立了江北指挥部和江南指挥部，新组建了第五支队、第六支队和豫鄂挺进纵队。在华南，广州、惠阳沦陷后，中共中央立即指示广东省委，在东江日占区开拓游击区。随后，惠（阳）宝（安）人民抗日游击总队和东（莞）宝（安）惠（阳）边人民抗日游击大队成立，逐步创建了东江抗日根据地。长期战斗在海南岛的琼崖红军游击队，改编为广东省民众抗日自卫团第十四区独立队，后改称广东省琼崖抗日游击队独立第一总队，逐步创建了琼崖抗日根据地。

与此同时，中共中央领导抗日军民深入开展敌后游击战争，多次粉碎日伪军对抗日根据地的围攻与"扫荡"。1939年4月，八路军第一二〇师在河北河间县的齐会战斗中，创造了在平原地区一次歼灭日军700余人的战绩；1939年5月，八路军第一一五师在山东肥城县的陆房战斗中突破日军8000人的重围，以伤亡360余人的代价，消灭日军近千人；1939年11月，晋察冀军区部队在河北易县的黄土岭战斗中，击毙日军有"名将之花"称号的阿部规秀中将。

1940年8月20日至翌年1月24日，八路军晋察冀军区、第一二〇师和第一二九师各部集中了100多个团20余万人，在华北发动了一次大规模的对日作战，即百团大战。8月20日至9月10日为战役第一阶段，开展交通破击战，使日军在华北的主要交通线陷入瘫痪。9月22日至10月上旬，是战役第二阶段，主要是扩大第一阶段战果，重点攻占交通线两侧和深入根据地内的日军据点，平毁了部分封锁沟、墙，打击伪政权组织，进一步扩大抗日根据地。10月上旬至翌年1月24日，是战役第三阶段，中心任务是反击日军大规模报复性"扫荡"。百团大战中，八路军在地方武装和广大人民群众的紧密配合下，共作战1800余次，毙伤日军2万余人、伪军5000余人，俘虏日军281人、伪军1.8万余人，沉重地打击了日本侵略者的嚣张气焰，振奋了全国军民坚持抗战的信心。

到1940年底，中国共产党领导的人民军队除东北抗日联军外，发展到50万人，还有大量地方武装和民兵，在华北、华中、华南创建了16块抗日根据地，在全民族抗战中发挥着日益重要的作用。

在中共中央的领导下，各抗日根据地十分注重政权建设、经济建设和其他各项建设。在政权建设上认真执行抗日民族统一战线政策，按照共产党员、非党进步分子、中间分子各占三分之一的"三三制"原则，建立和巩固抗日民主政权，开展广泛的民主选举，实行合理负担与减租减息政策，使根据地成为坚持敌后抗战的坚固堡垒。

虽然中国共产党领导的人民军队坚持敌后抗战，牵制大量侵华日军，有力地配合和支持了正面战场的抗战，但蒋介石特别害怕中国共产党在抗战中发展壮大。他原本同意红军改编成八路军、新四军前往敌后，固然有动员一切力量抗日的考虑，同时也企图借日本人之手消灭至少削弱共产党的力量，但没有想到八路军、新四军深入敌后，在人民群众的支持下如鱼得水迅速发展起来，这是他不愿意看到而且千方百计要阻止的。于是，他一方面仍然在抗日，另一方面积极部署反共。

1939年冬至1940年春，国民党顽固派发动了全民族抗战中的第一次反共高潮。在陕甘宁边区，顽固派侵占了陇东和关中由八路军驻防的5个县，国民党派驻的绥德专员兼县长何绍南也在边区制造事端。在山西，阎锡山大举进攻中国共产党领导的山西青年抗敌决死队（山西新军），破坏抗日民主政权与群众组织，策动新军中的反动军官叛乱。在冀西和冀南、冀鲁豫地区，国民党朱怀冰、石友三部一再向八路军进攻，并将矛头指向在太行山的八路军总部。中共中央决定采取"人不犯我，我不犯人，人若犯我，我必犯人"的自卫立场。在中共中央的领导下，陕甘宁边区赶走了何绍南，控制了绥德地区5个县；山西新军在八路军的配合下，进行了坚决的自卫反击，贺龙、关向应率第一二〇师主力从冀中返回晋西北，肃清了当地的顽固势力，巩固了晋西北根据地；在冀南和冀鲁豫地区，八路军第一二九师在忍无可忍的情况下，被迫进行自卫反击，先后发动冀南战役、卫东战役和磁（县）武（安）涉（县）林（县）战役，消灭了朱怀冰、石友三部的主力。通过这一系列举措，打退了此次反共高潮。

第一次反共高潮出现后，党内有些人把国民党顽固派的局部进攻看成整个国共合作即将破裂，出现了某些"左"的倾向，因此，有必要在党内开展政策与策略问题的教育。1940年间，毛泽东写作了《目前抗日统一战线中的策略问题》《论政策》等文章，明确提出"斗争是团结的手段，团结是斗争的目的。以斗争求团结则团结存,以退让求团结则团结亡"[1]。同时提出:党对各阶级的基本政策是发展进步势力,争取中间势力,孤立顽固势力;在与顽固派的斗争中,要做到利用矛盾,争取多数,反对少数,各个击破和有理、有利、有节。这标志着中国共产党的斗争艺术达到了一个新的高度。

国民党顽固派在华北地区的反共摩擦失败之后,又决定将反共活动重点转至华中地区。1941年初,从皖南移师北上的新四军军部及所属皖南部队共9000余人遭国民党顽固派伏击和围攻,致使全军除2000余人突围外,大部被俘、失散或牺牲,军长叶挺在前往与国民党军进行谈判时被扣押,政治部主任袁国平牺牲,副军长项英、副参谋长周子昆在突围时被叛徒杀害。第二次反共高潮达到了顶点。

皖南事变发生后,中共中央提出在政治上取攻势、在军事上取守势,坚决击退国民党顽固派第二次反共高潮的方针。在政治上宣传上进行猛烈反击,以各种方式向各界公布皖南事变的真相,揭露顽固派的反共面目,争取社会各界的同情,孤立国民党当局。1941年1月19日,毛泽东等致电彭德怀并告刘少奇,提出中共中央决定在政治上军事上组织上采取必要的步骤。在政治上全面揭露蒋之阴谋,但暂时不提蒋之名字,在"坚持抗日,反对内战"的口号下动员群众,在军事上先采取防御战,在组织上拟撤退各地八路军、新四军办事处。

1月20日,中共中央军委决定重建新四军军部,

[1] 《毛泽东选集》第二卷,人民出版社1991年版,第745页。

以陈毅为代军长，刘少奇为政治委员，张云逸为副军长，赖传珠为参谋长，邓子恢为政治部主任，并将全军整编为七个师一个独立旅。同一天，毛泽东还以中共中央革命军事委员会发言人的名义发表谈话，严正提出解决皖南事变的十二条办法，要求国民党顽固派悬崖勒马、停止挑衅，惩办皖南事变祸首等。

蒋介石原本以为制造了皖南事变，会换取日本停止对国民党统治区的进攻，可日军却在他全力反共之时，发动豫南战役。为此，中共中央强调日蒋矛盾仍是目前基本矛盾，反共高潮可能下降，明确提出政治方面继续采取攻势迫使蒋抗日。国民党顽固派的倒行逆施，遭到了全国人民、中间人士、国民党内正义之士及国际舆论的谴责和反对，顽固派理屈词穷，反共活动不得不有所收敛。这年3月初召开的第二届国民参政会上，蒋介石表示："以后再亦决无剿共的军事。"3月14日，蒋介石约请周恩来面谈，答应提前解决国共间的若干问题。至此，第二次反共高潮被打退。

为了建立和巩固抗日民族统一战线，中国共产党作了重大政策调整，公开承认"孙中山先生的三民主义为中国今日之必需，本党愿为其彻底的实现而奋斗"。中国共产党对于抗日民族统一战线是诚心维护的，但随着抗战进入战略相持阶段，中国共产党政治影响的扩大和八路军、新四军的壮大，国民党内的顽固派基于其一党专政的理念，除了在军事上制造反共摩擦外，还不断鼓吹"一个主义""一个政党""一个领袖"的主张。在这种情况下，面对"中国向何处去"的问题，中国共产党必须系统地表明自己的立场和观点，在全国人民面前提出区别于其他政党的政治主张来。1939年底1940年初，毛泽东发表了《〈共产党人〉发刊词》《中国革命和中国共产党》《新民主主义论》等文章，在中国第一次旗

第一章 十三年奋斗与延安精神的生成

★ 毛泽东在延安凤凰山窑洞写作

帜鲜明地提出了新民主主义的完整理论，并对它作了系统的说明。这在马克思主义中国化的历史进程中是一次历史性的飞跃，它回答了中国现阶段民主革命和未来建设新中国的一系列根本问题，这也是毛泽东思想成熟的重要标志。

1941年6月，德国法西斯向苏联发动闪电战，苏德战争爆发。同年12月，日本偷袭美国在太平洋的军事基地珍珠港，太平洋战争爆发。日本为了把中国变成它进行太平洋战争稳固的后方基地，将其总兵力的半数以上投入中国战场，又把其中半数以上的侵华日军和几乎全部伪军用于中国共产党领导的敌后抗日根据地，对根据地进行疯狂大"扫荡"和拉网式的"清乡"，实施残酷的烧光、杀光、抢光的"三光"政策，企图借此巩固其华北和华中占领区，通过搜刮这些占领区的财物支撑太平洋战争，敌后军民遇到了前所未有的压力。到1942年，八路军、新四军由原来的50万人减至约40万人，根据地人口由1亿降至5000万以下。抗日战争进入最艰苦的阶段。

1941年11月，中共中央军委发出《关于抗日根据地军事建设的指示》，强调抗日战争进入了更激烈的阶段，我们的方针是熬时间的长期斗争和分散的游击战争，要采取一切斗争方式同敌人周旋。每个根据地的军事机构应包括主力军、地方军和人民武装（自卫队、民兵）三部分，主力军应采取精兵主义，在一些特别的地区，全部武装应当地方化。随后，各部队相继进行精简整编，实行主力部队地方化，抽调一批骨干充实县、区武装。同时，由军队和地方共同组建敌后武装工作队，将军事斗争与政治斗争相结合、公开工作与秘密工作相结合，收集情报、惩治汉奸、瓦解伪军，在对敌斗争中发挥了重要作用。

在中共中央的领导下，根据地军民开展了艰苦卓绝的反"扫荡"、反"清乡"斗争，创造了许多行之有效的歼敌方法，如地雷战、地道战、麻雀战等，涌现出了"狼牙山五壮士""刘老庄连"等无数可歌可泣的英雄部队，产生了爆炸能手李勇、"子弟兵的母亲"戎冠秀等一大批群众英雄；八路军副参谋长左权等无数抗日军民为中华民族的解放献出了自己的生命。到1943年，敌后抗日根据地开始摆脱严重困难的局面，进入了恢复和再发展阶段。到1944年，敌后军民对日伪军普遍发动局部反攻，抗日根据地不断扩大，党领导的武装力量也在不断壮大。

皖南事变后，国民党完全断绝了给八路军、新四军的经费，并且对陕甘宁边区和抗日根据地进行严密的经济封锁。由于日伪军不断蚕食抗日根据地，导致原来的游击区有的变成敌占区，原来的巩固区有的变成游击区，抗日根据地面积缩小、人口减少，致使根据地群众的负担加重，加之这几年根据地还遭受了严重的自然灾害，因此，在对敌斗争的艰苦岁月里，根据地还面临非常大的经济困难。为渡过难关，中共中央依照自力更生原则，制定了"发展经济，保障供给"的总方针，各抗日根据地采取开源与节流并举的方针。所谓开源，就是开展轰轰烈烈的大生产运动，军队、机关、学校等的脱产人员都进行生产劳动，通过"自己动手"实现"丰衣足食"；所谓节流，就是进行精兵简政，大量减少非生产性人员，以减轻人民负担。

为了加强党对根据地的统一领导，1942年9月1日，中共中央政治局通过《中共中央关于统一抗日根据地党的领导及调整各组织间关系的决定》，规定抗日根据地实行党的一元化领导，中央代表机关（中央局、分局）及各级党委为根据地的最高领导机关。

1943年春，蒋介石署名出版《中国之命运》一书，鼓吹法西斯主义，公开反对共产主义和自由主义。接着，国民党利用共产国际解散的机会，要求"解散共产党""取消陕甘宁边区"。根据蒋介石的密令，国民党第八战区副司令长官兼第三十四集团军总司令胡宗南，在洛川召开反共军事会议，准备分九路"闪击"延安，掀起第三次反共高潮。中国共产党一方面作好军事斗争的准备，另一方面利用各种方式揭露蒋介石的阴谋，号召全国人民制止内战，潜伏在胡宗南身边的中共秘密党员也及时将胡宗南的军事部署和动向报告中共中央，终使第三次反共高潮胎死腹中。

三、开展党的建设伟大工程

遵义会议之后，党在政治上、军事上纠正了"左"倾教条主义的错误，但由于各种条件的限制，对这种错误还没来得及进行思想认识上的彻底清理，因而全民族抗战爆发之初，党内有人机械地执行共产国际关于统一战线的指示，照搬他国共产党建立反法西斯统一战线的经验，对统一战线的独立自主原则认识不够，提出要"一切经过统一战线"，这说明教条主义在党内还有一定的市场。此外，党风上的宗派主义、文风上的党八股等不良作风，在党内一些人身上仍然存在。

全民族抗战爆发之初，全国党员 4 万多人，偌大一个华北地区，尽管党组织与过去相比有了很大发展，但也只有 5000 余名党员。随着一个个抗日根据地的开辟，党的组织力量和党员数量严重落后于形势的发展。1938 年 3 月，中共中央作出《关于大量发展党员的决议》，强调"大量的十百倍的发展党员，成为党目前迫切与严重的任务"[1]。随后,各级党组织大力开展党员发展工作。到1939年,仅冀中全区党员发展到9万多人,全国党员发展到50多万人。这些新党员革命积极性很高,但他们大都出身于农民和小资产阶级,有些人身上还存在某些非无产阶级思想,容易受到党内教条主义、宗派主义和党八股的影响。

全民族抗战爆发后,党的队伍壮大了,党也在全国具有极大的影响,如何加强自身建设,整顿党的作风,把党锻造成为一个真正的马克思主义政党,在抗战的大环境中保持党的无产阶级先锋队性质,就成为亟待解决的一个重大问题。1939年8月,中共中央政治局作出《关于巩固党的决定》,要求开展对党组织的整顿和巩固工作,同时加强对党员的审查与教育。也在这一年,党的领导人撰写了大量如何做合格党员的文章,如张闻天的《共产党员的权利与义务》、刘少奇的《论共产党员的修养》、陈云的《怎样做一个共产党员》。这年10月,毛泽东在《〈共产党人〉发刊词》中,更是明确地提出要"建设一个全国范围的、广大群众性的、思想上政治上组织上完全巩固的布尔什维克化的中国共产党"[2],并将党的建设称为"伟大的工程"。

1941年初皖南事变爆发后,中共中央政治局多次召开会议,研究事变后的局势与对策,总结其中的历史教训。中共中央认为,皖南事变之所以造成如此严重的后果,一个重要的原因是新四军主要领导人项英"不认识统一战线中共产党的独立性斗争

[1] 中共中央文献研究室、中央档案馆编:《建党以来重要文献选编(一九二一——一九四九)》第十五册,中央文献出版社2011年版,第186页。

[2] 《毛泽东选集》第二卷,人民出版社1991年版,第602页。

★ 刘少奇在撰写《论共产党员的修养》

性,他对于国民党的反共政策从来就没有领导过斗争,精神上早已作了国民党的俘虏,并使皖南部队失去精神准备"。"因此加重了全党特别是军队中干部与党员的党性教育与党性学习,决不可轻视这个绝大的问题"。[1]

1941年5月,毛泽东在延安高级干部会议上作了《改造我们的学习》的报告,号召全党树立马克思主义与中国实际相结合的作风。同年7月,中共中央作出关于增强党性的决定,号召全党坚持实事求是的原则,加强党的团结,从思想上、政治上、作风上克服各种不良作风。同年9月10日至10月22日,中共中央政治局召开扩大会议,集中讨论土地革命时期党内的路线是非问题,并决定在党内开展整风学习,反对主观主义和宗派主义。随后,在延安高级干部中开展马克思主义理论和党的历史的学习,整风运动在高级干部中率先开展起来。

全党整风以1942年2月毛泽东先后作《整顿党的作风》和《反对党八股》讲演为标志开始,它的主要内容是反对主观主义以整顿学风、反对宗派主义以整顿党风、反对党八股以整顿文风,采取的方针是"惩前毖后,治病救人",目的是既要弄清思想又要团结同志。随后,整风运动在各个根据地广泛开展起来。整风运动是一次全党性的马克思主义思想教育运动,使全党真正认识到了马克思主义与中国具体实际相结合的重要性,也在全党完全确立了实事求是的马克思主义的思想路线。整风运动开创

[1] 中共中央文献研究室、中央档案馆编:《建党以来重要文献选编(一九二一——一九四九)》第十八册,中央文献出版社2011年版,第68、70页。

了通过整风学习、开展批评与自我批评进行党内教育，实现党的自我革命的有效方式。

毛泽东认为，中国共产党之所以在一个较长的时间里教条主义盛行，一个重要的原因，就在于党内有许多人不了解中国的实际情况，不懂得中国特殊的国情，不懂得调查研究的重要性和没有学会调查研究的方法，而调查研究是"马克思主义的起码观点"[1]。1941年8月1日，中共中央发布了毛泽东起草的《关于调查研究的决定》《关于实施调查研究的决定》两个重要的党内文件。8月27日，中共中央政治局会议正式决定成立中央调查研究局，毛泽东兼局长，任弼时为副局长。根据中共中央的指示，各级党的机关也成立了类似的调查研究机构，并组织开展了大量社会调查。从此，调查研究作为党的一项重要工作制度被确定下来。

为了加强党对文艺工作的领导，1942年5月，中共中央召开文艺工作座谈会。毛泽东在会上发表了讲话，重点是中国共产党领导的文艺是为什么人以及如何为工农兵服务的问题，强调"我们的文学艺术都是为人民大众的，首先是为工农兵的"[2]，从根本上回答了革命文艺的方向、道路等重大原则问题，科学、系统地阐述了中国共产党的文艺主张和文艺思想，确定了中国共产党领导文艺工作的基本理论、路线、方针。

在开展整风运动的同时，还开展了审查干部（即审干）的工作。在当时复杂的环境中，对干部进

---

1 《毛泽东文集》第二卷，人民出版社1993年版，第339页。

2 《毛泽东选集》第三卷，人民出版社1991年版，第863页。

行审查是必要的，但由于不适当地开展所谓"抢救失足者运动"，审干一度发生了扩大化的倾向，毛泽东和中共中央很快对其作了纠正，保证了整风运动的正常进行。

1943年10月，中共中央决定在高级干部中进一步研究讨论党的历史问题。在对党的历史认真学习、深入讨论、明辨是非的基础上，1945年4月20日，中共六届七中全会通过了《关于若干历史问题的决议》，对党内若干重大历史问题作了结论。至此，整风运动胜利结束。

为了总结以往的革命经验，迎接抗战的最终胜利，1945年4月23日至6月11日，中国共产党在延安召开第七次全国代表大会。会上，毛泽东作了《论联合政府》的书面政治报告和口头政治报告，朱德作了《论解放区战场》的军事报告，刘少奇作了《关于修改党章的报告》，周恩来作了《论统一战线》的发言。大会通过的党的章程中明确规定将毛泽东思想作为党的指导思想。七大选举产生了44名中央委员、33名中央候补委员组成的中央委员会。在七届一中全会上，选举产生了13名中央政治局委员，选举毛泽东、朱德、刘少奇、周恩来、任弼时为中央书记处书记，毛泽东为中共中央主席、中央政治局主席、中央书记处主席。这是一次团结的大会、胜利的大会。

七大标志着中国共产党在政治上思想上组织上完全走向了成熟。在政治上，通过延安整风，全党团结在毛泽东的旗帜下，实现了党的空前统一和团结。在思想上，确立了毛泽东思想在全党的指导地位，把毛泽东思想写入了党章。在组织上，形成了一个高举毛泽东旗帜的久经考验的政治家集团。七大在党的历史上具有极其重要的地位，为党后来不断从胜利走向胜利指明了正确方向、开辟了正确道路。

★ 1945年4月23日至6月11日，中国共产党第七次全国代表大会在延安杨家岭中央大礼堂隆重召开。确立毛泽东思想为党的指导思想并写入党章，是七大的历史性贡献

中共七大后，敌后抗日根据地军民对日军开展新的战略反攻。1945年8月6日和9日，美国向日本的广岛和长崎各投了一颗原子弹。8月8日，苏联对日宣战，派遣苏联红军进入中国东北境内作战。这对加速日本投降起到了重要作用。

8月9日，毛泽东号召解放区军民开展"对日寇的最后一战"，抗日战争进入大反攻阶段。8月15日，日本裕仁天皇宣布无条件投降。经过长达14年的艰苦抗战，中国人民终于迎来了抗日战争的彻底胜利。

在全民族抗战的过程中，中国共产党高举抗日的旗帜，坚持敌后战场的抗战，对于抗日战争的胜利起到了中流砥柱的作用。由于坚持了正确思想路线和抗战方针，到抗日战争胜利时，党员发展到120余万人，党领导的人民军队发展到130余万人，根据地即解放区发展到19块，人口近1亿。经过抗日战争，越来越多的人民群众加深了对共产党的了解和认识，并且将中国的希望寄托到共产党的身上。如果说，土地革命战争时期，人们对共产党更多还是同情的话，那么，经过全民族抗战，人们对共产党就由同情转变为信赖。当时之所以同情共产党，是因为共产党深受国民党反动派的压迫，在国共对立中属于弱者，同情弱者是许多人的普遍心理；后来之所以信赖共产党，是因为人们发现共产党把国家民族利益放在至高无上的地位，跟着共产党走，国家有前途，民族有希望。

四、努力争取和平民主

抗日战争胜利后，饱受战争之苦的全国人民渴望和平、民主，但蒋介石却坚持其既定的内战和独裁方针，阴谋发动反共反人民的内战。抗战一胜利,中国就面临内战的危险。

中国共产党力图避免内战,争取以和平的方式来建设一个民主、富强的新中国。当然,实现和平建国,不能牺牲人民的根本利益,不能任凭国民党蒋介石坚持其独裁专制统治。因此,中国共产党一方面以极大的努力和耐心制止内战,另一方面作好应付内战的准备,决心用战斗来保卫人民得到的权利。

1945年8月11日,中共中央发出《关于日本投降后我党任务的指示》,提醒全党,随着苏军参战,抗战即将胜利,国民党积极准备向解放区"收复失地",夺取抗战胜利的果实,这种争夺将是很激烈的,有可能发展为大规模的内战。因此,党的任务应分为两个阶段。第一阶段,集中主要力量迫使日伪向我投降,不投降者逐一消灭之,猛烈扩大解放区;第二阶段,国民党可能向解放区大举进攻,应准备调动兵力对付内战。指示同时指出:国共谈判有可能恢复,但对蒋介石绝对不应存有任何幻想,对其发动内战的危险应有必要的精神准备。

8月13日,毛泽东在延安干部会议上发表《抗日战争胜利后的时局和我们的方针》的讲演,强调抗日战争作为一个历史阶段已经过去了,新的情况和任务是国内斗争。看看国民党的过去和现在就会知道它的将来,打内战的方针蒋介石是早已定下了的,只是因为抗战上了山,现在他要下山,来抢占抗战胜利的果实了。蒋介石对人民的方针是"寸权必夺、寸利必得",我们的方针是"针锋相对、寸土必争"。

8月20日,中央军委作出《关于目前军队编制的决定》,要求各战略区迅速抽出现有兵力的二分之一至五分之三编为野战兵团。8月22日,中共中央和中央军委发出《关于改变战略方针的指示》,指出:由于蒋介石将利用合法地位接受敌军投降,日、伪军只能将大城市和交通要道交给蒋介石，因此，我军应着重于夺取小城市和广大乡村，扩大并巩固解放区，发动群众，组训军队，准备应付新局面。

蒋介石虽然一意发动内战，但抗日战争刚刚结束，全国人民都渴望和平，反对他的内战政策，所以他一下子还不敢挑起全面内战。况且他的军队还主要在西北和西南，要开到内战前线的华北、华东和东北地区尚需时日。于是，他在8月14日、20日和23日一连向延安发了三封电报，邀请毛泽东去重庆"共定大计"。蒋介石的用意是毒辣的，如果毛泽东拒绝去重庆，就可以把内战的罪名推到共产党身上；如果毛泽东同意去重庆，则可利用谈判来为其调兵遣将发动内战准备时间。

此时，中国共产党已经完全成熟起来，自然洞悉蒋介石的阴谋，但为了尽可能地争取和平，同时也为了让全国人民认清蒋介石的所谓"和平"的真相，8月25日，中共中央政治局决定派毛泽东、周恩来、王若飞赴重庆同国民党谈判。当时党内许多人为毛泽东去重庆谈判的安全担忧，毛泽东对他的战友们说："你们在前方打得好，我就安全一些，打得不好，我就危险一些。"[1] 同时决定由刘少奇代理他的职务，主持中共中央的工作。同一天，《中共中央对目前时局宣言》明确提出了"和平、民主、团结"三大口号。

8月26日，中共中央发出《关于同国民党进行和平谈判的通知》，阐述了中共中央关于和平谈判

[1] 《肖劲光回忆录》，解放军出版社1987年版，第325页。

的基本方针：准备给以必要的不伤害人民根本利益的让步，以击破国民党的内战阴谋，取得政治上的主动地位，取得国际舆论和国内中间派的同情，换得我党的合法地位和和平局面。但让步是有限度的，以不伤害人民根本利益为原则。如果作出必要让步之后国民党还要发动内战，就有理由采取自卫，击破其进攻。

1945年8月28日，毛泽东在国民党政府代表张治中、美国驻华大使赫尔利陪同下，偕同周恩来、王若飞前往重庆。在谈判过程中，中国共产党先后作过多次让步，如在公平合理整编全国军队的原则下，愿意按照与国民党军队一比六的比例，将军队缩编为24个师或至少20个师，并且可以把广东、浙江、苏南、皖南、皖中、湖南、湖北、河南（豫北不在内）等八个解放区的部队撤退到苏北、皖北及陇海路以北等。经过前后共43天的谈判，双方于10月10日签署了《政府与中共代表会谈纪要》，即双十协定。会谈纪要接受中国共产党方面提出的和平建国基本方针，提出以和平、民主、团结、统一为基础，"长期合作，坚决避免内战，建设独立、自由和富强的新中国"[1]；同意结束国民党的所谓"训政"，召开各党派代表及社会贤达参加的政治协商会议共商国是；承认人民享有一切民主国家人民应享有的民主自由权利；等等。但是，对于军队和解放区问题，尽管共产党方面作出了重大让步，由于国民党方面执意要取消解放区政权和人民军队，未能

---

[1] 中共中央文献研究室、中央档案馆编：《建党以来重要文献选编（一九二一—一九四九）》第二十二册，中央文献出版社2011年版，第729页。

★ 毛泽东（左三）在离开延安前与朱德（右一）、周恩来（左一）同赫尔利（左二）、张治中（右二）合影

达成协议，双方表示以后"继续协商"。10月11日，毛泽东回到延安，周恩来、王若飞留在重庆与国民党方面继续商谈。由于国民党没有诚意，商谈无果，周恩来也于11月25日返回延安。

在重庆谈判的过程中，中共中央制定了"向北发展，向南防御"的方针，重点建立东北根据地。东北具有重要的战略地位，中共七大就曾提出要高度重视东北问题。苏联宣布对日作战后，在抗战后期撤入苏联境内的东北抗日联军回到东北各地协同苏军作战，冀东的八路军在山海关与苏联红军实现会师，而国民党在东北没有一兵一卒。9月11日，中共中央指示山东分局，要求立即调4个师12个团2.5万人至3万人去东北开展工作。9月15日，中共中央决定成立以彭真为书记的东北局，立即奔赴东北。同日，中共中央又指示各中央局，要迅速地坚决争取东北，要求各地配备100个团的干部，以"东北人民自治军"等名义进入东北。9月17日，刘少奇致电在重庆的毛泽东，明确提出"全国战略必须确定向北推进，向南防御的方针"，建议新四军江南主力立即转移到江北，并调华东新四军主力10万人去冀东，或调新四军主力到山东，再从山东、冀鲁豫抽调10万人至15万人到冀东，从冀东进入东北。9月19日，毛泽东复电表示同意。根据这一战略方针，在巩固华北及华中、华东解放区的同时，各解放区先后抽调了2万余名干部和11万人的部队进入东北，建立了东北根据地。

对进犯解放区的国民党军队，则予以坚决的自卫还击。1945年9月10日至10月12日，晋冀鲁豫军区组织上党战役，歼灭国民党军3.5万余人，有力地配合了正在进行的重庆谈判。10月18日至12月14日，晋察冀军区和晋绥军区开展平绥战役，歼敌1.2万余人。10月24日至11月2日，晋冀鲁豫军区组织邯郸战役，歼灭国民党军约3万人。10月18日至1946年1月中旬，山东军区发动津浦路徐（州）济（南）段战役，歼敌3万余人。这些战役有力地迟滞了国民党军队向解放区的进攻，配合了东北根据地的建立。

根据双十协定的规定，1946年1月10日，有国共代表和中间党派代表参加的政治协商会议在重庆开幕。会议通过了政府组织案、国民大会案、和平建国纲领、军事问题案、宪法草案五项协议后，于1月31日闭幕。

中国共产党真心实意地推动和平、民主、团结。1946年2月1日，中共中央发出毛泽东修改审定的《关于目前形势与任务的指示》，指出："政治协商会议的各项决议，现已陆续公布"，"在我们自己方面，则准备为坚决实现这些决议而奋斗"。[1]中共中央甚至考虑将驻地迁移到华中根据地的首府淮阴。此前的1月27日，在重庆参加政治协商会议的周恩来返回延安，于第二天向中共中央政治局报告关于停战、军事三人小组（即由国民党代表张治中、共产党代表周恩来、美国代表马歇尔组成的最高军事小组会议，研究国共军队的整编统编问题）、政协等情况，并提出将来参加政府时，中央要考虑搬迁问题。2月2日，刘少奇在中共中央书记处讨论实施政协协议问题时说，华中我们应该保留，也可能党中央将来搬去。同一天，中共中央致电陈毅，指出："必须巩固华中现有地区，因中央机关将来可能迁淮阴办公。"[2]

---

[1] 中共中央文献研究室、中央档案馆编：《建党以来重要文献选编（一九二一——一九四九）》第二十三册，中央文献出版社2011年版，第104页。

[2] 中共中央文献研究室编：《毛泽东年谱（一八九三——一九四九）》修订本，下卷，中央文献出版社2013年版，第56页。

然而，国民党并不想遵守政协会议通过的有关协议，2月10日，重庆便发生了较场口事件，国民党特务以暴力捣毁各民众团体在较场口广场举行的庆祝政协成功大会，与会的知名人士郭沫若、李公朴、施复亮等竟被打伤，大会被迫中止。2月22日，在国民党特务操纵和煽动下，重庆沙磁区部分学校学生7000余人进行反苏、反共游行，随后捣毁《新华日报》营业部及民主同盟机关报《民主报》营业部。3月7日，国民党六届二中全会举行第八次大会，在检讨政协报告时，国民党顽固分子声称要共产党"放弃割据之政权"，"放弃武力夺取政权之野心"，"不应以种种问题束缚领袖"。

这时的局势是：一方面，国民党军队不停地向解放区进行蚕食进攻；另一方面，除东北外，关内大规模的军事冲突还没有发生，由国民党、共产党和美国三方组成的军事调处执行部，也不停地派人到各冲突地区进行调处。但是，这只是暴风雨前短暂的宁静，蒋介石正是利用这段时间抓紧作全面内战的准备，和平民主发展的可能性正在迅速消逝。中共中央要求全党在全力争取和平的同时，认真作好应对内战爆发的准备。

3月15日，中共中央发出《关于目前时局及对策的指示》，要求"除开审慎应付东北问题外，华北、华中各地应即提起警觉，密切注意顽方动态，并在军事上作必要准备，加强整训，加强侦察，严防反动派突然袭击。如果反动派发动进攻时，必须能够在运动中坚决、彻底、干净、全部消灭之"，同时要求各地将减租、生产两件大事抓紧推动，以"造成解放区不可动摇的群众基础与物质基础"。[1] 3月18日，中共中央发出《关于坚决反对国民党反动派破坏政协决议的指示》，提醒各战略区主要负责人："我们反对分裂、反对内战，但我们不怕分裂、不怕内战，我们在精神上必须有这种准备，才能使我们在一切问题上立于主动地位。"[2] 5月1日，中共中央发出《关于练兵问题的指示》，指出："国民党反动派除在东北扩大内战外，现正准备发动全面内战，在此种情况下，我党必须有充分准备，能够于国民党发动内战时坚决彻底粉碎之。"[3]

五、实现战略防御到战略进攻的转变

1946年6月下旬，国民党军队约22万人进攻中原解放区。接着，又向其他解放区大举进犯，全面内战由此爆发，中国共产党不得不以革命战争回应蒋介石发动的反革命战争。

当时，从实力对比上看，国民党要比共产党强大得多。国民党军队不但在数量上远远超过共产党军队（当时国民党总兵力达430万人，人民解放军约为127万人），而且有空军，有海军，有大量重武器和特种兵，而人民军队海空军根本没有，重武器也不多。因而蒋介石认为可以速战速决，声称只要三个月到六个月，他就可以取得胜利。国民党军参谋总长陈诚也吹嘘说，"也许三个月至多五个月便能解决"中共军队。

人民解放军采取"集中优势兵力，各个歼灭敌

[1] 中共中央文献研究室、中央档案馆编：《建党以来重要文献选编（一九二一—一九四九）》第二十三册，中央文献出版社2011年版，第145、146页。

[2] 中共中央文献研究室、中央档案馆编：《建党以来重要文献选编（一九二一—一九四九）》第二十三册，中央文献出版社2011年版，第157—158页。

[3] 中共中央文献研究室、中央档案馆编：《建党以来重要文献选编（一九二一—一九四九）》第二十三册，中央文献出版社2011年版，第236页。

人"的作战原则,不计较一城一地的得失,以消灭敌人的有生力量为目标。中原解放军在牵制国民党大量兵力的基础上胜利突围,有力地配合了其他战场的作战。华中野战军发动苏中战役,七战七捷,共歼敌5万余人,有力地打击了敌人的嚣张气焰。在其他战场上,人民解放军也取得了一系列作战胜利。战争的头四个月,虽然国民党军占领了解放区部分城市,但被歼达29.8万人。

1946年10月,国民党军队占领晋察冀解放区的首府张家口,蒋介石被"胜利"冲昏头脑,悍然决定召开由国民党一党把持的所谓"国民大会"。这个"国民大会"的召开,等于是蒋介石彻底堵死了各党各派与国民党共建联合政府之路,不但为中国共产党所坚决反对,也遭到了中国民主同盟等中间党派的拒绝,使蒋介石集团在政治上陷入孤立境地。

1946年10月1日,毛泽东为中共中央起草了《三个月总结》的党内指示,指出:在过去三个月中,国民党进攻解放区的全部正规军190多个旅,已被歼灭25个旅,证明集中优势兵力、各个歼灭敌人的作战方针是正确的,只要今后一段时间再歼灭敌人约25个旅,即可停止蒋军的进攻,并可收复失地,到时我军就取得了战略上的主动,由防御转入进攻。

按照中共中央的指示,人民解放军开展了更大规模的对敌作战。在山东,1947年1月,华中野战军与山东野战军(1947年1月下旬合并成华东野战军)会合后组织鲁南战役,歼敌5.3万余人,开创了一次歼灭敌人两个整编师(军)的纪录。接着,华东野战军又开展莱芜战役,共歼敌5.6万余人,创造了一次歼敌7个师(旅)的范例。这年1月中旬,为配合山东野战军作战,晋冀鲁豫野战军挺进敌人后方的徐州西北地区,并在鲁西南歼敌1.6万余人。1946年12月至次年4月,东北民主联军(1948年1月改称东北人民解放军）三下江（松花江）南四保临江，歼敌5万余人，打退了国民党军在东北战场的进攻。1946年11月到次年2月，人民解放军共消灭国民党军队41万余人，大大超过了中共中央制定的作战目标，国民党军队向解放区发动的全面进攻受挫。

1947年2月1日，中共中央政治局在延安召开会议，讨论并通过毛泽东为中共中央起草的《迎接中国革命的新高潮》的党内指示。指示强调：各方面的情况显示，全国范围的反帝反封建斗争将发展到新的人民大革命的阶段，党的任务是为争取这一高潮的到来及其胜利而斗争。从这时起，这场战争也就由自卫战争转变为全国解放战争。

1947年3月，全面进攻遭到失败的国民党军队，集中进攻解放区总兵力的43%，即94个旅，改向陕北和山东两个解放区发动重点进攻。在山东，国民党集中了24个整编师60个旅约45万人，在侵占鲁南解放区后，全力向北推进，企图压迫华东野战军在鲁中山区同其决战，或将华东野战军压迫到黄河以北地区。在中央军委的指挥下，华东野战军诱敌深入，寻找战机。5月中旬，华东野战军集中主力，在孟良崮地区全歼国民党军"五大主力"之一的整编第七十四师3.2万余人，粉碎了国民党军队对山东解放区的重点进攻。

进攻陕北的国民党军有25万人，而陕北的人民解放军野战部队只有2.6万余人，加上地方武装也总共只有4万人左右。中共中央主动放弃了曾经生活战斗10年多的延安，随后决定以刘少奇、朱德等组成中央工作委员会，前往华北，进行中央委托的工作，毛泽东、周恩来、任弼时等继续留在陕北指挥全国战场的作战。不久，又决定由叶剑英、杨尚昆率中央机关的大部分工作人员转移到晋西北，组成以叶剑英为书记的中央后方委员会，统筹后方工作。西北人民解放军在彭德怀的指挥下，采取"蘑菇"战术，取得了青化砭、羊马河、蟠龙、沙家店等战役的胜利。到1947年8月，国民党军队对陕北的重点进攻也被粉碎。

在此期间，其他解放区的人民解放军也开始对国民党军进行局部反攻，歼灭了敌人大量有生力量，收复一度被国民党军侵占的城市，扩大了解放区。在国民党统治区的党组织也组织开展广泛的农村游击战争。

从1946年7月至1947年6月，人民解放军在一年的作战中，共歼灭国民党正规军97.5个旅（内含46个整编旅），平均每个月8个旅，连同非正规军在内，共歼敌112万人。人民解放军总兵力则发展到190余万人，为人民解放战争由战略防御转入战略进攻创造了条件。

为了赢得人民解放战争的胜利，必须动员广大农民积极参军参战，这就要求解决农民的土地问题。1946年5月4日，中共中央发布《关于土地问题的指示》（即五四指示），将减租减息政策转变为实行"耕者有其田"政策，决定在解放区开展大规模的土地改革运动。1947年7月至9月，中央工委在河北建屏县（今平山县）的西柏坡召开全国土地会议，通过了《中国土地法大纲》。10月10日，中共中央正式公布了《中国土地法大纲》，明确宣布废除封建性及半封建性的土地制度，实行"耕者有其田"的土地制度。土地改革运动虽然曾在一个时期一些地方发生过"左"的偏差，但很快就被发现并纠正。通过土地改革，解放区消灭了封建剥削制度，提高了广大农民的政治觉悟与组织程度，为人民解放战争的胜利奠定了坚实的群众基础和物质基础。

1947年6月30日，按照中共中央的战略部署，刘伯承、邓小平率领的晋冀鲁豫野战军主力12万人，一举突破黄河天险，千里跃进大别山,揭开了战略进攻的序幕。到这年11月下旬,在大别山地区建立了33个县的民主政权,初步完成了在大别山地区的战略展开。8月22日,陈赓、谢富治率领的晋冀鲁豫野战军一部8万余人,在晋豫交界处渡过黄河,挺进豫西,到11月底,建立了39个县的民主政权。9月下旬,陈毅、粟裕率领的华东野战军主力越过陇海路,进入豫皖苏平原,进行外线作战。12月30日,这三路大军各一部在河南确山实现会师,鄂豫皖、豫皖苏、豫鄂陕三块解放区连成一片。与此同时,其他战场的人民解放军也转入了战略进攻,西北野战军开辟了黄龙新区,华东野战军山东兵团收复了胶东大片地区,东北民主联军通过发动秋季攻势将敌人压缩到仅占东北面积14%的34座城市及附近地区,晋察冀野战军取得了清风店、石家庄等战役的胜利。

基于形势的变化,也为了鼓舞全国人民同国民党反动派斗争的信心,1947年10月10日,也就是南京政府的国庆日这一天,中共中央公布《中国人民解放军宣言》(即双十宣言),第一次明确提出"打倒蒋介石,解放全中国"的口号,并且公开号召:"联合工农兵学商各被压迫阶级、各人民团体、各民主党派、各少数民族、各地华侨和其他爱国分子,组成民族统一战线,打倒蒋介石独裁政府,成立民主联合政府。"[1] 正式向全国人民发出了建立排除国民党反动派在外的民主联合政府的号召。

1947年12月,中共中央在陕北米脂县杨家沟

[1]《毛泽东选集》第四卷,人民出版社1991年版,第1237页。

召开扩大会议（史称十二月会议），毛泽东在向会议提交的书面报告《目前形势和我们的任务》中提出："中国人民的革命战争，现在已经达到了一个转折点。""这是一个历史的转折点。这是蒋介石的二十年反革命统治由发展到消灭的转折点。这是一百多年以来帝国主义在中国的统治由发展到消灭的转折点。"[1] 毛泽东在会议的讲话中还说，从现在到明年一年内，国内形势还会有很大变化，有利于我们。革命的长征已经到了高潮，将来还会更高。会议总结了人民军队作战的"十大军事原则"，提出要建立最广泛的人民民主统一战线，确定了没收封建阶级的土地归农民所有、没收垄断资本归新民主主义的国家所有、保护民族工商业的三大经济纲领。

到1948年春，解放战争的形势已经十分明朗了。虽然此时国民党军队在数量上仍多于人民解放军，但士气低落、指挥紊乱、战斗力下降，而人民解放军与战争之初相比不但人数上有了很大的增加，而且武器装备也有极大改善，建立了强大的炮兵，具备了攻坚作战能力，经过新式整军运动，士气更加高涨。解放区的土地改革已经完成，后方更加巩固。因此，战争的形势越来越朝着有利于人民的方向发展，解放战争的胜利连敌人也不怀疑了。在这样的情况下，中共中央和毛泽东决定离开陕北，途经晋绥解放区，前往河北，与先期到达这里的中央工委会合。

---

[1] 《毛泽东选集》第四卷，人民出版社1991年版，第1243—1244页。

★ 1947年12月25日至28日，中共中央在陕北米脂县杨家沟召开扩大会议。图为会议期间的集体合影

六、波澜壮阔的革命实践锻造出伟大精神

以延安为代表的陕北高原，是中国革命的圣地、新中国的摇篮。从 1935 年到 1948 年，中共中央和毛泽东等老一辈革命家在这里战斗和生活了 13 年。中共中央在以延安为中心的陕北地区战斗和生活的 13 年里，紧紧抓住中国社会主要矛盾，大力促成抗日民族统一战线的形成，实现了从土地革命战争到全民族抗日战争的重大战略转变；主力红军改编成的八路军从这里出发开赴抗日前线，与南方红军游击队改编成的新四军共同开辟敌后抗日根据地，形成了与正面战场互相配合的敌后战场，以顽强的意志成为抗日战争的中流砥柱，并最终迎来了抗日战争的完全胜利；中国共产党在这里成功地召开了六届六中全会、六届七中全会和七大，进行了具有历史意义的延安整风，完全确立了毛泽东在党内的领导地位，确立了毛泽东思想在全党的指导地位，实现了马克思主义与中国具体实际相结合的第一次历史性飞跃；抗战胜利后，中国共产党全力争取和平民主，在国民党反动派一意孤行坚持内战政策的情况下，领导解放区军民坚持自卫战争，并成功地实现了由战略防御到战略进攻的转变，为人民解放战争和新民主主义革命在全国的胜利奠定了基础，迎来了中国革命走向全面胜利的曙光。中共中央在陕北的 13 年，是中国革命不断向前发展、不断取得胜利的 13 年，是中国共产党成熟壮大的 13 年。巍巍宝塔山，滚滚延河水，见证了中国革命的发展，见证了中国共产党的壮大。

1945 年 2 月 15 日，毛泽东在中共中央党校作报告，在讲到

陕北的地位与作用时指出："我们要认识这个陕甘宁边区，它有缺点，叫做'地广人稀，经济落后'，但是只有陕北根据地保留下来了，其他的根据地都丢了。陕甘宁边区的作用非常大，我说它是中国革命的一个枢纽，中国革命的起承转合点。长征结束以后，起是从这个地方起的，转也是从这个地方转的。万里长征，脚走痛了，跑到这个地方休息一下，叫做落脚点。我们不是要永远住在这里，这个地方是落脚点，同时又是出发点。"[1] 同年4月21日，毛泽东在七大预备会上再次讲到这个问题："有人说，陕北这地方不好，地瘠民贫。但是我说，没有陕北那就不得下地。我说陕北是两点，一个落脚点，一个出发点。七大在陕北开会，这是陕北人的光荣。陕北已成为我们一切工作的试验区，我们的一切工作在这里先行试验，在这里开七大，在这里解决历史问题。"[2] 落脚点和出发点的定位，生动形象地体现了陕北在中国革命中的特殊地位。

历史的发展既有必然性，也有偶然性。当年中共中央和中央红军之所以要长征，就是因为受"左"倾教条主义的影响，中央苏区第五次反"围剿"失利，这块根据地已经无法坚守，只能实行战略转移以寻找新的生存发展空间。事实上，中央红军在长征之初，并未想到要到遥远的陕北落脚，最初考虑的落脚点是湖南的西部地区，因为这里有一块贺龙等人创建的湘鄂西根据地，而且作为长征先遣队的红六军团，已经从湘赣苏区转移到了这一带。长征

[1] 《毛泽东文集》第三卷，人民出版社1996年版，第265页。

[2] 《毛泽东文集》第三卷，人民出版社1996年版，第297页。

之初，李德、博古决定将坛坛罐罐都带上进行转移，就是因为湘西离中央苏区并不是很远，那儿有块现成的根据地可以安家，因而把战略转移看成是一次搬家，既然是搬家，自然是能带上的东西要尽量地带上。但是，由于蒋介石已经判明中央红军的战略意图，在中央红军前往湘西的途中布置重兵，扎好了口袋等待红军往里钻，而经过湘江战役，中央红军虽然突出了重围，但是遭受了重大损失，很显然，在这样的情况下如果继续前往湘西，中央红军的前途命运不堪设想。正因为如此，毛泽东极力主张放弃前往湘西的计划，而改道进入敌人力量相对薄弱的贵州。他的这一主张得到了多数领导人的支持，于是有了著名的通道转兵、黎平会议、猴场会议，并且成功地召开了真正改变党和红军命运的遵义会议。

遵义会议召开之时，一开始考虑的是在以遵义为中心的黔北地区创建新的革命根据地。但是，一方面这里物产不丰，少数民族多，党的工作基础薄弱；另一方面，也是更重要的，此时蒋介石已来到了贵阳，为了阻止中央红军北进四川与红四方面军会合，或东出湖南同红二、红六军团会师，国民党各路军队数十万人从四面八方向遵义地区进逼，企图在遵义一带围歼中央红军。为此，中央红军决定夺取川黔边的土城及赤水县城，相机在四川泸州和宜宾间北渡长江，进入人口稠密、物产较丰的川南地区创建新的根据地。然而，由于事前情况判断不准确，又低估了驻守这里的川军的战斗力，土城战斗失利，北渡长江进入川南的计划受挫。面对前有敌人的堵截，后有敌人的追兵，必须摆脱这种被动应战的局面，在毛泽东的指挥下，中央红军采取大踏步进退的作战方式，四渡赤水，摆脱敌军的围追堵截。四渡赤水使红军化被动为主动，蒋介石为了防止中央红军进攻贵阳或再次北渡长江，急调云南的滇军东进贵州。于是，中央红军大步跨进云南，然后渡过谷深水急的金沙江和大渡河，于1935年6月中旬与前期到达川西地区的红四方面军实现会师。

遵义会议后的近半年时间里，中央红军的主要任务是摆脱强敌，故始终处于流动作战的状态，加上云贵地区是少数民族聚居地，山高谷深，许多地方人烟稀少，党的工作基础薄弱，自然不具备建立根据地的条件。因此，中央红军自长征以来，一直没有找到一个可供落脚之点，长期处于流动之中。由于没有根据地作依托，部队的发展壮大受到很大影响，与红四方面军会师后，首要的战略任务就是确定向何处发展，创建新的根据地。虽然此前红四方面军转移到川西地区后，在这里已经有了一定的工作基础，但这里同样是少数民族地区，而且地处高原，人口稀少，物产有限，交通不便，经济贫困，不具备建立巩固的根据地的条件。两军会师后人员多达十万之众，如果在这里久留，必定发生与民争食的问题，因此，必须从川西走出去向外发展。如果从这里西进，是山更高、人更少的西藏高原腹地，显然更不具备创建根据地的条件；向东向南发展，就得进入四川盆地特别是成都平原，此地号称天府之国，物产丰富，人口稠密，利于筹粮筹款和扩红，但这里是四川各派军阀的禁脔，是他们的命脉所在，虽然他们之间充满矛盾，但在抗拒红军进入四川盆地问题上高度一致，何况蒋介石的中央军正在源源入川。在这样的情况下，红军唯有向北前往陕甘地区发展才有出路。这里幅员辽阔，回旋余地大，物产较丰，汉族居民较多，又是帝国主义势力和国民党统治相对薄弱的地区，并且紧邻华北抗日第一线。因此，两军会师后，中共中央确定了继续北上的方针。历史证明，北上方针是完全正确的，体现了中共中央的战略远见。

毫无疑问，中共中央在确定北上方针之时，这里的北是比较模糊与笼统的，大体是以陕甘为中心的西北地区。此时，由于大半年的时间都处在流动状态，中共中央与许多地方党组织联系基本中断，对于陕甘边和陕北革命根据地的情况了解甚少，因此，到达哈达铺之前，中共中央并没有明确提出要落脚陕北。然而，正是因为在哈达铺看到国民党统治区出版的报纸，毛泽东等中央领导人才欣喜地发现，在南方各革命根据地基本丢失后，陕北还有一支比较成规模的红军，有一块面积还不算小的根据地，其兴奋之情可想而知，于是作出了落脚陕北的决策。这恰恰就是陕甘这块根据地的宝贵之处。它是土地革命战争后期全国硕果仅存的一块面积较大的完整的革命根据地，使历经一年之久长征的中共中央和中央红军有了落脚的地方，有了一个可以休整的家。如果当时没有这么一块弥足珍贵的根据地，中共中央和中央红军的长征恐怕还得继续一段时间，那就不是人们所说的二万五千里，而应该更长。因为有了这个落脚点，中共中央和中央红军才能结束长期流动状态，得以休养生息；也正是由于中共中央和中央红军的到来，及时纠正了这里正在发生的肃反扩大化，不但巩固了陕甘根据地，而且由于有了中共中央的正确领导，这块根据地得以发展成为陕甘宁根据地，也为后来的红四方面军和红二方面军结束长征落脚陕甘宁创造了条件。正是有了这个落脚点，才实现了中国革命力量的大汇合，实现了革命重心从南方到北方的转移。

虽然经历了第五次反"围剿"的失败和长征中的损失，红军的数量较之前有了较大的减少，但大量骨干保存了下来。随着各路红军会师陕甘宁，黄土高原上党领导的革命武装仍有数万之众，并且结束了过去长期分散的状态，这使得中共中央加强了对军队的集中统一指挥和集中统一领导。中共中央到达陕北后，根据国内主要矛盾的变化，适时地提出了建立抗日民族统一战线的方针，并采取一系列措施推动抗日民族统一战线的建立。与此同时，到达陕北后，由于有了一个相对稳定的环境，毛泽东能够有较宽裕的时间总结中国革命的经验，相继完成了《论反对日本帝国主义的策略》《中国革命战争的战略问题》《实践论》《矛盾论》等重要理论著作的写作，从而深刻地阐明了马克思主义与中国具体实际相结合的重要性，并逐渐使这种结合成为全党的共识。这些都为即将到来的全民族抗日战争创造了条件。因此，陕北不但是南方各路红军北上的落脚点，而且是中国革命力量新的聚集地。

长征结束后，各路主力红军汇集到了陕北，1937年全民族抗战爆发后，根据国共谈判达成的协议，陕北的主力红军改编成八路军，随后从这里出发开赴抗日前线，陕北又成为革命力量的出发点。这些经过艰苦卓绝的十年国共内战保存下来的革命骨干，解下红军的标识换上八路军的标识，东渡黄河，先开赴山西抗日前线，然后向华北各地散开，建立了晋察冀、晋绥、晋冀鲁豫、山东等大块抗日根据地，仅三四个月的时间迅速由数万人发展到十数万人。这些赖以在陕北地区保存下来的革命种子，在华北大地迅速开花结果，与由南方红军游击队改编而成的新四军以及坚持在白山黑水的东北抗日联军一起，支撑了与正面战场相呼应的敌后战场。

全民族抗战爆发后，延安作为中共中央所在地，成为领导人民军队坚持敌后抗战的指挥中心，成为八路军、新四军以及党领导的其他抗日武装的总后方。中国共产党关于抗日战争的重大方针和政策是在延安产生的，八路军、新四军的重要战役是在这里指挥的，抗日战争和解放战争初期的所有重大的行动也是在这里部署的。虽然延安没有给前方供给什么物资，但中共中央在这里给前方提供了正确的战略指导，提供了丰富的精神武器，延安成为战斗在前方的同志的精神家园。当时，延安作为中国革命的灯塔，吸引着无数的沦陷区、国民党统治区的青年和其他进步人士。中共中央在这里创办了一大批各式各样的学校，将大量进步青年和进步人士安排在这些学校中学习和工作，掌握从事革命斗争和组织群众的方法，其中许多人学成之后又从延安出发开赴前线，这就为各根据地和人民军队输送了大批的干部与人才。

中国共产党在延安时期，经历了土地革命战争时期、全民族抗日战争时期和解放战争时期三个历史阶段，不论是哪个阶段，革命的任务都十分繁重，革命的敌人都十分强大，面临的环境都十分复杂，必须始终面对革命力量如何生存和发展的问题，客观上要求在政治上准确把握发展方向，提出正确的政治主张，高举自己的鲜明旗帜。将革命重心由南方转移到北方，固然是革命形势发展的需要，但这种转移一开始的时候是被动而不是主动的，是反"围剿"的失败使得红军不得不进行战略转移。正因为如此，人们对教条主义的危害有了切肤之痛，深切认识到从实际出发、实事求是的重要性，从而增强了实现马克思主义中国化的自觉。党的事业要发展，必须得到人民群众的拥护与支持，而要组织和带领群众，必须为人民群众谋利益，做到全心全意为人民服务。延安及各敌后根据地，地处经济文化落后的地区，不但物质条件贫乏，而且还要面对强大的敌人，长期处于敌强我弱的形势下。在这样的情况下，唯有自力更生、艰苦奋斗才能生存和发展。因此，延安时期，老一辈革命家和老一代共产党人留下了一系列优良传统和作风，培育形成了以坚定正确的政治方向、解放思想实事求是的思想路线、全心全意为人民服务的根本宗旨、自力更

第一章 十三年奋斗与延安精神的生成

★ 革命圣地延安

生艰苦奋斗的创业精神为主要内容的延安精神。

延安精神是对中华民族精神、中国革命精神的传承与弘扬。毛泽东曾指出:"中华民族不但以刻苦耐劳著称于世,同时又是酷爱自由、富于革命传统的民族。""在中华民族的几千年的历史中,产生了很多的民族英雄和革命领袖。所以,中华民族又是一个有光荣的革命传统和优秀的历史遗产的民族。"[1]习近平总书记也指出:"中国人民的特质、禀赋不仅铸就了绵延几千年发展至今的中华文明,而且深刻影响着当代中国发展进步,深刻影响着当代中国人的精神世界。中国人民在长期奋斗中培育、继承、发展起来的伟大民族精神,为中国发展和人类文明进步提供了强大精神动力。"[2]在长期的奋斗中,中华民族形成了以伟大创造精神、伟大奋斗精神、伟大团结精神、伟大梦想精神为特征的伟大民族精神。黄土高原是中华民族的发祥地之一,延安时期的中国共产党人在这块土地上,继承、丰富和发展了中华民族精神,形成了具有鲜明时代特征、具有共产党人精神特质的民族精神精华即延安精神。

延安时期是中国共产党领导中国革命的一个重要历史阶段,是中国革命绚丽画卷中的壮美篇章。中共中央落脚陕北时,党领导革命已经有了十几个年头,对中国革命道路有了十多年的艰难探索,其中,既有成功也有挫折,既有经验也有教训,但中国共产党始终以不屈不挠的勇气前进奋斗。

在这十几年的革命进程中,先后形成了一系列

---

[1] 《毛泽东选集》第二卷,人民出版社1991年版,第623页。

[2] 《习近平谈治国理政》第三卷,外文出版社2020年版,第140页。

革命精神：坚持真理、坚守理想，践行初心、担当使命，不怕牺牲、英勇斗争，对党忠诚、不负人民的伟大建党精神；坚定执着追理想、实事求是闯新路、艰苦奋斗攻难关、依靠群众求胜利的井冈山精神；坚定信念、求真务实、一心为民、清正廉洁、艰苦奋斗、争创一流、无私奉献的苏区精神；把全国人民和中华民族的根本利益看得高于一切，坚定革命的理想和信念，坚信正义事业必然胜利，为了救国救民，不怕任何艰难险阻，不惜付出一切牺牲，坚持独立自主、实事求是，一切从实际出发，顾全大局、严守纪律、紧密团结，紧紧依靠人民群众，同人民群众生死相依、患难与共、艰苦奋斗的长征精神。这些革命精神是延安精神的源头活水，延安精神是这些革命精神的继承发展。因此，"延安精神是近代中国人民同三大敌人浴血奋战的经验教训的总结。是我们党领导中国人民同三大敌人斗争和胜利经验的总结，是辛亥革命以来、一八四〇年鸦片战争以来中国人民革命斗争经验的结晶。延安时期，经过整风，经过党的六届七中全会，经过党的七大，把六大以来党的路线方针政策问题作了总结，用马列主义的普遍真理同中国革命实践相结合的思想即毛泽东思想统一了全党、特别是干部的思想，形成了延安精神、延安作风"[1]。

在延安精神的影响下，中国共产党人形成了独特的工作作风，党领导的解放区形成了良好的社会风貌。正如毛泽东所指出的，"陕甘宁边区是全国最

---

[1] 中共中央文献研究室编：《十三大以来重要文献选编》中，中央文献出版社2011年版，第565页。

进步的地方,这里是民主的抗日根据地。这里一没有贪官污吏,二没有土豪劣绅,三没有赌博,四没有娼妓,五没有小老婆,六没有叫化子,七没有结党营私之徒,八没有萎靡不振之气,九没有人吃磨擦饭,十没有人发国难财"[1]。这里完全是一个全新的社会,代表了中华民族的前途与希望。

2022年10月下旬,中共二十大刚刚闭幕,习近平总书记就带领中共中央政治局常委李强、赵乐际、王沪宁、蔡奇、丁薛祥、李希,来到延安,瞻仰延安革命纪念地,宣示新一届中央领导集体将继承和发扬延安时期党形成的优良革命传统和作风。在延安期间,习近平总书记对延安精神的内涵作了科学揭示,对新时代如何继承与发扬延安精神提出明确要求。他指出:

在延安时期形成和发扬的光荣传统和优良作风,培育形成的以坚定正确的政治方向、解放思想实事求是的思想路线、全心全意为人民服务的根本宗旨、自力更生艰苦奋斗的创业精神为主要内容的延安精神,是党的宝贵精神财富,要代代传承下去。

坚定正确的政治方向是延安精神的精髓。1938年,毛泽东同志在延安抗日军政大学回答"在抗大应当学习什么"时指出,"首先是学一个政治方向"。全党同志要坚持正确的政治方向,坚决贯彻党的基本理论、基本路线、基本方略,坚决落实党中央决策部署,把老一辈革命家开创的伟大事业继续推向前进。

---

[1] 《毛泽东选集》第二卷,人民出版社1991年版,第718页。

延安时期，党提出全心全意为人民服务的根本宗旨并写入党章，强调共产党"这个队伍完全是为着解放人民的，是彻底地为人民的利益工作的"，要求党的干部"把屁股端端地坐在老百姓的这一面"，形成了"只见公仆不见官"的生动局面。全党同志要站稳人民立场，践行党的宗旨，贯彻党的群众路线，保持党同人民群众的血肉联系，自觉把以人民为中心的发展思想贯穿到各项工作之中，扎实推进共同富裕，让现代化建设成果更多更公平惠及全体人民。

党中央和红军安家延安后，由于敌人的军事包围和经济封锁，条件十分艰苦。延安军民积极响应毛泽东同志发出的"自己动手，丰衣足食"号召，开展了热火朝天的大生产运动，有力支持了抗日前线。全党同志要大力弘扬自力更生、艰苦奋斗精神，无论我们将来物质生活多么丰富，自力更生、艰苦奋斗的精神一定不能丢，脚踏实地、苦干实干，集中精力办好自己的事情，把国家和民族发展放在自己力量的基点上。

当年毛泽东同志等老一辈革命家在延安，住窑洞、吃粗粮、穿布衣，用"延安作风"打败了"西安作风"。全党同志要把老一辈革命家和共产党人留下的光荣传统和优良作风传承好发扬好，勇于推进党的自我革命，坚定不移推进全面从严治党，始终保持党的先进性和纯洁性，确保党始终成为中国特色社会主义事业的坚强领导核心。

延安时期，党以顽强的斗争精神和高超的斗争本领，有力开展了抗击日本军国主义侵略的斗争，有力应对了西安事变、七七事变、重庆谈判等一系列重大挑战，有力领导和指挥了全国革命斗争，有力应对了国民党军队对陕甘宁边区的重点进攻，靠小米加步枪打开了中国革命新局面。全党同志要发扬斗争精神、提高斗争本领，坚决战胜前进道路上的各种困难和挑战，依靠顽强斗争打开事业发展新天地。

延安精神是中国共产党人在长期的革命实践中形成发展的品格与气质，是中国共产党人精气神的体现，是以伟大建党精神为源头的精神谱系中光辉绚丽的一章。"延安精神培育了一代代中国共产党人，是我们党的宝贵精神财富。要坚持不懈用延安精神教育广大党员、干部，用以滋养初心、淬炼灵魂，从中汲取信仰的力量、查找党性的差距、校准前进的方向。"[1]

---

[1] 《扎实做好"六稳"工作落实"六保"任务　奋力谱写陕西新时代追赶超越新篇章》，《人民日报》2020年4月24日。

第二章　坚定正确的政治方向

政治方向决定一个政党选择什么样的政治发展道路，实现什么样的政治前途。中共中央在延安的13年里，中国共产党之所以能够实现由小到大、由弱到强的历史性转变，领导人民取得了抗日战争的伟大胜利，并为人民解放战争的最终胜利奠定了重要基础，关键就在于始终坚持正确的政治方向，并且科学地处理好了远大目标与当前任务的关系。可以说，坚定正确的政治方向是延安精神的精髓。

一、"政治方向好像是一个人的头"

坚定正确的政治方向最初是毛泽东对抗日军政大学和陕北公学提出的办学要求。中共中央到达陕北后，为迎接即将到来的全民族抗日战争，决定加大对干部的培养力度，于1936年6月创办了中国人民抗日红军大学，学员主要来自红军干部。1937年1月，鉴于西安事变后抗日民族统一战线基本形成，中国人民抗日红军大学更名为中国人民抗日军政大学，简称"抗大"，学员的主体也由红军干部转变为来自全国各地的知识青年。全民族抗战爆发后，大批的爱国青年从沦陷区和国民党统治区冲破层层封锁来到延安，抗大的招生规模已不能满足需要，1937年7月底，中共中央决定再创办一所培养抗战干部的学校，即陕北大学，但当时国民党政府以陕北已有抗大为由不予核准，于是将这个学校取名为陕北公学，简称"陕公"。

1938年3月5日，毛泽东为抗大同学会成立题词，首次明确提出抗大的办学方针和人才培养目标："坚定不移的政治方向，艰苦奋斗的工作作风，加上机动灵活的战略战术，便一定能够驱逐日本帝国主义，建立自由解放的新中国。"[1]同年3月19日，他在抗大第四期第五大队开学典礼上讲话时又指出："在抗大要学习打仗，也要学习政治，更着重于军

[1] 中共中央文献研究室编：《毛泽东年谱（一八九三—一九四九）》修订本，中卷，中央文献出版社2013年版，第55页。

第二章 坚定正确的政治方向

★ 1938年，中国抗日军政大学总校在延安的校门

事。政治是管着军事的,二者又要统一地配合起来。在抗大要学到正确的政治方向、艰苦奋斗的革命作风和灵活的战略战术。"[1]

随后,毛泽东多次对这一方针进行阐发。1938年4月1日,陕北公学第二期举行开学典礼,毛泽东亲临典礼并发表讲话。他说:"共产党之所以被人们信仰,是由于它的政治方向代表了全中国绝大多数人的意愿,它的工作作风继承了中华民族的光荣传统。"[2]他送给陕公同学两件礼物,第一件是坚定不移的政治方向,第二件是艰苦奋斗的工作作风。毛泽东说,共产党"他有一个方向,政治的方向。这一个方向,全国人民都以为是好的,那就是打倒日本帝国主义,完成民主政治。这个政治方向是代表全中国绝大多数人的意见的。共产党,从它生下来的那天起,就决定了这个方向。对外,因为帝国主义压迫我们,我们就提出打倒帝国主义的口号。对于国内,有些东西都老了,都腐朽了,必须打倒,建立民主政治。这是中共十七年来提出的总方向,全国人民都赞成的总方向。还有一个方向,就是社会主义的理想。大家想想,民主政治建立以后,我们毕业了,还升不升学呢?要升的。有没有学校好升呢?有的,就是社会主义大学,它可以给人民最大的幸福。你不能够走完民主的路就不往前走了,要走的,那就是社会主义的路。可是,你要到社会主义去,就必须先走现在的路,按照现在的方向走。为什么全国人民特别喜欢共产党呢?因为它不但有

---

[1] 中共中央文献研究室编:《毛泽东年谱(一八九三——一九四九)》修订本,中卷,中央文献出版社2013年版,第59页。

[2] 中共中央文献研究室编:《毛泽东年谱(一八九三——一九四九)》修订本,中卷,中央文献出版社2013年版,第63页。

第二章 坚定正确的政治方向

★ 陕北公学举行开学典礼

★ 毛泽东在陕北公学讲演

了政治方向，而且坚持了这个方向"[1]。因此，"这个政治方向就是指示全国人民要走的路。政治方向好像是一个人的头，有了头其他各部分才能动作"[2]。

同年4月9日，在抗大第四期第三大队开学典礼上，毛泽东在回答学员提出的来抗大学什么这个问题时，进一步指出："首先是学一个政治方向。政治方向可以有许多不同的方向，你们要学一个正确的政治方向，这就是要打日本、怎样打日本、为什么日本帝国主义一定能打倒的正确的政治方向。其次要学一个达到及完成这种政治方向的工作作风——艰苦奋斗的工作作风。必得有这种作风才能达到及完成以上的政治方向。再次是要学点战略战术。抗大是军事学校，要学做一个军人，学点军事本领。军人是老百姓变来的，大家都不肯做军人，便不能打败日本帝国主义；要广大的老百姓都愿意变作军人，才能打败日本帝国主义。"[3]"总之，你们在这里要学到坚定正确的政治方向，艰苦奋斗的工作作风，加上灵活的战略战术。有了这三样东西，我们便能够最后战败敌人。"[4]

这年4月30日，抗大第三期第二大队的学员即将毕业之际，毛泽东出席毕业典礼并发表讲话。他说：八路军都应当成为全国的模范。模范作用不在于口头上说，而在于事实上做；不在于两只手举起来赞成马克思主义，主要的在于实际中去实行马克思主义。他要求大家学习愚公挖山的精神，把帝国主义、封建主义和资本主义三座山统统移掉。毛泽

---

[1] 孙德山编著：《回忆延安时期的学习与生活》，1991年1月编印，第28页。

[2] 毛泽东：《国共两党合作问题（一九三八年四月五日）》，《党的文献》1995年第4期。

[3] 《毛泽东文集》第二卷，人民出版社1993年版，第116页。

[4] 《毛泽东文集》第二卷，人民出版社1993年版，第117页。

东在讲话中再次要求学员们要具有坚定正确的政治方向、艰苦奋斗的工作作风、灵活机动的战略战术。为了说明这三者的极端重要性，他用《西游记》中的人物来作了生动形象的说明。他说："唐僧这个人，一心一意想去西天取经，遭受了九九八十一难，百折不回，他的方向是坚定不移的。但他也有缺点：麻痹，警惕性不高，敌人换个花样就不认识了。猪八戒有许多缺点，但有一个优点，就是艰苦。臭柿胡同就是他拱开的。孙猴子很灵活，很机动，但他最大的缺点是方向不坚定，三心二意……你们别小看了那匹小白龙马，它不图名，不为利，埋头苦干，把唐僧一直驮到西天，把经取了回来，这是一种朴素、踏实的作风，是值得我们取法的。"[1]

1939年5月1日，延安各界在延安南门外广场举行为实现国民精神总动员及纪念五一劳动节大会，毛泽东在会上作了《国民精神总动员的政治方向》的讲话。他指出：国民精神总动员，就是要全国人民团结起来，振奋抗战到底的精神，打到鸭绿江边，争取最后胜利。为了争取最后胜利，就要改造全国国民的精神，把一切不好的东西统统去掉，例如自私自利、贪生怕死、贪污腐化、萎靡不振等，提倡和发扬中华民族的艰苦奋斗精神；还要纠正一切不利于抗战的错误思想，例如反国家反民族的汉奸思想、反对抗日民族统一战线的思想等，坚持坚定正确的政治方向。[2] 他再次强调：这种坚定正确的政治方向，是与艰苦奋斗的工作作风不能脱离的。没有

[1] 牛克伦：《熔炉》，载《回忆毛主席》，人民文学出版社1977年版，第245—246页。

[2] 中共中央文献研究室编：《毛泽东年谱（一八九三—一九四九）》修订本，中卷，中央文献出版社2013年版，第123页。

坚定正确的政治方向,就不能激发艰苦奋斗的工作作风;没有艰苦奋斗的工作作风,也就不能执行坚定正确的政治方向。[1]

抗大与陕公创办以来,为党领导的抗战事业培养了一大批优秀干部。同年5月26日,在抗大成立三周年之际,毛泽东特地写作了《抗大三周年纪念》一文,他指出:"抗大为什么全国闻名、全世界闻名,就是因为它比较其他的军事学校最革命最进步,最能为民族解放与社会解放而斗争","一部分人是反对抗大的,就是投降派与顽固派","投降派顽固派人们之起劲地反对抗大,证明抗大的革命性进步性,增加了抗大的光荣","抗大的教育方针是:坚定正确的政治方向,艰苦奋斗的工作作风,灵活机动的战略战术。这三者,是造成一个抗日的革命的军人所不可缺一的"。[2]

选择正确的政治方向固然重要,但始终不渝地坚持正确的政治方向同样重要。在中国革命的进程中,一些人一开始曾是革命的积极参加者,后来有的经不住残酷环境的考验,有的经不住高官厚禄的诱惑,以至于中途退出,甚至背叛革命事业。1939年5月30日,毛泽东出席西北青年救国联合会举行的模范青年授奖大会,作题为《永久奋斗》的讲话,他讲道:"中国的青年运动有很好的革命传统,这个传统就是'永久奋斗'。我们共产党是继承这个传统的,现在传下来了,以后更要继续传下去。但是,也有一些人,五四运动时在北平奋斗得很英勇,后

---

[1] 《国民精神总动员的政治方向》(一九三九年五月一日),《新中华报》1939年5月10日。

[2] 中共中央文献研究室编:《毛泽东年谱(一八九三—一九四九)》修订本,中卷,中央文献出版社2013年版,第127页。

★ 1939年5月，毛泽东在抗大成立三周年纪念大会上讲话

来变了，……他们在五四运动时代都是先锋队，现在呢？变成了逃跑队了。"[1] 为此，他明确提出："在政治上要有一个正确的方向，但是光有这个正确的政治方向是不够的，过了三年五年，就把它丢了，那还不是枉然？所以，有了正确的政治方向后，还要坚定，就是说，要有'坚定正确的政治方向'。这个方向是不可动摇的，要有'富贵不能淫，贫贱不能移，威武不能屈'的骨气来坚持这个方向。这样的青年，才是真正的模范青年。这样的道德，才算是真正的政治道德。"[2]

很显然，毛泽东这一时期反复提到的政治方向，其实就是共产党人奋斗所要实现的目标，以及为实现这一目标所走的发展道路。毫无疑问，中国共产党的奋斗目标是为了实现人类最崇高的理想——社会主义和共产主义。但是，中国原本是一个落后的半殖民地半封建国家，这样的国家因为政治经济文化落后无法直接建立社会主义制度，而造成中国落后的根源是帝国主义的侵略和封建主义的统治，以及二者相结合产生的社会怪胎——官僚资本主义。要在中国建立社会主义制度，就必须先开展反帝反封建的革命斗争即新民主主义革命。因此，中国共产党人的总的政治方向，就是朝着社会主义、共产主义这个远大理想而奋斗，但具体政治任务却需要随着国情、形势的发展而不断调整。正确的政治方向在不同的历史时期，应该有着不同的具体表述。在抗日战争的历史条件下，坚定正确的政治方向要

---

[1] 《毛泽东文集》第二卷，人民出版社1993年版，第190页。

[2] 《毛泽东文集》第二卷，人民出版社1993年版，第191页。

第二章　坚定正确的政治方向

★ 1937年4月12日至17日，西北青年救国联合会第一次代表大会在延安召开。毛泽东、周恩来、洛甫（张闻天）、朱德、博古（秦邦宪）等中央领导人出席会议。毛泽东在会上指出，中国青年应该团结起来，宣传新的口号，建立抗日民族统一战线，准备对日抗战，并为这些主张而奋斗。图为西北青年救国联合会第一届执行委员会全体合影具体化为实现全面持久的抗战,达到"打败侵略者,建设新中国"的目的;在解放战争时期,则具体化为"打倒蒋介石,解放全中国"的行动纲领。在今天,坚定正确的政治方向,就是要实现党的第二个百年奋斗目标,全面建成社会主义现代化强国,以中国式现代化全面推进中华民族的伟大复兴。

中国共产党人坚定正确的政治方向,即要求不论在何种艰难困苦、尖锐复杂的环境条件下,都要始终代表中国先进生产力的发展要求、代表中国先进文化的前进方向、代表中国最广大人民的根本利益;始终坚持中国共产党的领导地位;始终坚持社会主义、共产主义的远大理想,并且把党的最低纲领与最高纲领有机统一起来。

二、最低纲领与最高纲领的有机统一

共产党人的最根本也是最长远的政治方向,就是社会主义和共产主义,这也是共产党这个名字的由来。中共一大通过的《中国共产党的第一个纲领》明确提出:"革命军队必须与无产阶级一起推翻资本家阶级的政权,必须支援工人阶级,直到社会的阶级区分消除为止。"[1] 这表明中国共产党一经成立,就把实现社会主义和共产主义确立为最终奋斗目标。

共产主义是人类最美好的社会,是人类社会经过不断发展而最终必然要到达的高级形态,也是最理想的社会形态。共产党人把实现共产主义作为最

---

[1] 中共中央文献研究室、中央档案馆编:《建党以来重要文献选编(一九二一——一九四九)》第一册,中央文献出版社2011年版,第1页。

高纲领，顺应了社会发展的客观规律。实现共产主义是中国共产党始终不变的奋斗目标。然而，中国共产党成立之时，中国还处于半殖民地半封建社会，要实现共产主义毕竟是需要经过一个非常漫长的历史过程，需要经历若干历史发展阶段，需要长期的艰苦奋斗。共产党人既是理想主义者，又是现实主义者，在每个历史发展阶段，都必须制定与所处的历史阶段相适应的具体奋斗目标和行动纲领，即最低纲领。

很显然，只有推翻帝国主义在中国的统治实现了民族独立，同时推翻以反动军阀为代表的封建主义实现了人民解放，中国成为真正的民主共和国，在此基础上才能建立社会主义制度。只有经过相当长的社会主义阶段，才能达到实现共产主义的终极目标。因此，在新民主主义革命时期，共产党人为实现社会主义、共产主义而奋斗，就是要自觉地投身到民族独立和人民解放的事业之中，积极开展反帝反封建的革命斗争。

全民族抗战爆发后，中国共产党和中国国民党实现了第二次合作，以两党合作为基础建立了抗日民族统一战线。为了建立和巩固抗日民族统一战线，中国共产党作出重大让步，在全民族抗战爆发之初发表的《中共中央为公布国共合作宣言》中，郑重向全国宣言："孙中山先生的三民主义为中国今日之必需，本党愿为其彻底的实现而奋斗。"[1] 尽管中国共产党明确提出在抗战阶段要努力奋斗的是孙中山

---

[1]《周恩来选集》上卷，人民出版社1980年版，第77页。

先生的三民主义，也就是第一次国共合作之初国民党一大所解释的"联俄、联共、扶助农工"的三民主义，而不是被蒋介石、汪精卫等人所篡改的三民主义；但是，当时党内党外还是有些人对此产生疑惑，就是中国共产党是否已经收起了社会主义和共产主义的旗帜？中国共产党究竟要把中国引向什么样的前途？正是在这样的情况下，毛泽东反复强调，孙中山先生的三民主义，与中国共产党的最低纲领有相吻合的地方，这种三民主义，可以视为中国共产党抗战阶段最低纲领的部分内容，是在现阶段要争取实现的目标，但这绝不是共产党人奋斗目标的全部，共产党人在任何情况下，都不会放弃自己的最高奋斗目标，即实现社会主义和共产主义。

为此，毛泽东形象地将中国共产党人的奋斗目标分为上下两篇文章。上篇是取得民主主义革命的胜利，下篇是争取社会主义革命的胜利，为实现共产主义创造条件。在全民族抗战爆发前的1937年5月上旬，中国共产党全国代表会议在延安召开，毛泽东在会上作目前政治形势和党的任务的报告。根据国共两党将实现第二次合作、抗日民族统一战线基本形成、红军即将改编开赴抗日前线的形势，毛泽东提醒全党，中国共产党倡导实行三民主义，但不等于放弃自己的政治理想，改变自己的政治发展方向。因此，"共产党人决不抛弃其社会主义和共产主义的理想，他们将经过资产阶级民主革命的阶段而达到社会主义和共产主义的阶段。中国共产党有自己的政治经济纲领。其最高的纲领是建成社会主义和共产主义，这是和三民主义有区别的。其在民主革命时期的纲领,亦比国内任何党派为彻底"[1]。在为会议作结论时,针对有人提出的革命前途问题,毛泽东明确指出,中国共产党的任务是做好两篇文章,上篇是民主革命,下篇是社会主义,"两篇文章,上篇与下篇,只有上篇做好,下篇才能做好。坚决地领导民主革命,是争取社会主义胜利的条件。我们是为着社会主义而斗争,这是和任何革命的三民主义者不相同的。现在的努力是朝着将来的大目标的,失掉这个大目标,就不是共产党员了。然而放松今日的努力,也就不是共产党员。我们是革命转变论者,主张民主革命转变到社会主义方向去"[2]。

在1938年9月29日至11月6日召开的中共六届六中全会上,毛泽东代表中共中央所作的《论新阶段》的政治报告中,对如何理解这一问题作了透彻的说明。他指出:一个共产主义的政党为什么采取这种态度呢?很明显的,民族独立、民权自由与民生幸福,正是共产党在民族民主革命阶段所要求实现的总目标,也是全国人民要求实现的总目标,并非某一党派单独要求的东西。只要看一看从共产党诞生以来的文献,它的政治纲领,就会明白。因此,在过去,不但在一九二四至一九二七年国共两党第一次合作时期,共产党员曾经坚决实行了三民主义。就在一九二七年国共关系破裂,中国共产党的一切做法,也没有违背三民主义。在这段时间里,中国共产党坚决地反对帝国主义,这是符合于民族主义的;实行了人民代表会议的政治制度,这是符

[1]《毛泽东选集》第一卷,人民出版社1991年版,第259页。

[2]《毛泽东选集》第一卷,人民出版社1991年版,第276页。

合于民权主义的；又实行了耕者有其田的土地制度，这是符合于民生主义的。毛泽东进一步强调："在中国，任何忠实的马克思主义者，他是同时具有现时实际任务与将来远大理想两种责任的。并且应该懂得：只有现时的实际任务获得尽可能彻底的完成，才能有根据有基础地发展到将来的远大理想那个阶段去。所谓将来的远大理想，就是共产主义，这是人类最美满的社会制度，孙中山先生也曾经认为必要实行它，才能解决将来的社会问题。"[1]

众所周知，中国共产党自成立之日起，就是以社会主义和共产主义为奋斗目标。为了建立抗日民族统一战线，不计前嫌旧恶，向国民党主动发出"停止内战、一致对外"的倡议，并且强调孙中山先生倡导的三民主义是国共合作的政治基础，表明中国共产党是将民族利益、国家利益和人民利益置于第一位的，是为国家和人民谋利益而没有自己的私利的。

可是，国民党内的一些人却置国家和民族利益于不顾，不断地破坏抗日民族统一战线，顽固地坚持其一党独裁思想。在抗战进入相持阶段后，随着中国共产党政治影响的扩大和八路军、新四军的发展壮大，国民党内的顽固派害怕共产党力量的发展危及其独裁专制统治，提出所谓的"溶共""防共"和"限共"的方针，千方百计限制共产党领导的进步力量的发展，除了在军事上不断制造反共摩擦外，还曲解共产党人三民主义主张，以共产党也倡导三

---

[1] 中共中央文献研究室、中央档案馆编：《建党以来重要文献选编（一九二一——一九四九）》第十五册，中央文献出版社2011年版，第627—628页。

民主义为由，要求共产党人放弃社会主义和共产主义的政治方向，他们拼命地鼓吹"一个主义""一个政党""一个领袖"，实际上是要取消共产党，至少是将共产党溶化到国民党中去。国民党的所谓"理论家"叶青公开叫嚣："三民主义可以满足中国现在和将来的一切要求。它的实现，中国便不需要社会主义了，从而组织一个党来为社会主义而奋斗的事也就不必要了。"[1]

当时，有的中间人士也被国民党顽固派所蛊惑，要求共产党收起社会主义和共产主义主张。作为中间党派的国家社会党首领张君劢也在1938年12月发表《致毛泽东先生一封公开信》，提出"目前阶段中，先生等既努力于对外民族战争，不如将马克思主义暂搁一边，使国人思想走上彼此是非黑白分明一途，而不必出以灰色与掩饰之辞。诚能如此，国中各派思想，同以救民族救国家为出发点，而其接近也自易易矣"[2]。与此同时，"共产党内有人存在一些糊涂观念，认为既然中国共产党在公布国共合作的宣言中说：'孙中山先生的三民主义为中国今日之必需，本党愿为其彻底的实现而奋斗'，那末，国民党提出'一个党一个主义'也不是完全没有理由的"[3]。

针对这种情况，中共六届六中全会后，毛泽东反复强调，共产主义是在革命发展的将来阶段实行的，共产主义者在现在阶段并不梦想实行共产主义，而是要实行历史规定的民族革命主义和民主革命主

[1] 中共中央文献研究室编：《毛泽东传》，中央文献出版社2011年版，第563页。

[2] 《致毛泽东先生一封公开信》，1938年12月16日。

[3] 中共中央文献研究室编：《毛泽东传》，中央文献出版社2011年版，第542页。

义，这是共产党提出抗日民族统一战线和统一的民主共和国的根本理由。中国共产党正是在为民族独立、民权自由、民生幸福这三大目标而奋斗。他指出：中国共产党"现在要实行的是三民主义，将来是社会主义，一定要把三民主义（现在的）变为社会主义（将来的），这一条我们不能放弃也不应该放弃。我们跟友党讲亲爱，讲团结，这是对的，而同时要大大发展我们的党，不要因讲亲爱、团结而放弃了自己的任务"。他用了一个形象的比喻："三民主义是到共产主义的必经之路，正如西安到延安，洛川是必经之路一样，现在我们实行三民主义，哪个说我们将来不实行社会主义？"[1] 他又指出："若问一个共产主义者为什么要首先为了实现资产阶级民主主义的社会制度而斗争，然后再去实现社会主义的社会制度，那答复是：走历史必由之路。"[2] "中国将来一定要发展到社会主义去，这样一个定律谁都不能推翻。但是我们在目前的阶段上不是实行社会主义，而是破坏帝国主义和封建主义，改变中国现在的这个半殖民地半封建的地位，建立人民民主主义的制度。"[3]

1939年9月，美国记者斯诺时隔三年又一次访问陕北。毛泽东在同斯诺谈话时，回答了他提出的陕甘宁边区、抗日与民主、中国革命等诸多问题。毛泽东告诉斯诺："中国革命，有两篇文章，上篇和下篇。无产阶级同资产阶级一道，进行民族民主革命，这是文章的上篇，我们现在正在做这一篇文章，

---

[1] 中共中央文献研究室编：《毛泽东传（1893—1949）》，中央文献出版社2004年版，第554—555页。

[2] 《毛泽东选集》第二卷，人民出版社1991年版，第559页。

[3] 《毛泽东选集》第二卷，人民出版社1991年版，第563页。

并且一定要做好这一篇文章。但是,文章还有一篇,就是它的下篇,就是无产阶级领导农民,进行社会主义革命。这一篇文章,我们也是一定要做的,并且也一定要做好的。目前是民族民主革命,发展到一定的阶段,就会转变为社会主义革命。这种可能性是会要变为现实性的。不过,文章的上篇如果不做好,下篇是没有法子着手做的。"[1]

毛泽东年轻时候就曾说过:"主义譬如一面旗子,旗子立起了,大家才有所指望,才知所趋赴。"[2] 毫无疑问,中国共产党主张的主义就是社会主义、共产主义即马克思主义,但中国是一个半殖民地半封建社会,政治经济文化都十分落后,因此,为了在未来实现社会主义和共产主义,在当前必须进行以反帝反封建为主要特征的革命。这种革命就其属性来说是资产阶级民主革命的范畴,但这种革命必须由无产阶级来领导而不是由资产阶级来领导,因而与原来的资产阶级民主革命又有根本的不同。那么,现阶段的中国革命应当如何进行,中国革命的上篇与下篇之间究竟是一种什么样的关系,怎样使上下篇有机地衔接起来,中国共产党究竟要把中国引入什么样的前途,实现这样的前途将采取什么样的步骤和方针政策,成为当时党内外许多人普遍关切的问题。

为了明确提出中国共产党的政治主张,从理论的高度回答人们的关切,毛泽东在深入总结党的历史经验的基础上,经过长期的理论思考,在1939年

[1] 《毛泽东文集》第二卷,人民出版社1993年版,第243—244页。

[2] 中共中央文献研究室编:《毛泽东年谱(一八九三——一九四九)》修订本,上卷,中央文献出版社2013年版,第70页。

底至1940年初这段时间里，相继撰写了《〈共产党人〉发刊词》《中国革命和中国共产党》《新民主主义论》等重要理论文章，提出了新民主主义革命理论并对其作了系统的阐发。

毛泽东指出："既然在现阶段上的中国资产阶级民主主义的革命，不是一般的旧式的资产阶级民主主义的革命，而是特殊的新式的民主主义的革命，而是新民主主义的革命，而中国革命又是处在二十世纪三十和四十年代的新的国际环境中，即处在社会主义向上高涨、资本主义向下低落的国际环境中，处在第二次世界大战和革命的时代，那末，中国革命的终极的前途，不是资本主义的，而是社会主义和共产主义的，也就没有疑义了。"[1] 这就清楚地告诉人们，中国革命的上篇是新民主主义革命，下篇是社会主义革命。

对于这两个革命之间的关系，毛泽东又指出：完成中国资产阶级民主主义的革命（新民主主义的革命），并准备在一切必要条件具备的时候把它转变到社会主义革命的阶段上去，这就是中国共产党光荣的伟大的全部革命任务。每个共产党员都应为此而奋斗，绝对不能半途而废。有些幼稚的共产党员，以为只有在现在阶段的民主主义革命的任务，没有在将来阶段的社会主义革命的任务，或者以为现在的革命或土地革命即是社会主义的革命。"应该着重指出，这些观点是错误的。每个共产党员须知，中国共产党领导的整个中国革命运动，是包括民主主

---

[1] 《毛泽东选集》第二卷，人民出版社1991年版，第650页。

第二章　坚定正确的政治方向

★ 1939年10月4日,《共产党人》杂志创刊,毛泽东写了发刊词

★ 《共产党人》创刊号目录

义革命和社会主义革命两个阶段在内的全部革命运动；这是两个性质不同的革命过程，只有完成了前一个革命过程才有可能去完成后一个革命过程。民主主义革命是社会主义革命的必要准备，社会主义革命是民主主义革命的必然趋势。而一切共产主义者的最后目的，则是在于力争社会主义社会和共产主义社会的最后的完成。只有认清民主主义革命和社会主义革命的区别，同时又认清二者的联系，才能正确地领导中国革命。"[1]

毫无疑问，中国共产党所坚持的根本的政治方向，从长远看是在中国实现社会主义和共产主义，但为了实现社会主义必须先完成新民主主义革命的任务。为此，毛泽东特别指出："现在的革命是第一步，将来要发展到第二步，发展到社会主义。中国也只有进到社会主义时代才是真正幸福的时代。但是现在还不是实行社会主义的时候。中国现在的革命任务是反帝反封建的任务，这个任务没有完成以前，社会主义是谈不到的。中国革命不能不做两步走，第一步是新民主主义，第二步才是社会主义。而且第一步的时间是相当地长，决不是一朝一夕所能成就的。我们不是空想家，我们不能离开当前的实际条件。"[2]

毛泽东曾多次讲到这两个革命的关系，还曾形象地将中国革命比喻为改朝换代。他说："中国革命要完成什么任务呢？中国共产党到底要办什么事情呢？就是要办两件事，要换两回朝。第一，要把半

[1] 《毛泽东选集》第二卷，人民出版社1991年版，第651—652页。

[2] 《毛泽东选集》第二卷，人民出版社1991年版，第683—684页。

殖民地半封建社会改变为民主主义社会，即新民主主义社会。……第二，共产党还要办一件事，还要换一个朝，就是由资产阶级民主主义社会转变为无产阶级社会主义社会。"[1]

1945年4月，毛泽东在中共七大上作《论联合政府》的书面报告，再次讲到新民主主义革命与社会主义革命的关系问题。他说："我们共产党人从来不隐瞒自己的政治主张。我们的将来纲领或最高纲领，是要将中国推进到社会主义社会和共产主义社会去的，这是确定的和毫无疑义的。我们的党的名称和我们的马克思主义的宇宙观，明确地指明了这个将来的、无限光明的、无限美妙的最高理想。每个共产党员入党的时候，心目中就悬着为现在的新民主主义革命而奋斗和为将来的社会主义和共产主义而奋斗这样两个明确的目标，而不顾那些共产主义敌人的无知的和卑劣的敌视、污蔑、谩骂或讥笑；对于这些，我们必须给以坚决的排击。对于那些善意的怀疑者，则不是给以排击而是给以善意的和耐心的解释。所有这些，都是异常清楚、异常确定和毫不含糊的。"[2] 一个共产党员如果不胸怀社会主义和共产主义远大理想，就不是一个真正的共产党员。

毛泽东同时又强调："一切中国共产党人，一切中国共产主义的同情者，必须为着现阶段的目标而奋斗，为着反对民族压迫和封建压迫，为着使中国人民脱离殖民地、半殖民地、半封建的悲惨命运，

[1]《毛泽东文集》第三卷，人民出版社1996年版，第56—58页。

[2]《毛泽东选集》第三卷，人民出版社1991年版，第1059页。

和建立一个在无产阶级领导下的以农民解放为主要内容的新民主主义性质的，亦即孙中山先生革命三民主义性质的独立、自由、民主、统一和富强的中国而奋斗。我们果然是这样做了，我们共产党人，协同广大的中国人民，曾为此而英勇奋斗了二十四年。对于任何一个共产党人及其同情者，如果不为这个目标奋斗，如果看不起这个资产阶级民主革命而对它稍许放松，稍许息工，稍许表现不忠诚、不热情，不准备付出自己的鲜血和生命，而空谈什么社会主义和共产主义，那就是有意无意地、或多或少地背叛了社会主义和共产主义，就不是一个自觉的和忠诚的共产主义者。只有经过民主主义，才能到达社会主义，这是马克思主义的天经地义。"[1]一个共产党员如果不自觉投身于新民主主义革命，不为这个革命作出努力与牺牲，也不是一个真正的共产党员。

中国共产党始终具有坚定正确的政治方向，这个政治方向从长远看就是在中国实现社会主义和共产主义，为了在中国建立社会主义制度，就必须先进行新民主主义革命，革命的主要任务就是反帝反封建。在抗日战争时期，对中华民族独立和中国人民解放危害最大的就是日本帝国主义，坚持抗日就是这一时期必须坚持的正确的政治方向。因此，中国共产党始终高举抗日的旗帜，坚持敌后战场的抗战，在抗战中起到了中流砥柱的作用。正因为延安时期的共产党员胸怀远大理想，坚持抗战必胜的信

---

[1] 《毛泽东选集》第三卷，人民出版社1991年版，第1059—1060页。

心，才能在极端困难的情况下开辟、巩固和扩大抗日根据地，发展、壮大人民武装力量，与日本侵略者展开殊死斗争，最终赢得了抗日战争的彻底胜利。抗日战争胜利后，面对蒋介石的反共内战政策，中国共产党竭力维护国内和平，在蒋介石一意孤行向解放区大举进攻时，果断地以革命战争应对反革命战争，及时将战略防御转入战略进攻，响亮地提出"打倒蒋介石，解放全中国"的口号，为人民解放战争的胜利奠定了基础。

总之，延安时期，立足于抗日战争和人民解放战争，贯通中国人民的长远利益，达到中华民族的独立和解放，是当时正确政治方向的基本内容。中国共产党科学地将党的最低纲领与最高纲领统一起来，既要求广大党员确立社会主义和共产主义远大理想，又要求广大党员站到抗日战争和人民解放战争的第一线，在革命战争中充分发挥先锋模范作用。

三、准确把握社会主要矛盾，制定正确的政治路线

政治方向指明了政党或组织的政治发展目标，而要实现这样的目标，就需要制定相应的政治路线，这就需要对基本国情作出准确的把握。对于准确把握基本国情对革命的重要性，毛泽东曾在《中国革命和中国共产党》一文中有过精辟的论述。他指出："只有认清中国社会的性质，才能认清中国革命的对象、中国革命的任务、中国革命的动力、中国革命的性质、中国革命的前途和转变。所以，认清中国社会的性质，就是说，认清中国的国情，

乃是认清一切革命问题的基本的根据。"[1] 正确认识基本国情，最关键的就是对党和国家所处的历史方位和社会主要矛盾加以准确把握。

在党的历史上，第一次对中国社会和革命性质问题作出探讨，是1922年召开的中共二大。大会根据列宁关于殖民地半殖民地的革命理论，对中国的政治经济状况、当前的革命任务以及党的纲领等作了具体的分析。大会发表的宣言明确指出，中国的社会性质是半殖民地半封建社会，这是因为：鸦片战争后，近代中国社会的政治和经济就已落到帝国主义的统治之下，成为世界帝国主义的市场，"帝国主义的列强在这八十年侵略中国时期之内，中国已是事实上变成他们共同的殖民地了，中国人民是倒悬于他们欲壑无底的巨吻中间"[2]。由于帝国主义操纵着中国的政治与经济，"又因现尚停留在半原始的家庭农业和手工业的经济基础上面，工业资本主义化的时期还是很远，所以在政治方面还是处于军阀官僚的封建制度把持之下"[3]，中国的民族资本主义虽然有所发展，但帝国主义是不会允许其自由发展和自由竞争而达到独立的地位的，"而且外国资本主义为自己的发展和利益，反扶助中国军阀，故意阻碍中国幼稚资本主义的兴旺"[4]。

宣言进一步指出，由于"加给中国人民（无论是资产阶级、工人或农民）最大的痛苦的是资本帝国主义和军阀官僚的封建势力，因此反对那两种势力的民主主义的革命运动是极有意义的，即因民主

---

[1] 《毛泽东选集》第二卷，人民出版社1991年版，第633页。

[2] 中共中央文献研究室、中央档案馆编：《建党以来重要文献选编（一九二一—一九四九）》第一册，中央文献出版社2011年版，第122页。

[3] 中共中央文献研究室、中央档案馆编：《建党以来重要文献选编（一九二一—一九四九）》第一册，中央文献出版社2011年版，第128页。

[4] 中共中央文献研究室、中央档案馆编：《建党以来重要文献选编（一九二一—一九四九）》第一册，中央文献出版社2011年版，第131页。

主义革命成功，便可得到独立和比较的自由"[1]。中国的半殖民地半封建社会性质，决定了中国革命的主要敌人是外国帝国主义和本国的封建主义，反帝反封建就成为当前中国革命的主要任务。因此，中国革命要分两步走：第一步是引导工人们帮助民主主义的革命运动，使工人和贫农与小资产阶级建立民主主义的联合战线；第二步是进行社会主义革命，实现"与贫苦农民联合的无产阶级专政"。

中共二大强调，中国共产党是中国无产阶级政党，"他的目的是要组织无产阶级，用阶级斗争的手段，建立劳农专政的政治，铲除私有财产制度，渐次达到一个共产主义的社会"。这也是党的最高纲领。党的二大同时提出，中国革命第一步的任务是"为工人和贫农的目前利益计，引导工人们帮助民主主义的革命运动，使工人和贫农与小资产阶级建立民主主义的联合战线"。这个联合战线奋斗的目标是：消除内乱，打倒军阀，建设国内和平；推翻国际帝国主义的压迫，达到中华民族完全独立；统一中国本部（东三省在内）为真正民主共和国；……制定关于工人和农人以及妇女的法律。[2] 这是党的历史上第一次明确提出党在民主革命中的基本纲领和奋斗目标。正是基于对中国基本国情的分析，党的二大第一次将党的长远奋斗目标和党在民主革命阶段要完成的任务结合起来，将党的一大确定的直接搞社会主义革命，明确为先进行民主主义革命，然后再进行社会主义革命。这是党的战略方针的一个重大转

---

[1] 中共中央文献研究室、中央档案馆编:《建党以来重要文献选编（一九二一——一九四九）》第一册，中央文献出版社2011年版，第132页。

[2] 中共中央文献研究室、中央档案馆编:《建党以来重要文献选编（一九二一——一九四九）》第一册，中央文献出版社2011年版，第133页。

变，表明党对中国革命的性质和革命任务的认识与一大相比更为深刻。

历史证明，二大对中国社会性质和中国革命性质的判断是基本正确的，是符合当时中国的基本国情的，说明早期中国共产党人已经初步能够将马克思主义的基本原理与中国的具体实际相结合。中国的半殖民地半封建社会性质，决定了中国共产党人所进行的革命尚不是俄国十月革命那样的社会主义革命，而是反帝反封建的资产阶级民主革命，因此，革命对象主要是帝国主义和封建主义（当时中国封建主义的政治代表就是北洋军阀），民族资产阶级不是革命的对象而可以是革命的争取力量。在中国开展反帝反封建的民主革命，必须建立广泛的革命统一战线即民主主义联合战线。

正因为对中国基本国情和社会性质有了较为准确的判断，中国共产党随后作出了与国民党进行合作的重要决定，响亮地号召全国民众团结起来"打倒列强，除军阀"，抓住了当时人们最关注的问题，真切反映了当时全国人民共同的政治诉求，这也成为当时动员人民革命最有效的口号，激发出了全国人民前所未有的革命热情。在国共两党的共同努力下，以第一次国共合作的形成为标志，开启了以国民革命为特征的大革命并很快进入高潮，于是有了著名的五卅运动、省港大罢工，有了风起云涌的农民运动，有了北伐战争的胜利进军，有了收复汉口、九江等地英租界这样鸦片战争以来从未有过的举动，使中国革命的浪潮从珠江流域席卷大半个中国。随着革命高潮的到来，党的影响也迅速扩大，由一个一大召开时几乎无人知晓的组织，迅速在中国政治舞台上产生了重大影响力，越来越多的人了解到中国有一个以彻底反帝反封建为宗旨的中国共产党；党的自身也不断壮大，由中共二大召开时的不到200名党员，发展到1927年四五月中共五大召开时的近6万名党员。

轰轰烈烈的大革命由于国民党右派集团的背叛而失败。从大革命失败的教训中，共产党人懂得了统一战线领导权的重要，也懂得了掌握革命武装、开展武装斗争的重要，开始了以武装的革命反对武装的反革命，进入了以武装斗争为主要特征的新阶段。但是，接下来革命性质是什么，是社会主义性质的革命，还是仍旧为反帝反封建的资产阶级民主革命？如果是前者，革命的对象无疑主要是资产阶级；如果是后者，那么斗争的主要锋芒需要指向帝国主义和封建主义。与之相关的是，国民党右派集团演变为反革命集团，是否意味着整个资产阶级已经背叛革命，对资产阶级是采取团结争取的方针还是将之作为革命的敌人对待？四一二反革命政变后，蒋介石集团在南京建立了所谓的国民党政府，这个政权是什么性质的？此时中国革命是否正面临俄国二月革命后十月革命前那样的形势？只有将这些重大问题搞清楚，才能制定正确的大政方针和革命斗争策略。

1928年6月至7月，中共六大在莫斯科召开，大会集中讨论了中国社会性质和革命性质这个十分迫切的问题。大会认为，"中国现在的地位是半殖民地"，"现在的中国经济政治制度，的确应当规定为半封建制度"。[1] 即是说，中国仍然是半殖民地半封建社会。中国社会的性质决定了中国革命的性质，为

---

[1] 中共中央文献研究室、中央档案馆编：《建党以来重要文献选编（一九二一——一九四九）》第五册，中央文献出版社2011年版，第404、409页。

此大会通过的《政治议决案》强调，中国革命现在阶段的性质仍然是"资产阶级性的民权主义革命"，如认为中国革命目前阶段已转变到社会主义性质的革命，这是错误的；同样，认为中国现时革命为"无间断革命"，也是不对的。这是因为国家真正的统一并未完成，中国并没有从帝国主义之下解放出来；地主阶级的私有土地制度并没有推翻，一切半封建余孽并没有肃清，因此，"推翻帝国主义及土地革命是革命当前的两大任务"。[1]

中共六大关于中国社会性质和革命性质的分析，澄清了当时党内在这个问题上的严重争论。针对党内普遍存在的认为民族资产阶级既然已经反革命，中国革命的性质就不再是资产阶级民主革命而是社会主义革命的错误认识，强调中国社会仍然是半殖民地半封建性质，引起中国革命的基本矛盾——帝国主义与中华民族的矛盾、封建主义与人民大众的矛盾一个也没有解决，反帝反封建的民主革命任务没有完成，现阶段中国共产党人的任务依然是进行反帝反封建的资产阶级民主革命。因此，六大对这一问题的分析，对于统一全党思想认识无疑是有重要意义的。

在中国共产党内，毛泽东是运用马克思主义基本原理对中国基本国情加以科学分析的典范。早在开创井冈山革命根据地之时，针对有人提出的"红旗到底能打多久"的疑问，毛泽东就对中国的红色政权为什么能够存在进行了透彻的分析。他认为，

---

[1] 中共中央文献研究室、中央档案馆编：《建党以来重要文献选编（一九二一—一九四九）》第五册，中央文献出版社2011年版，第377页。

中国是一个帝国主义间接统治的经济落后的半殖民地国家，由于多个帝国主义国家同时侵略中国，因而不同的帝国主义国家会在中国扶植不同的代理人，于是形成了中国独特的政治现象，这就是由帝国主义与国内买办豪绅阶级支持的各派新旧军阀之间长期进行混战，这不但是世界上所有的帝国主义国家没有的现象，而且是帝国主义直接统治的殖民地没有的现象，"这种现象产生的原因有两种，即地方的农业经济（不是统一的资本主义经济）和帝国主义划分势力范围的分裂剥削政策。因为有了白色政权间的长期的分裂和战争，便给了一种条件，使一小块或若干小块的共产党领导的红色区域，能够在四围白色政权包围的中间发生和坚持下来……我们只须知道中国白色政权的分裂和战争是继续不断的，则红色政权的发生、存在并且日益发展，便是无疑的了"[1]。这为为什么能够开展"工农武装割据"，中国的红色政权为什么能够存在和发展，提供了科学的理论依据。

然而，并不是所有的共产党人都学会了对中国社会主要矛盾的科学分析。中共六大对当时的中国社会性质和革命性质作出了比较正确的回答，但却对中国的阶级关系缺乏正确的认识，把蒋介石、汪精卫集团对革命的背叛，看成是整个民族资产阶级都背叛了革命，认为南京政府是资产阶级性质的政权。大会通过的《政治议决案》提出："中国现时资产阶级性的民权革命必须反对民族资产阶级方能胜

[1] 《毛泽东选集》第一卷，人民出版社1991年版，第49页。

利，革命动力只是工农。中国民族资产阶级——背叛革命，走到帝国主义、豪绅地主的反革命营垒，他以前是能削弱帝国主义，并动摇军阀制度的一种动力（一九二七年春天以前），现在却变成巩固并团结帝国主义与军阀制度的一种动力。因此，资产阶级性的民权革命阶段之中的动力现在只是中国的无产阶级和农民。"[1] 这就把本应团结争取的民族资产阶级当作了革命的敌人，使党领导的革命统一战线不是扩大而是缩小，犯了关门主义的错误，这恰恰是壮大了敌人的队伍而削弱了自己的力量。

中共六大之后，党内连续发生过李立三"左"倾冒险错误和王明的"左"倾教条主义错误。他们所犯的"左"倾错误虽然表现形式不同，但有一个共同的特点，即在社会主要矛盾和阶级关系上，否定中间营垒的存在，把民族资产阶级看作是最危险的敌人。

1930年5月，当时主持中共中央工作的李立三在起草的《新的革命高潮前面的诸问题》中提出："中国资产阶级已经是反动联盟的一部分，因此民主革命是反对帝国主义与封建势力，同时也必须反对资产阶级。民主革命的彻底胜利与推翻资产阶级的统治不可分离，而且必然是无产阶级领导的巩固与苏维埃政权建立的胜利。"[2] 同年6月，中共中央政治局通过李立三起草的《新的革命高潮与一省或几省首先胜利》的决议案，强调即将进行的革命战争"是对帝国主义地主买办的战争，同时就是反资产阶

---

[1] 中共中央文献研究室、中央档案馆编：《建党以来重要文献选编（一九二一——一九四九）》第五册，中央文献出版社2011年版，第378页。

[2] 中共中央文献研究室、中央档案馆编：《建党以来重要文献选编（一九二一——一九四九）》第七册，中央文献出版社2011年版，第199页。

级的战争。这时革命政府为着力争全国革命的胜利，不只是要没收帝国主义的银行、企业、工厂，使民主革命彻底，而且要没收中国资产阶级的工厂、企业、银行，以削除反革命的武器"[1]。这等于是将革命的矛头直接对向了民族资产阶级，在开展民主革命的同时直接进行社会主义革命。

1930年9月，扩大的中共六届三中全会纠正了李立三的"左"倾冒险错误，但随后不久，比李立三更"左"的王明"左"倾教条主义在党内取得统治地位。1930年11月底，王明发表了代表其思想观点的小册子《两条路线》，在中国社会性质上，夸大资本主义在中国经济中的比重；在阶级关系上，认为中国革命的动力只有工农和下层小资产阶级，其他一切阶级、阶层都已转入反动的营垒，因此没有"中间派"和"第三营垒"的存在，并将民族资产阶级、上层小资产阶级同帝国主义、封建主义并列，都当作革命的对象，声称现阶段的中国资产阶级民主革命，只有坚决进行反对资产阶级的斗争，才能取得彻底的胜利。这显然是在对基本国情的判断和阶级关系的分析上严重地脱离了实际。

1931年九一八事变后，日本侵占了中国的东北，中日民族矛盾尖锐起来，组织动员各阶级各阶层抗日已成为革命的中心问题，不管哪个阶级、阶层、党派、团体、个人，只要是主张抗日、反对不抵抗主义的，都是具有革命性质的，而"左"倾教条主义总是认为革命的道路是笔直的，革命的队伍必须

---

[1] 中共中央文献研究室、中央档案馆编：《建党以来重要文献选编（一九二一——一九四九）》第七册，中央文献出版社2011年版，第266页。

纯而又纯，革命与反革命间没有中间营垒，只有拥护共产党领导的苏维埃政权、起来参加推翻国民党统治的才能算作革命，只要是资产阶级、只要是国民党出身，不管是不是要求抗日都是反对革命的。他们看不到九一八事变后阶级关系的新变化，否认以民族资产阶级为主体的中间势力的抗日要求，也看不到国民党内部在抗日问题上出现的分化，反而认为中间势力是帮助国民党维护其统治，使群众不去反对与推翻国民党的统治，因而是最危险的敌人。他们竟然不顾形势的变化，继续提出"武装保卫苏联"这样为大多数民众不能接受的口号，理由是无产阶级有两个祖国，即阶级祖国和民族祖国，首先要保卫的是阶级祖国即苏联，这就严重脱离了实际，也脱离了人民群众。

从 1935 年夏天起，日本帝国主义为了吞并华北的河北、山东、山西、察哈尔、绥远五省，制造了一系列侵略事件，史称华北事变。中华民族面临更为严重的生存危机，整个华北危在旦夕。华北事变表明，随着日本帝国主义大举入侵，国内主要矛盾发生深刻变化，中日民族矛盾已经上升为主要矛盾，以共产党与国民党各为代表的阶级矛盾已经下降为次要矛盾。社会主要矛盾的变化，需要党的路线方针政策也随之进行调整。

经过遵义会议，毛泽东在中共中央和红军中的领导地位开始确立，中国共产党开始成熟起来，已经懂得根据形势的变化调整方针政策。1935 年 10 月，中共中央到达陕北。同年 12 月，中共中央政治局在瓦窑堡召开扩大会议，着重批判了党内存在的关门主义倾向，针对形势的变化，不失时机地制定了抗日民族统一战线的政策。会议通过的《中共中央关于目前政治形势与党的任务的决议》，分析了中国共产党所面临的政治形势的基本特点，制定了党在新形势下的策略路线。《决议》指出："目前政治形势已经起了一个基本上的变化，在中国革命史上划分了一个新时期，这表现在日本帝国主义变中国为殖民地，中国革命准备进入全国性的大革命，在世界是战争与革命的前夜。日本帝国主义并吞东北四省之后，现在又并吞了整个华北，而且正准备并吞全中国，把全中国从各帝国主义的半殖民地，变为日本的殖民地。这是目前时局的最基本的特点。"[1]

瓦窑堡会议指出，由于中日民族矛盾已上升为主要矛盾，"日本帝国主义吞并华北并准备吞并全中国的行动，向着四万万人的中华民族送来了亡国灭种的大祸，这个大祸就把一切不愿当亡国奴，不愿充汉奸卖国贼的中国人，迫得走上一条唯一的道路：向着日本帝国主义及其走狗汉奸卖国贼展开神圣的民族战争。一切爱国的中国人为保卫自己的国家而血战到底，这是日本帝国主义亡人之国灭人之种的冒险事业的前进路上必然得到的回答"[2]。党应该采取各种适当的方法与方式，去争取各种力量到反日战线中来。《决议》指出，在地主买办阶级营垒中间，也不是完全统一的，党也应利用他们之间的矛盾与冲突，以利于抗日民族解放斗争。对于日本帝国主义与其他帝国主义之间的矛盾，也应采取这样的策略。

瓦窑堡会议还明确提出，中国共产党是中国无产阶级的先锋队，同时又是中华民族的先锋队，因此，"共产党员必须在农村中，兵士中，贫民中，小资产阶级与智识分子中，以至一切革命同盟者中，

[1] 中共中央文献研究室、中央档案馆编：《建党以来重要文献选编（一九二一——一九四九）》第十二册，中央文献出版社2011年版，第531页。

[2] 中共中央文献研究室、中央档案馆编：《建党以来重要文献选编（一九二一——一九四九）》第十二册，中央文献出版社2011年版，第532页。

永远的延安精神

★ 1937年，毛泽东（左二）、周恩来（左一）、博古（秦邦宪，右一）在延安合影

进行自己的活动，为这些群众的切身利益而斗争，使他们相信共产党不但是工人阶级的利益的代表者，而且也是中国最大多数人民的利益的代表者，是全民族的代表者"[1]。

瓦窑堡会议确立的建立抗日民族统一战线的主张，是中国共产党的重大战略转变，表明党的工作重心由领导农民开展土地革命进行国内革命战争，转变为动员一切力量建立抗日民族统一战线进行抗日战争。随后，中共中央又根据形势的变化，将"抗日反蒋"政策转变为"逼蒋抗日"政策。1936年5月5日，毛泽东和朱德以中华苏维埃人民共和国中央政府主席、中国人民红军革命军事委员会主席的身份，发表《停战议和一致抗日通电》，公开放弃反蒋口号。6月20日，中共中央就停止内战、一致对外致书国民党五届二中全会，明确表示"国民党中任何领袖、任何委员起来抗日救国，我们同样愿意以全力支持他们"[2]，中国共产党随时准备与他们进行合作救国的谈判。8月25日，中共中央发出致国民党中央并转全体国民党党员的信，倡议在抗日的大目标下，国共两党实行第二次合作。9月1日，中共中央发出《关于逼蒋抗日问题的指示》，强调目前中国的主要敌人是日本帝国主义，把日本帝国主义与蒋介石同等看待是错误的，"抗日反蒋"的口号也是不适当的，"我们的总方针，应是逼蒋抗日"[3]。

在中国共产党提出的抗日民族统一战线的影响和推动下，1936年12月12日，张学良、杨虎城两

[1] 中共中央文献研究室、中央档案馆编:《建党以来重要文献选编（一九二一——一九四九）》第十二册，中央文献出版社2011年版，第547页。

[2] 中共中央文献研究室、中央档案馆编:《建党以来重要文献选编（一九二一——一九四九）》第十三册，中央文献出版社2011年版，第151页。

[3] 中共中央文献研究室、中央档案馆编:《建党以来重要文献选编（一九二一——一九四九）》第十三册，中央文献出版社2011年版，第276页。

位将军在苦苦劝谏蒋介石停止内战、一致抗日无效后,发动兵谏,扣押了蒋介石等人。西安事变发生后,中共中央以民族大义为重,提出应抓住西安事变的机会,将局部的抗日民族统一战线转变为全国性的抗日民族统一战线,不应将反蒋与抗日并立,主张和平解决西安事变。应张学良、杨虎城的邀请,中共中央派遣周恩来、叶剑英、林伯渠等前往西安,和张学良、杨虎城一起同蒋介石及南京方面的代表谈判。此时的蒋介石一方面成了阶下囚,另一方面毕竟其民族意识未泯,在各方压力之下终于承诺"停止剿共,联红(军)抗日",西安事变得以和平解决。至此,十年内战基本结束。

1937年2月10日,《中国共产党中央给中国国民党三中全会电》提出了停止内战、集中国力、一致对外等五项要求和停止武装暴动推翻国民党政府等四项保证,在全国引起了巨大的反响,也得到了国民党内抗战派的赞同。这次会议上,国民党和南京政府实际接受了中国共产党提出的国共合作抗日的政策,全国性的抗日民族统一战线基本形成。

回看历史就不难发现,在华北事变后国内主要矛盾转换的历史关口,中国共产党及时根据国内主要矛盾的变化,调整党的路线方针政策,不失时机地提出了建立抗日民族统一战线的主张,并大力推动抗日民族统一战线的形成,使中华民族实现了空前的团结,在1937年7月卢沟桥事变后日本发动全面侵华战争的情况下,形成全民族抗战的局面,打破日本在短期内侵占全中国的企图,为抗日战争取得最终的胜利奠定了基础。

抗日民族统一战线的倡导与形成,也极大地改变了中国共产党在全国人民面前的形象,扩大了党的威望与影响。

本来,国共两党合作开创了大革命的局面,然而在大革命的

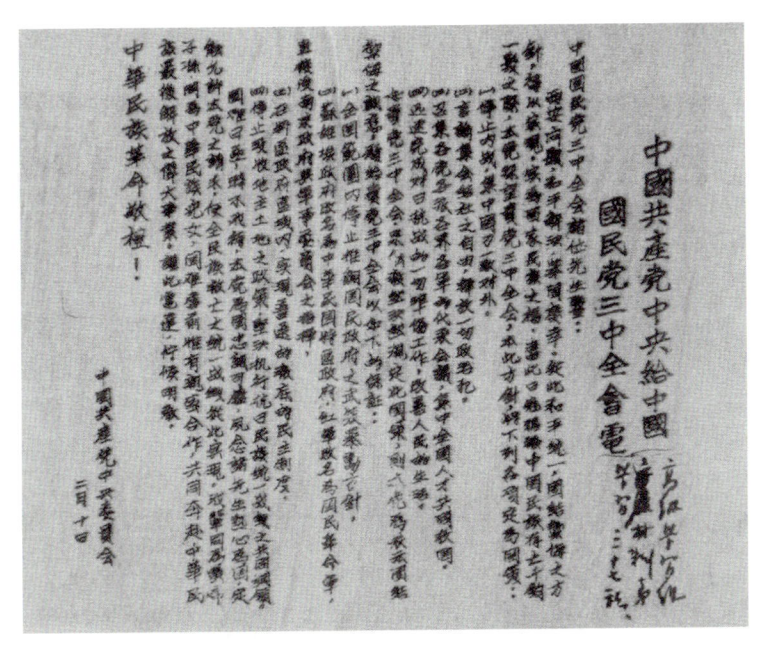

★ 1937年2月10日，中共中央致电国民党五届三中全会，提出联合抗日的五项要求和四项保证

高潮中，蒋介石集团和汪精卫集团相继背叛革命，对共产党这个昔日的盟友及其支持者大加杀戮，这使得共产党人不得不拿起武器与之进行坚决斗争，于是国共之间进行了长达近十年的军事对峙。在这个过程中，由于国民党反动派实行白色恐怖和反革命内战，无数的共产党员或惨遭杀戮，或战死疆场。他们中有党的早期领导人，有中央政治局常委、政治局委员、中央委员，有领导人的家属，更多的是普通党员和党的同情者。可以说，在大革命失败后国共两党近十年的内战中，每一个党员都有亲人、战友为革命而牺牲。然而，面对日本帝国主义大举侵华的危局，在中华民族生死存亡之际，中国共产党主动提出停止内战、一致对外的主张，并及时调整党的各项方针政策，使全国人民看到了共产党人坦荡的心怀，看到了共产党人为民族、为人民谋利益的胸襟，看到了他们对祖国的无限忠诚。

虽然经过第五次反"围剿"的失利和万里长征，中国共产党及其领导的军队人数并不多，又主要聚集在贫瘠的西北高原，但人们从共产党人高尚的政治品格和家国情怀中，看到了其人格的力量，也看到了中华民族的未来。人们有理由相信，这个党不但能成为全民族抗战的中流砥柱，而且也能够成为民族复兴的中流砥柱。这使党从狭小的天地走向了更为广阔的政治舞台。

在抗日战争的过程中，中国共产党准确地把握了中日民族矛盾和国内阶级矛盾间的关系。中共中央和毛泽东一再强调，在中国两大社会矛盾中，中日民族间的矛盾是基本的、主要的，国内阶级间的矛盾处在从属的地位，是次要的。"无论解决任何问题，都应该以这个主要矛盾作为认识问题和解决问题的出发点。"[1]

由于中日民族矛盾成为主要矛盾、国内阶级矛盾下降为次要矛盾,这就要求"阶级斗争服从于今天抗日的民族斗争,这是统一战线的根本原则"。同时,阶级矛盾并没有因为民族矛盾的突出而消失,而是仍然存在。国共之间虽然实现了第二次合作,抗日民族统一战线虽然形成,但由于阶级矛盾的存在,意味着国共之间的斗争是不可避免的,这种斗争有时甚至还是很激烈的。毛泽东强调:"在民族斗争中,阶级斗争是以民族斗争的形式出现的,这种形式,表现了两者的一致性。一方面,阶级的政治经济要求在一定的历史时期内以不破裂合作为条件;又一方面,一切阶级斗争的要求都应以民族斗争的需要(为着抗日)为出发点。这样便把统一战线中的统一性和独立性、民族斗争和阶级斗争,一致起来了。"[2]

在全民族抗战中,一方面国民党蒋介石集团迫于各种压力,不得不参加抗日民族统一战线,维持正面战场的抗日;另一方面其反共立场并没有随着抗战而改变,而是时刻企图在抗战中消灭至少是削弱共产党的力量,采取的是抗战与反共并举的方针,甚至为了反共不惜与日伪妥协。因此,在国共合作中,中国共产党必须采取既联合又斗争的方针,对蒋介石集团对日妥协和反共活动保持高度警惕,并且开展必要的坚决的斗争,但斗争必须以不破裂统

[1] 《毛泽东文集》第二卷,人民出版社1993年版,第382页。

[2] 《毛泽东选集》第二卷,人民出版社1991年版,第539页。

一战线为限度。

正是基于对国内的主要矛盾的深入分析和准确把握，在抗日战争中，中国共产党始终高举抗日的旗帜，将斗争的主要锋芒指向日本帝国主义；同时坚持独立自主原则，针对国民党顽固派可能对统一战线的破坏和对日本的妥协动摇保持足够的警惕，进行必要的斗争。但是，斗争的目的不是分裂统一战线，而是通过斗争将顽固派留在抗日阵营之中，是通过斗争来巩固统一战线——至少不使统一战线破裂。斗争是为了团结，是以斗争求得团结，最终是为了抗日。因此，在整个全民族抗战中，中国共产党一方面坚持独立自主原则，在坚持抗战中壮大人民的力量，坚决地打退了国民党顽固派发动的三次反共高潮；另一方面，在与国民党顽固派斗争时坚持"有理、有利、有节"原则，逼使蒋介石集团不得不留在抗日阵营内，维持了抗日民族统一战线的存在和全民族共同抗战的局面，这对于坚持抗战并取得最终胜利发挥了重要作用。

抗日战争胜利后，国内主要矛盾再次发生转换，由原来的中日民族矛盾转变为国共矛盾，代表大地主大资产阶级利益的蒋介石集团决意发动内战，企图依仗他所掌握的反革命军队来消灭人民军队。在这样的情况下，虽然中国共产党全力维护和平，不希望战争发生，但战争是否打起来不取决于共产党而取决于蒋介石集团。全面内战爆发之时，对中国共产党来说，能不能打赢这场蒋介石强加于自己的战争，成为摆在全党和解放区军民面前一个极为重要的问题。

1946年6月28日，中共中央向各中央局发出关于时局近况的通报，介绍内战的形势及国内外舆论的反应，明确指出："我解放区自日本投降后十个月以来，比较日本投降以前发生了如下各项变化：第一，地区扩大了两倍至三倍，特别是创造了东北战略区域，这是过去没有的；第二，人口增加一倍半，现在有人口一万万三千万，而在去年八月以前，一面负担人口实际上只有五千万左右；第三，军队主力由分散变为集中，技术条件提高了，我军开始能攻城，能守城；第四，解决了或正在解决土地问题，农村面目改观，根据地更加巩固，干部信心提高；第五，没有了日本人，代替日本人位置的中国反动军队，不管美国怎样帮助，总比日军战斗力要差。"[1] 也正是因为有国民党军"比日军战斗力要差"的基本判断，所以相信这场战争将是艰苦的、长期的，但又是能够胜利的。

7月20日，毛泽东在一份党内指示中明确指出："蒋介石虽有美国援助，但是人心不顺，士气不高，经济困难。我们虽无外国援助，但是人心归向，士气高涨，经济亦有办法。因此，我们是能够战胜蒋介石的，全党对此应当有充分的信心。"[2] 同年8月6日，毛泽东同美国记者安娜·路易斯·斯特朗谈话。斯特朗问毛泽东："共产党能支持多久？"毛泽东回答说："就我们自己的愿望说，我们连一天也不愿意打。但是如果形势迫使我们不得不打的话，我们是能够一直打到底的。"就在这次谈话中，毛泽东提出了"一切反动派都是纸老虎"的著名论断，强调"从长远的观点看问题，真正强大的力量不是属于反动派，而是属于人民"。[3] 人民解放战争的胜利，充分验证了毛泽东这个论断的正确。

---

[1] 中共中央文献研究室、中央档案馆编:《建党以来重要文献选编（一九二一——一九四九）》第二十三册，中央文献出版社2011年版，第324—325页。

[2]《毛泽东选集》第四卷，人民出版社1991年版，第1187页。

[3]《毛泽东选集》第四卷，人民出版社1991年版，第1192、1195页。

1946年6月至10月，蒋介石向解放区发动全面进攻，占领解放区县城以上城市153座，其中还包括晋察冀解放区首府张家口、华中解放区首府淮阴，解放军只收复了48座县城，两者相较，解放区丢失了105座县城以上的城市和大片土地。但是，这4个月中解放军消灭了国民党军29.8万人，其中起义、被俘和死伤的各占一半；解放军损失约12万人，其中负伤为9万人。解放军和国民党军的损失比是1∶2.4。解放军的负伤人员大多治愈后归队。更重要的是国民党军被俘人员中，后来大多参加了解放军，而解放军中被俘人员很少，仅占损失人员的3%，且被俘人员中极少有参加国民党军的。因此，战争之初解放军虽然失去了部分城市，但歼灭了国民党军大量有生力量，这也证明只要坚持下去，就能够最终取得战争胜利。

在蒋介石的战略思维中，十分看重城市和交通线的作用。他一再强调"无都市即无政治基础，无交通就无政治命脉"，"最要紧的莫过于交通，而要控制交通就先要控制城市"。他认为解放军不能占领都市是个"致命弱点"。因此，他发动全面内战时的基本指导思想是第一步要占领解放区的重要城市和交通据点，第二步纵横延伸，控制全部交通线，这样共产党就变成了"流寇"，以便一一"清剿"。1946年10月11日，国民党军占领了晋察冀解放区首府张家口，蒋介石认为他的战争已取得重大胜利，于是当天宣布将于11月12日召开所谓"国民大会"，制定"宪法"，并要中国共产党和中国民主同盟派出代表与会，遭到中共的断然拒绝和民盟的抵制。11月11日，蒋介石为争取民盟等第三方面，又宣布大会延期三天举行，但民盟不为所动。11月15日，国民党一手包办的"国民大会"在南京举行。这表明蒋介石彻底关闭国共和谈的大门，通过谈判的方式实现国内和平之路已被蒋介石彻底堵死，原来设想的大打半年之后实现国内和平已经没有可能，只有用战争的方式从根本上打倒蒋介石集团，才能真正实现中国人民盼望已久的和平。

11月18日，中共中央发出关于蒋介石召开伪国大和准备进攻延安给各中央局的指示。其中指出："中国人民坚决反对蒋介石一手包办的分裂的'国民大会'，此会开幕之日，即蒋介石集团开始自取灭亡之时。蒋介石军队在被我歼灭了三十五个旅之后，在其进攻能力快要枯竭之时，即使用突袭方法，占领延安，亦无损于人民解放战争胜利的大局，挽救不了蒋介石灭亡的前途。总之，蒋介石自走绝路，开'国大'、打延安两着一做，他的一切欺骗全被揭破，这是有利于人民解放战争的发展的。"[1] 这是中共中央第一次将"自卫战争"改称为"人民解放战争"。自卫战争是防御性的，是国民党军进攻解放区而不得不进行自卫；解放战争则表明不但要进行防御，还要开展进攻，解放国民党统治的地区，进而实现全中国的解放。

1946年11月21日，中共中央召开会议，由南京返回延安的周恩来报告国共谈判情况和国民党统治区情况。毛泽东在讲话中指出："中国人民中间以及我们党内都有打不打的问题，但这个问题现在是解决了，剩下的问题便是胜不胜。现在揭破蒋的阴谋、清除和平幻想已退为第二位的问题，第一个问题就是要建立坚定的胜利的信心。"[2] 由于蒋介石铁了心坚持打内战，原来设想的经过半年时间打痛蒋

---

[1] 《毛泽东选集》第四卷，人民出版社1991年版，第1219—1220页。

[2] 中共中央文献研究室编：《毛泽东年谱（一八九三—一九四九）》修订本，下卷，中央文献出版社2013年版，第150—151页。

介石，使其回到和平的轨道可能性已不存在。因此，坚定战争胜利的信心就十分重要。在这次讲话中，毛泽东在分析国际国内的有利形势后又说："现在是否提打倒蒋介石？做此工作而不提此口号，口号仍是一月十三日停战位置与政协决议。而且消灭他七十五个旅以后，美国还会加强援助，新的困难又会来，因此不但要准备三年到五年，还要准备十年到十五年。一方面要藐视他们，非此不足以长自己志气，灭他人威风；而另一方面要重视他们，每一仗都要谨慎。"[1]刘少奇也在讲话中说："打的方针是定了，但不提打倒蒋介石的口号，是保持一月十三日停战位置与政协决议。从国际国内分析，胜利是可能的，但要经过较长的困难时期，要提倡克服困难。"[2]这是中共中央第一次在内部明确提出打倒蒋介石的问题，但对外还没有公开提出打倒蒋介石的口号。

1947年3月起，在全面进攻中遭到失败的蒋介石，被迫转向对山东和陕北两个解放区进行重点进攻。3月18日，毛泽东和中共中央从战斗、生活了10年又3个月之久的延安撤离。4月11日，即蒋介石发动四一二反革命政变20年之际，新华社发表由毛泽东修改的《中国人民伟大斗争的二十年（为四一二惨案二十周年纪念作）》的社论，强调"二十年的过程，一步一步证明中国共产党见解的正确，证明蒋介石统治集团的反动性，又证明其脆弱性"，"如果蒋介石反动集团，以往是'坏事做完，好话说

---

[1] 中共中央文献研究室编：《毛泽东年谱（一八九三—一九四九）》修订本，下卷，中央文献出版社2013年版，第151页。

[2] 中共中央文献研究室编：《刘少奇年谱》增订本，第二卷，中央文献出版社2018年版，第225页。

尽'；那末到了现在，这个反动集团是走到这样穷途末路，以致连好话也说不出什么了"。毛泽东在修改时特地加写了这样一段话："过去的二十年是中国人民伟大斗争的二十年。这个斗争快要结束了，这就是蒋介石反动统治的灭亡。因为蒋介石要灭亡中国人民，因此中国人民必然团结起来灭亡蒋介石。"[1]这是抗日战争胜利之后，中共中央第一次公开号召灭亡蒋介石反动统治。

1947年7月，以晋冀鲁豫野战军强渡黄河千里挺进大别山为标志，人民解放军由战略防御转入战略进攻，战争形势日益朝着有利于中国共产党的方向发展。在这种情况下，毛泽东以其战略家的眼光开始预计战争的进程，并首次作出了五年解决国共战争问题的估计。1947年7月21日至23日，中共中央在陕北靖边县的小河村召开扩大会议，毛泽东在分析形势时提出：对蒋介石的斗争，计划用五年（从1946年7月算起）解决，看过去这一年的作战成绩是有可能的。说五年，用不着讲出来，还是讲准备长期奋斗，五年到十年甚至十五年。不像蒋介石那样，先说几个月消灭我们，不能实现又说再过几个月，到了现在又说战争才开始。[2]这是中共领导人第一次明确提出用五年或者更长的时间打倒蒋介石。

同年9月12日，新华社发表《人民解放军大举反攻》的社论，公开提出"打倒蒋介石"的口号。社论指出："打倒蒋介石才有和平，打倒蒋介石才有饭吃，打倒蒋介石才有民主，打倒蒋介石才有独立，

[1] 中共中央文献研究室编：《毛泽东年谱（一八九三——一九四九）》修订本，下卷，中央文献出版社2013年版，第181页。

[2] 《胡乔木回忆毛泽东》，人民出版社1994年版，第497页。

★ 毛泽东在转战陕北途中

★ 小河会议旧址

已经是中国人民的常识了。""再打一年、两年,蒋介石匪帮就离全军覆灭不远了。"[1]

基于形势的变化,也为了鼓舞全国人民同国民党反动派斗争的信心,1947年10月10日,即南京政府的国庆日这一天,中共中央公布《中国人民解放军宣言》(即双十宣言),强调"整个敌我形势,和一年前比较,业已起了基本上的变化",并且明确宣布:"本军作战目的,迭经宣告中外,是为了中国人民与中华民族的解放。而在今天,则是实现全国人民的迫切要求,打倒内战祸首蒋介石,组织民主联合政府,借以达到解放人民和民族的总目标。"并且明确提出了"打倒蒋介石,解放全中国"的口号,公开号召:"联合工农兵学商各被压迫阶级、各人民团体、各民主党派、各少数民族、各地华侨和其他爱国分子,组成民族统一战线,打倒蒋介石独裁政府,成立民主联合政府。"[2]

"打倒蒋介石,解放全中国"这一口号,简单明了地提出中国共产党的政治主张与政治纲领。之所以要"打倒蒋介石",是因为蒋介石一心一意要用战争的方式来解决共产党问题,以维护其独裁专制统治,要把中国拉向黑暗的境地,蒋介石已经是国内主要矛盾的一方,唯有打倒蒋介石才能解决好这个矛盾,中国才能有光明的前途和美好的未来,中华民族才能真正实现独立和解放。"解放全中国"表明战争已不再是自卫性质,也不再局限于在解放区进行,而是要彻底推翻国民党反动派的统治,取得革

[1] 《人民解放军大举反攻》,《人民日报》1947年9月14日。

[2] 《毛泽东选集》第四卷,人民出版社1991年版,第1235、1237页。

命在全国范围的胜利。这一口号的及时提出,准确地抓住了当时的社会主要矛盾,向全国人民提出了人民解放战争的明确目标,成为深入人心的革命战争动员,也极大地鼓舞了全国人民胜利的信心。

同年12月,在陕北米脂县的杨家沟召开的中共中央扩大会议上,毛泽东完整地提出了党在新民主主义革命阶段的总路线,这就是无产阶级领导的,人民大众的,反对帝国主义、封建主义和官僚资本主义的革命。这也是中国共产党在新民主主义革命阶段的总政策。制定各项具体工作路线和政策时,都必须以这条总路线和这个总政策为依据。

四、坚持党对一切工作的领导

毛泽东曾指出:"指导伟大的革命,要有伟大的党。"[1]坚定正确的政治方向既要求政治方向的正确性,又要求正确政治方向的坚定性。中国共产党是中国工人阶级的先锋队,同时又是中国人民和中华民族的先锋队,这种先锋队性质决定了党具有独特的政治远见,能够顺应和把握历史发展规律,选择正确的政治方向。但是,仅仅具有正确的政治方向是不够的,更重要的是要坚持这样的方向不动摇,而要做到这一点,坚持党的领导地位十分重要。

中国共产党成立之后一段时间,将革命的重心放在组织工人运动上,开始掌握工人运动的领导权。1923年的二七大罢工失败后,党开始认识到中国革

[1] 《毛泽东选集》第一卷,人民出版社1991年版,第277页。

命的敌人是异常强大的，单靠无产阶级单枪匹马的斗争难以取得革命的胜利，因此必须争取一切可能的同盟者，团结一切可以团结的力量，建立广泛的革命统一战线。于是，在共产国际的推动下，中国共产党与中国国民党开始合作，即第一次国共合作。在国共两党的共同努力下，形成了轰轰烈烈的国民革命运动即大革命。

随着国共合作的建立，一个重要的问题摆到了中国共产党面前，这就是革命的领导权究竟应该掌握在谁的手中。1925年1月召开的中共四大，第一次明确提出了革命领导权的问题。大会通过的《对于民族革命运动之议决案》指出："中国的民族革命运动，必须最革命的无产阶级有力的参加，并且取得领导的地位，才能够得到胜利。"[1] 从这时起，国民革命的领导权问题开始引起党内的重视。1925年5月，邓中夏在《劳动运动复兴期中的几个重要问题》一文中就指出："政权不是从天外飞到我们工人手中的，是要我们从实际政治斗争去一点一滴的以至于全部的取得。政权我们不取，资产阶级会去取的。所以我们对于国民革命，即为了取得政权而参加的。"[2] 同年12月，毛泽东发表了《中国社会各阶级的分析》一文，明确提出：无产阶级是革命的领导力量，农民和小资产阶级是无产阶级最可靠的朋友，民族资产阶级右翼可能是我们的敌人，其左翼可能是我们的朋友，但时时要提防他们，不要让他们扰乱我们的阵线。

[1] 中共中央文献研究室、中央档案馆编：《建党以来重要文献选编（一九二一——一九四九）》第二册，中央文献出版社2011年版，第218—219页。

[2] 《邓中夏全集》上，人民出版社2014年版，第540页。

提出领导权问题并不等于解决了问题。大革命之初，虽然党内已有一部分人认识到领导权问题的重要性，但总的来说这一时期在领导权问题上并没有引起大家足够的重视，实际上在国民革命中中国共产党自觉不自觉地将自己置于从属与配角的地位。

由于俄国革命先是经历了无产阶级与资产阶级合作的1905年革命和1917年的二月革命，其结果是建立了资产阶级掌握的政权即临时政府；随后不久，无产阶级即布尔什维克组织发动了十月革命，推翻了资产阶级的统治，建立了无产阶级掌握的政权，建立了社会主义制度。因此，当时负责指导中国革命的共产国际认为，中国革命也应当如此进行，首先进行类似于俄国二月革命那样的资产阶级民主革命，共产党与国民党合作推翻北洋军阀的统治，共产党的任务就是帮助国民党建立全国性政权，在中国发展资本主义，使工人阶级获得罢工、参加选举等民主权利，然后等时机成熟再一举发动十月革命这样的社会主义革命，结束资产阶级的统治，建立无产阶级专政。在革命的第一阶段即资产阶级民主革命阶段，不需要去争取领导权，共产党主要是为国民党帮忙、打工、抬轿子，争取革命领导权是第二阶段即社会主义革命阶段的事情。大革命时期，以蒋介石为代表的国民党新右派不断挤压共产党和国民党左派，制造了中山舰事件等一系列反共事件，但共产国际和中共中央一再妥协退让，思想根源就在这里。

因为本来就没有争取统一战线领导权的思想认识，自然不敢也不愿去得罪国民党右派，并且害怕和担心对国民党右派的斗争，会导致国民党退出革命阵线，于是对国民党右派一再妥协退让。其实，中国革命的第一阶段虽然仍属于资产阶级民主革命，革命的对象也仍然是帝国主义和封建主义，但随着十月革命和五四运动后中国工人阶级走上历史舞台，中国的革命已经不再是旧式的资产阶级民主革命，而是新式的资产阶级民主革命，即无产阶级领导的资产阶级民主革命，这个革命虽然不能直接建立社会主义制度，但不是为了建立一个资产阶级的共和国，而是要建立一个无产阶级领导的新民主主义的国家，由新民主主义转变到社会主义。因此，只有在民主革命阶段无产阶级也取得对革命的领导权，才有可能将民主革命顺利地转到社会主义革命。

由于中国共产党当时还缺乏独立自主的能力，还没有认识到中国革命的特殊性，共产国际的观点很快被陈独秀所接受。在中共三大上，陈独秀在起草的《关于国民运动及国民党问题的议决案》中承认："以产业落后的原故，中国劳动阶级还在极幼稚时代，……因此工人运动，尚未能强大起来成为一个独立的社会势力，以应中国目前革命之需要"，"自然不能发生一个强大的共产党"，"我们须努力扩大国民党的组织于全中国，使全中国革命分子集中于国民党，以应目前中国国民革命之需要"。[1] 中共三大通过的宣言，更是明确宣布"中国国民党应该是国民革命之中心势力，更应该立在国民革命之领袖地位"[2]。

基于这样的指导思想，第一次国共合作实现后，中国共产党真心实意地同国民党合作，老老实实地给人家帮忙，如将自己联系到的优秀青年介绍到黄埔军校，派共产党员到军校和国民革命军中从事政治工作，帮助国民党建立各级党部，就是不去争夺

[1] 中央档案馆编：《中共中央文件选集（一九二一—一九二五）》第一册，中共中央党校出版社1989年版，第146—148页。

[2] 中央档案馆编：《中共中央文件选集（一九二一—一九二五）》第一册，中共中央党校出版社1989年版，第165页。

领导权,特别是对军队的领导权,更不懂得在统一战线中领导权是要靠斗争才能取得的。党内有人甚至片面地认为,工人阶级是天然的领导阶级,领导权无须去争取,会天然地落在无产阶级肩上。这样一来,实际上放弃了对国民革命的领导权,特别是对军队和政权的掌握,因而在1927年蒋介石和汪精卫发动反革命政变叛变革命的时候,共产党人几乎处于束手无策的状态。毛泽东后来回忆说:"我们党虽然在一九二一年(中国共产党成立)至一九二四年(国民党第一次全国代表大会)的三四年中,不懂得直接准备战争和组织军队的重要性;一九二四年至一九二七年,乃至在其以后的一个时期,对此也还认识不足。"[1]

手中有一支强大的反革命武装,是中国的反动派赖以维持其统治的根本,蒋介石之所以敢于分共反共,就在于他手中掌握了军权。在中国,没有一支人民的军队,便没有人民的一切。经过大革命的失败,共产党人懂得了掌握革命领导权尤其是掌握革命军队的重要性,下决心建立自己领导的军队与政权,并且开始明确军队与政权必须无条件地接受党的领导。在1927年8月召开的中央紧急会议(即八七会议)上,毛泽东明确提出"以后要非常注意军事。须知政权是由枪杆子中取得的"[2]。这次会议确立了武装反抗国民党反动统治的总方针,中国共产党人开始走上通过武装斗争建立革命政权之路,并在武装斗争的实践中逐步确定了"党指挥枪"的

---

[1]《毛泽东选集》第二卷,人民出版社1991年版,第547页。

[2]《毛泽东文集》第一卷,人民出版社1993年版,第47页。

原则，确立了党对人民军队的绝对领导。

1927年9月，毛泽东在率领秋收起义部队上井冈山的途中，领导了著名的三湾改编，其中一项重要内容就是全军由党的前敌委员会统一领导，班、排设党小组，支部建立在连上，营、团建立党委，连以上设党代表，由同级党组织的书记担任，部队的一切重大问题都必须经党组织集体讨论决定，开始确立了党在军队中的领导地位。毛泽东当时在写给中共中央的报告中说："党的组织，现分连支部、营委、团委、军委四级，连有支部，班有小组。红军所以艰难奋战而不溃散，'支部建在连上'是一个重要原因。"[1] "红军无论在什么时候，党及军事的统一指挥机关是不可少的，否则陷于无政府，定是失败。"[2]

在开创赣南闽西革命根据地的过程中，红四军内部就如何建党建军的问题展开了一场争论。毛泽东当时曾在一封信中将争论的问题归纳为十四个方面，并且强调"个人领导与党的领导，这是四军党的主要问题"[3]。在1929年12月召开的古田会议上，毛泽东曾对红四军党内存在的单纯军事观点提出批评，强调"红军是一个执行革命的政治任务的武装集团"，"一切工作，在党的讨论和决议之后，再经过群众去执行"。[4] 古田会议的重要意义之一就是成功地解决了党与军队的关系问题，明确了人民军队必须处于党的绝对领导下，这对确立"党领导一切"原则迈出了极为重要的一步。

在以武装斗争为主要形式的革命时期，确立党

---

[1] 《毛泽东选集》第一卷，人民出版社1991年版，第65—66页。

[2] 《毛泽东文集》第一卷，人民出版社1993年版，第57页。

[3] 《毛泽东文集》第一卷，人民出版社1993年版，第65页。

[4] 《毛泽东选集》第一卷，人民出版社1991年版，第86、88页。

对军队的绝对领导，是保证党对其他工作的领导的前提与基础。1930年9月，中共扩大的六届三中全会通过的《组织问题决议案》强调："各级党团的领导者，应以党中最得力的同志充当，但党团必须绝对服从各该级党部的指挥。许多苏维埃区域现在尚存在着党与政权混合不分，党委员会书记有直接命令政府机关的现象，亦必须坚决肃清。在红军游击赤卫队中，党的威信应提到最高度，要使全体武装群众对中共有绝对的信仰。"[1]进一步强调了党对革命武装的绝对领导。因此，各个革命根据地建立后，事实上确立了党对根据地一切工作的领导。历史充分证明："坚持党指挥枪、建设自己的人民军队，是党在血与火的斗争中得出的颠扑不破的真理。"[2]

红军长征到达陕北后，如何适应国内主要矛盾变化带来的新形势，实现从国内战争到抗日战争的转变，建立广泛的抗日民族统一战线就成为当务之急。日本帝国主义是中华民族的共同敌人，抗战是全民族共同事业，这就表明这个统一战线有着极大的广泛性，这也就意味着统一战线内部不可避免会出现领导权之争。在抗日民族统一战线这一战略方针提出之初，毛泽东就明确提出全党要吸取1927年大革命失败的历史教训，要求共产党员在抗日民族统一战线中发挥领导作用。他强调指出："共产党和红军不但在现在充当着抗日民族统一战线的发起人，而且在将来的抗日政府和抗日军队中必然要成为坚强的台柱子，使日本帝国主义者和蒋介石对于抗日

[1] 中共中央文献研究室、中央档案馆编:《建党以来重要文献选编（一九二一—一九四九）》第七册，中央文献出版社2011年版，第498页。

[2] 习近平:《在庆祝中国共产党成立100周年大会上的讲话》,《人民日报》2021年7月2日。

民族统一战线所使用的拆台政策，不能达到最后的目的。"[1]这充分体现了共产党人的使命担当和政治自觉。

1937年5月2日至14日，毛泽东在延安召开的中国共产党全国代表会议上提醒全党："依现时的情况说来，离开了无产阶级及其政党的政治领导，抗日民族统一战线就不能建立，和平民主抗战的目的就不能实现，祖国就不能保卫，统一的民主共和国就不能成功。在今天，以国民党为代表的资产阶级还带着很多的被动性和保守性，对于共产党发起的抗日民族统一战线，在长久的时期中表示不敢接受，就是证据。这种情况，加重了无产阶级及其政党的政治领导责任。抗日救国的总参谋部的职务，共产党是责无旁贷和义不容辞的。"[2]

1937年全民族抗战爆发后，共产党和国民党实现了第二次合作，红军被改编成八路军和新四军。鉴于第一次国共合作时放弃独立自主原则、没有主动争取统一战线领导权的历史教训，中共中央清醒地认识到虽然红军的名义改变成了八路军、新四军，但必须坚持对八路军、新四军的绝对领导。在1937年8月1日，中共中央组织部作出《关于红军改编后党及政治机关的组织的决定》，明确规定军队各级党委会"领导党的一切工作，保证党在部队中的绝对领导"[3]，这对于保证党对军队的领导起到了十分重要的作用。

当时，毛泽东、张闻天十分关注如何在统一战

[1] 《毛泽东选集》第一卷，人民出版社1991年版，第157页。

[2] 《毛泽东选集》第一卷，人民出版社1991年版，第262页。

[3] 中共中央文献研究室、中央档案馆编：《建党以来重要文献选编（一九三七）》第十四册，中央文献出版社2011年版，第420页。

线中保持党的独立性和取得抗战领导权问题。8月9日，中共中央在延安召开中央及各部门负责人会议，讨论平津失陷后的形势与党的任务。张闻天在会上所作的报告中要求"提出我党独立的积极的主张，提出保障抗战胜利的办法，来号召与团结全国群众，迫使蒋走向我们方面，使我党实际上起指导作用"[1]。毛泽东在讲话中也认为："红军应当实行独立自主的指挥与分散的游击战争。必须保持独立自主的指挥，才能发挥红军的长处，集团的作战是不行的。同时还要估计到特别的情形，防人之心不可无，应有戒心，保障红军之发展扩大！"[2]

8月22日至24日，中共中央政治局在洛川召开扩大会议，史称洛川会议。在22日的会议上，毛泽东在作军事问题和国共两党关系问题的报告时指出：现在统一战线正在成熟中，但国民党还在限制和破坏我们，我们是继续有原则地让步，即保持党和红军的独立性，要有自由，而采取不决裂的方针。根据大革命失败的教训，"独立性是组织的、政治的独立问题两方面"[3]。张闻天在报告中也指出："要使大家了解抗战是一个持久的战争，中共应起决定的作用。只有中共在抗战中取得领导权时，抗战胜利才能得到保障，才能使抗战胜利后完成民主共和国的任务！"[4]这就明确提出党必须在抗战中取得领导权。

主力红军改编成八路军之初，因受国民党干涉，一度取消了长期执行的政治委员制度，但中共中央和中央军委很快意识到军队的政治工作决不能削弱。

---

[1]《张闻天文集》第二卷，中共党史出版社2012年版，第336页。

[2] 中共中央文献研究室编：《毛泽东年谱（一八九三—一九四九）》修订本，中卷，中央文献出版社2013年版，第13页。

[3] 中共中央文献研究室编：《毛泽东传》，中央文献出版社2011年版，第469页。

[4]《张闻天文集》第二卷，中共党史出版社2012年版，第349页。

1937年10月，八路军即恢复了政治委员制度。恢复后的政治委员制度中，政治委员在军队有了更高的地位，不但拥有"在政治方面单独发行命令"的权力，而且还有"参加一切军事行动与军事行政决定"的权力，最为关键的是，政治委员还有"停止军事指挥员命令"的权力。八路军政治委员制度的恢复，进一步保证了党对军队的绝对领导。

这年12月，在共产国际工作的王明回国后，教条式地对待共产国际关于建立反法西斯统一战线的指示，照搬一些欧洲国家共产党建立人民阵线的经验，提出"今天的中心问题是一切为了抗日，一切经过抗日民族统一战线"，并主张共产党领导的人民抗日武装要与国民党军队"统一指挥、统一纪律、统一武装、统一待遇、统一作战计划"，实际上放弃了党在抗战中的独立自主原则和对统一战线的领导权，一时在党内造成了不良影响。

毫无疑问，如果在抗日民族统一战线中，共产党不但在政治上而且在组织形式上取得了领导地位，那么，"一切经过抗日民族统一战线"，等于是一切经过和服从共产党，这无疑是对共产党有利的。问题是，当时以国共两党为主组成的统一战线实际上是松散的，没有统一战线的具体组织形式。而且在当时形成统一战线，共产党领导的主力红军和南方游击队改编之时，接受的还是国民党军队的番号，八路军的正式名称为国民革命军第八路军（随后改称为第十八集团军），新四军的正式名称亦是国民革命军陆军新编第四军，而蒋介石为国民革命军的最高统帅；陕甘宁边区政府名义上也是国民党政府领导下的特区政府。如果"一切经过统一战线"，等于一切要经过蒋介石，而在蒋介石没有放弃反共立场的情况下，这样做共产党无疑是作茧自缚。正如毛泽东后来所指出的："国民党是当权的党，它至今不许有统一战线的组织形式……

如果所谓'一切经过'就是经过蒋介石和阎锡山，那只是片面的服从，无所谓'经过统一战线'。"[1]

经过半年多的实践，全党发现在国民党掌握全国政权的情况下，如果一切经过和服从统一战线，就等于一切经过和服从国民党，这就只能捆住自己的手脚。在1938年9月29日至11月6日召开的中共六届六中全会上，毛泽东和张闻天等都特地提出必须坚持统一战线的独立自主原则和党的领导地位。

毛泽东在为全会所作的总结中，批评了"一切经过抗日民族统一战线"的主张，并提出了处理统一战线与独立自主原则之间关系的几种办法。一是在敌后根据地国民党已经许可的东西（例如《抗战建国纲领》）独立自主地去做，或者估计国民党可能许可的，先斩后奏。他解释说，由于国民党剥夺各党派的平等权利，企图指挥各党听它一党的命令，如果是要求国民党"一切"都要"经过"共产党同意是做不到的，如果想把共产党所要做的"一切"均事先取得国民党同意，那么，它不同意怎么办？国民党的方针是限制共产党发展，共产党提出这个口号，只是自己把自己的手脚束缚起来，是完全不应该的。二是有些应该先得国民党同意，例如将三个师的番号扩编为三个军的番号，这叫作先奏后斩。三是有些则造成既成事实再告诉它，例如发展二十余万军队，这叫作先斩后奏。四是有些则暂时斩而不奏，估计它现时不会同意，例如召集边区议会之类。五是有些则暂时不斩不奏，例如那些如果做了

---

[1]《毛泽东选集》第二卷，人民出版社1991年版，第539页。

就要妨碍大局的事情。总之，一定不要破裂统一战线，但又决不可自己束缚自己的手脚。

在中共六届六中全会的总结中，毛泽东还反复强调共产党员不争个人的兵权但要争党的兵权，要争人民的兵权，"我们的原则是党指挥枪，而决不容许枪指挥党"[1]，深刻地阐明党和军队（也包括其他一切组织）是指挥与被指挥即领导与被领导的关系。

张闻天在全会上所作的《关于抗日民族统一战线的与党的组织问题》的报告中认为，在抗日民族统一战线内部两党合作又是不平等的。共产党方面承认三民主义与国民党的统治地位，及拥蒋的合作。所谓"合法权"是在国民党的手里，它是大党。共产党是比较小的党。共产党的武装力量，也比它的小。这就必须在统一战线中保持党的独立性，反对投降主义的倾向。关于党的领导问题，张闻天在报告中明确指出："每一地方的一切党、政、军、民的工作的领导，均统一于当地最高党部，以提高党的威信。在各方面工作的同志中，造成党为一切工作的唯一领导者的信念。各种党团均属当地的最高党部，无自己的领导系统（如过去的铁路党团）。"[2] 在这里，张闻天实际上已经明确提出了"党领导一切"的思想。

抗日战争时期，由于国共合作的特殊背景，加之各根据地处于被日伪分割包围的状态，因而一段时间抗日根据地"在某些地区，还存在着一些不协调的现象。例如：统一精神不足，步伐不齐，各自为政，军队尊重地方党、地方政权的精神不够，党

[1]《毛泽东选集》第二卷，人民出版社1991年版，第547页。

[2] 中共中央文献研究室、中央档案馆编：《建党以来重要文献选编（一九二一——一九四九）》第十五册，中央文献出版社2011年版，第704页。

政不分，政权中党员干部对于党的领导闹独立性，党员包办民众团体，本位主义，门户之见等等"[1]。比如，在陕甘宁边区，"前一个时期，有某些政府里面工作的同志对西北局的决定不很尊重，没有认真按照决定办事，如发票子、运盐等问题，到了后一个时期，又发生了政府工作中的党员干部对于党团也不大尊重的情况"。也有一些群众团体与党组织闹独立性，甚至自成体系。[2] 当时，在政权建设中强调实行"三三制"原则，即政府中和民意机关中，规定共产党员只能占三分之一，非党进步分子占三分之一，中间分子占三分之一，这在当时对于巩固抗日民族统一战线是必要的。但是，也有人由此片面地认为"在有政权的地区里，只要党有正确的政策，就可以保证党的领导，那里有没有党员和党的组织，那里政权中多几个党员或少几个党员，都是无关重要的"，甚至"有个别地方，把一些很坏的人随随便便请到'三三制'政权里来凑数"。[3] 这些现象的存在，严重地影响到党的领导作用的发挥。

为了加强党的集中统一领导，1942年9月1日，中共中央政治局会议通过《中共中央关于统一抗日根据地党的领导及调整各组织间关系的决定》（简称九一决定），明确指出："党是无产阶级的先锋队和无产阶级组织的最高形式，他应该领导一切其他组织，如军队、政府与民众团体。根据地领导的统一与一元化，应当表现在每个根据地有一个统一的领导一切的党的委员会（中央局、分局、区党委、地委），

---

[1] 中共中央文献研究室、中央档案馆编：《建党以来重要文献选编（一九二一——一九四九）》第十九册，中央文献出版社2011年版，第422页。

[2] 《任弼时选集》，人民出版社1987年版，第259页。

[3] 《任弼时选集》，人民出版社1987年版，第259、261页。

因此，确定中央代表机关（中央局、分局）及各级党委（区党委、地委）为各地区的最高领导机关，统一各地区的党政军民工作的领导。""中央代表机关及区党委地委的决议、决定或指示，下级党委及同级政府党团，军队军政委员会，军队政治部及民众团体党团及党员，均须无条件的执行。""下级服从上级，全党服从中央的原则之严格执行，对于党的统一领导，是有决定意义的。各根据地领导机关在实行政策及制度时，必须依照中央的指示。""各级党委及政府军队民众团体中的党员负责同志，不得中央许可，不得发表带有全国意义和全党全军意义的宣言谈话及广播，各级领导同志的文章应经过同级党委或党团适当人员的审阅。分局委员以上师以上负责人的文章，凡带有全国及全党意义的，应事先将主要内容报告或电告中央。"[1]这就明确了党与军队、政府及其他组织的关系，进一步确立了党领导一切的基本原则。

根据中共中央关于根据地实行一元化领导的精神，各抗日根据地进一步厘清了党、政、军、群等各种组织之间的关系，加强了党对各项工作的领导，"党领导一切"成为人们的共识。1942年11月2日，贺龙在陕甘宁边区高干会议上作关于整党问题的发言时指出："党是最高的组织形式，是领导一切的，要领导政权、军队和民众团体。军队不能闹独立性，政权不能闹独立性，民众团体也不能闹独立性。我们只有一个党，就是中国共产党。"[2]1943年2月20日，

[1] 中共中央文献研究室、中央档案馆编：《建党以来重要文献选编（一九二一——一九四九）》第十九册，中央文献出版社2011年版，第423、428页。

[2]《贺龙军事文选》，解放军出版社1989年版，第136页。

邓小平在太行分局高级干部会议上也强调："武装、政权、群众、党四种力量如何联系与配合呢？首先是党的领导问题，党是领导一切的核心。"[1]

毛泽东在中共七大所作的政治报告中指出："三次革命（指大革命、土地革命和抗日战争——引者）的经验，尤其是抗日战争的经验，给了我们和中国人民这样一种信心：没有中国共产党的努力，没有中国共产党人做中国人民的中流砥柱，中国的独立和解放是不可能的，中国的工业化和农业近代化也是不可能的。"[2] 中国共产党之所以能实现这样的领导地位，是党的性质所决定的，这是因为"半殖民地的中国的社会各阶层和各种政治集团中，只有无产阶级和共产党，才最没有狭隘性和自私自利性，最有远大的政治眼光和最有组织性，而且也最能虚心地接受世界上先进的无产阶级及其政党的经验而用之于自己的事业"[3]。"因为这是代表了中国工农大众的最大利益，也是代表了整个中华民族的利益。共产党坚决地持守它的方针，一定要为实现它的方针而努力奋斗"[4]。"我们共产党是中国历史上的任何其他政党都比不上的，它最有觉悟，最有预见，能够看清前途"[5]。归根结底，是因为中国共产党既是中国工人阶级的先锋队，又是中国人民和中华民族的先锋队。

中国社会的阶级结构是两头小中间大，即工人阶级和地主大资产阶级人数都少，人数多的是农民、小资产阶级及民族资产阶级，而其中又以农民为最

---

[1]《邓小平文选》第一卷，人民出版社1994年版，第66页。

[2]《毛泽东选集》第三卷，人民出版社1991年版，第1097—1098页。

[3]《毛泽东选集》第一卷，人民出版社1991年版，第183—184页。

[4] 毛泽东：《为建立抗日民族统一战线而让步》（一九三七年），《党的文献》1995年第4期。

[5]《毛泽东文集》第三卷，人民出版社1996年版，第397页。

多，农民占了当时全国总人口的80%以上，不但中国革命的中心问题是农民问题，而且党的领导也主要是实现对农民阶级的领导，由于"中国没有单独代表农民的政党，民族资产阶级的政党没有坚决的土地纲领，因此，只有制订和执行了坚决的土地纲领、为农民利益而认真奋斗、因而获得最广大农民群众作为自己伟大同盟军的中国共产党，成了农民和一切革命民主派的领导者"[1]。中国共产党与其他政党、组织、团体有一个本质的不同，那就是除了人民利益没有自己的特殊利益，因而能够为最广大的人民群众谋利益，从而能够得到人民群众的拥护与支持。

坚持党的领导，关键是加强党中央集中统一领导，形成强有力的领导集体和领导核心。遵义会议前，中国革命可以说是一波三折，中国共产党在革命中曾经取得过成功，但也经历了不少的失败与挫折，并且在大革命后期党内出现过右倾错误，在土地革命战争前期和中期党内又连续出现"左"倾错误，其中固然有诸多复杂的社会历史原因，但没有一个强有力的领导集体和领导核心，是一个不能忽视的原因。邓小平就此指出："遵义会议以前，我们的党没有形成过一个成熟的党中央。从陈独秀、瞿秋白、向忠发、李立三到王明，都没有形成过有能力的中央。"[2]

遵义会议前正是由于没有形成过一个成熟的党中央，因而还曾在维护党中央权威和集中统一领导

---

[1] 《毛泽东选集》第三卷，人民出版社1991年版，第1075页。

[2] 《邓小平文选》第三卷，人民出版社1993年版，第309页。

问题上留下过反面教训，如1931年中共六届四中全会后罗章龙等人组织所谓"第二中央"。

1930年底，罗章龙等人对中共六届三中全会组成的中央领导层不满，指责"现在中央的领导完全破产，威信完全扫地"，指名要求撤换并以纪律制裁一大批中央领导人。1931年1月，中共六届四中全会在上海召开。会议在选举中央政治局委员时，罗章龙等人提出了一份大部分是他们自己一派的候选人名单，但被全会所否决。随后，罗章龙等人在反对四中全会的名义下企图分裂党。他们擅自成立所谓"中央非常委员会"即"第二中央"，并成立江苏"第二省委"、上海闸北和沪中"第二区委"，还派人到顺直、香港、满洲等地进行成立"第二党"的分裂活动。对此，中共中央曾给予多次警告和批评，指令他们立即停止分裂活动，但罗章龙等人却置若罔闻，在分裂党的道路上越走越远。1931年1月27日，中央政治局通过《关于开除罗章龙中央委员及党籍的决议案》，开除了罗章龙等人的党籍，维护了党的团结统一。

1935年1月的遵义会议，开始确立以毛泽东为主要代表的马克思主义正确路线在党中央的领导地位，毛泽东开始在中共中央领导集体中发挥核心作用，因而取得四渡赤水、巧渡金沙江、强渡大渡河等一系列胜利。1935年6月，中央红军和红四方面军在川西会师。当时，作为红四方面军主要领导人的张国焘，认为自己的实力远远大于中央红军，政治野心迅速膨胀，公然向党伸手要官要权。当张国焘个人野心得不到实现时，他先是找借口拖延北上，随后更是明确反对北上的方针，甚至电令已经北上的部分红四方面军南下。中共中央在反复争取张国焘一同北上无效的情况下，只得率红一军（原红一军团）和红三军（原红三军团）及军委纵队先行北上。然而在中共中央先行北上之后，1935年10

月5日，执迷不悟的张国焘不但不执行中央确立的北上方针，反而公然在四川省理番县卓木碉（今马尔康市脚木足乡）另立"中共中央"和"中央政府""中央军委""团中央"，还宣布"毛泽东、周恩来、博古、洛甫应撤销工作，开除中央委员及党籍，并下令通缉"，一度造成党和红军的分裂。

由于中共中央与张国焘的分裂主义作了灵活而又坚决的斗争，同时经过留在红四方面军的朱德、刘伯承及后与红四方面军会师的红二方面军领导人任弼时、贺龙等的力争，加之南下失败的反面事实教育了广大红四方面军指战员，1936年7月，红二、红四方面军终于共同北上。同年10月，红二、红四方面军分别在将台堡和会宁与红一方面军实现会师。张国焘顽固坚持其所谓南下路线导致的严重挫折，客观上证明了中共中央北上方针的正确和张国焘错误路线的破产。

张国焘分裂党和红军，产生了极为严重的后果和极为恶劣的影响。试想，如果当时两军会师后按照中共中央北上的方针，十万红军共同北上进军到西北地区，尽管在过草地的时候会造成一些损失，但一定比张国焘南下并使红四方面军部分部队三过草地损失要小得多，局面将会完全不一样。这个反面的教训，警示了全党维护党的集中统一的重要性，提高了全党与中共中央保持高度一致的自觉。

鉴于张国焘严重破坏纪律的行为，在中共六届六中全会上，毛泽东特地讲到遵守党的纪律、维护党的团结统一的重要性，并且明确指出："有几个基本原则是不容忽视的，这就是：（一）个人服从组织；（二）少数服从多数；（三）下级服从上级；（四）全党服从中央。这些就是党的民主集中制的具体实施，谁破坏了它们，谁就破坏了党的民主集中制，谁就给了党的统一团结与党的革命斗争以极大损害。为此原故，党的各级领导机关，应该根据上述基本原则，给全党尤其是新党员以必要的纪律教育。"[1] 这是在中国共产党历史上第一次完整地提出"四个服从"。从此，这"四个服从"成为中国共产党最重要的政治纪律和政治规矩。

众所周知，准备延安整风时引发对王明批评的，一开始并不是他在十年内战中后期的"左"倾教条主义错误，而是他1937年12月从莫斯科回来后，在就任中共中央长江局书记期间，不但迁就国民党，放弃统一战线的独立自主原则，而且不尊重中共中央，与中共中央闹独立性。

1938年2月3日，国民党中央决定召开临时全国代表大会。3月21日，王明起草一份建议书——《中共中央对国民党临时全国代表大会的提议》，报送中共中央一份，且未等中共中央答复，就于24日将这个建议书交给国民党。3月25日，中共中央收到王明起草的建议书后，认为这个建议书"有严重缺点"，于是另外起草了《中共中央致国民党临时全国代表大会电》。长江局收到中共中央这个电文的时候，国民党临时全国代表大会还未召开。本来有时间将中共中央的建议书送到国民党，同时将长江局的第一个建议书收回，但是长江局既不将中共中央的建议书送去，又不及时将情况报告中共中央。等国民党临时全国代表大会即将结束，长江局于4月1日电告中共中央说："国民党临时代表大会昨夜已开幕，你们所写的东西既不能也来不及送国民党，

---

[1] 中共中央文献研究室、中央档案馆编:《建党以来重要文献选编（一九二一——一九四九）》第十五册，中央文献出版社2011年版，第645—646页。

望你们在任何地方不要发表你们所写的第二个建议书，否则对党内党外都会发生重大的不良政治影响。"[1]

王明未经毛泽东和中央书记处审阅同意，在《新华日报》发表由他起草的《毛泽东先生与延安新中华报记者其光先生的谈话》。他还未经中央政治局同意，也未同任何人打招呼，于这年3月公开发表《三月政治局会议的总结——目前抗战形象与如何连续抗战和争取抗战胜利》。王明甚至以陈绍禹（即王明）、周恩来（长江局副书记）、博古（长江局委员）、凯丰（长江局委员）的名义直接向各地及八路军前总发布指示性意见。有一段时间，在武汉的政治局委员比延安多，王明竟然提出政治局会议应在武汉开。

针对王明在长江局工作期间与中央闹独立性的问题，中共六届六中全会专门出台了《关于中央委员会工作规则与纪律的决定》。这个文件决定："各中央委员不得在中央委员会以外对任何人发表与中央委员会决定相违反的意见，亦不得有任何相违反的行动。""各中央委员如果没有中央委员会、中央政治局及中央书记处的委托不得以中央名义向党内党外发表言论与文件。""各政治局委员除开在政治局内部及向国际控诉外，不得在党内党外对任何人发表任何与政治局决定相违反的意见，并不得有任何与政治局决定相违反的行动。""各政治局委员未得到中央政治局之委任，个人不得用中央政治局名义

[1] 珏石:《周恩来与抗战初期的长江局》,《中共党史研究》1988年第2期。

或全党名义发表对内对外的言论文件。"中央书记处"各书记之重要文章及对外发表之重要谈话或重要的报告大纲等,在可能时须经其他书记多数同意方能公布。""各中央局中央分局须完全执行中央委员会、中央政治局、中央书记处的决议和指令。并不得有任何违反中央委员会、中央政治局、中央书记处的文字与行动。"[1]这个文件还对中央委员会、中央政治局、中央书记处的工作任务、职责范围和纪律作了规定。

由此可见,中共六届六中全会不但强调了统一战线中的独立自主原则,从根本上确立毛泽东在全党的领袖地位,而且立下了许多重要的政治规矩,这对于维护党中央权威和集中统一领导,确保党的团结统一,争取抗战胜利发挥了极为重要的作用。

1941年1月的皖南事变,曾给新四军造成重大损失。而之所以发生皖南事变这样严重的事件,造成如此严重损失,固然是国民党顽固派的蓄谋,但也与项英对中共中央的决定、指示贯彻不力有关。项英名义上虽只是新四军副军长,但他在党内就任中共中央东南局书记,而军长叶挺不是中共党员,所以项英实际上是新四军主要领导人。

项英是中共党内为数不多的工人出身的高级干部。1931年1月中共六届四中全会王明"左"倾教条主义在党内取得领导地位之后,一开始,王明等人对项英并不满意,但项英很快对王明等人采取合作的态度,成为王明路线的支持者。中央苏区第五

---

[1] 中央档案馆编:《中共中央文件选集(一九三六——一九三八)》第十一册,中共中央党校出版社1991年版,第761—765页。

次反"围剿"失败后,项英留下坚持游击斗争。全民族抗战爆发后,王明从莫斯科回国,曾提出"一切经过抗日民族统一战线"的主张,项英受其影响较深,甚至到 1938 年 10 月在皖南新四军军部传达六届六中全会精神时,他仍然表示:"一切工作的发展,都要经过统一战线,反过来,工作就不能发展。"[1] 加之项英在坚持三年南方游击斗争中,很长时间无法与中共中央取得直接联系,对一些重大问题的处理既得不到中央的及时指示也无法及时向中央直接汇报,这种工作环境难免对项英产生影响,重大问题不向中央及时请示汇报,对中央的重要决定不及时贯彻落实。因而全民族抗战爆发后他"对统一战线中的独立自主原则认识不足",对中共中央提出的"向北发展,向敌后发展"的方针"理解不够,贯彻措施不力"[2],对国民党顽固派的反共阴谋没有足够的警惕,从而使新四军在皖南事变中遭受重大损失。

皖南事变是抗战过程中国共关系问题上最严重的事件。皖南事变爆发后,中共中央政治局多次召开会议,研究事变后的局势与对策,总结其中的历史教训。中共中央认为,皖南事变之所以造成如此严重的后果,一个重要的原因是"项英、袁国平(新四军政治部主任——引者)对于中央的指示,一贯的阳奉阴违,一切迁就国民党","其所领导的党政军内部情况,很少向中央作报告,完全自成风气。对于中央的不尊重,三年中已发展至极不经(正)常的程度"[3]。今天看来,皖南事变造成如此严重后

[1] 王辅一:《项英传》,中共党史出版社 1995 年版,第 425 页。

[2] 中共中央党史研究室:《中国共产党历史》第一卷,中共党史出版社 2002 年版,第 730 页。

[3] 中央档案馆编:《中共中央文件选集(一九四一——一九四二)》第十三册,中共中央党校出版社 1991 年版,第 31 页。

果，其中的原因自然很复杂，项英作为党在新四军的主要领导人，尽管批评其对中央指示"阳奉阴违，一切迁就国民党"或许有些言重，但他在全民族抗战爆发后坚持统一战线的独立自主性不够、对蒋介石可能的反共没有保持高度的警惕、对中共中央的指示贯彻不及时却是事实。

中共中央从皖南事变中深感加强党的集中统一领导的重要性。随后在《中央关于项袁错误的决定》中强调："军队干部，特别是各个独立工作区域的领导人员，由于中国革命中长期分散的游击战争特点所养成的独立自主能力，决不能发展到不服从中央领导与中央军委指挥，否则是异常危险的。""一切有个人英雄主义思想即是说党性不纯的同志，特别是军队的领导人员，必须深自省察。须知有枪在手的共产党员，如果不服从中央领导与军委指挥，不论其如何自以为是与有何等能力，结果总是要失败的。"[1]

在1941年3月26日召开的中共中央政治局会议上，由王稼祥所作的关于党性问题的报告，着重分析"党内独立主义的错误"的表现、危害及纠正办法。报告列举了"党内独立主义"的具体表现：在政治上，不能坚决执行中央的决议指示；在军事上，为不服从命令、自由行动；在组织上，合自己口味的就是好干部，不合的就不是好干部，本位主义争夺干部，保存干部，或者要求直属中央，达到自主的目的。报告指出，"党内独立主义"将由对上

[1] 中央档案馆编：《中共中央文件选集（一九四一——一九四二）》第十三册，中共中央党校出版社1991年版，第33—34页。

级的阳奉阴违发展到对抗上级，最后到事业的失败，而且其首领愈大则危险性愈大，力量愈大则危险性愈大。报告认为，由于中国长期处于小商品生产状态，而中共长期处于游击战争的情况下，各个根据地又长期处于被分割状态，加之上级对下级某些干部批评教育不够及某些干部自身存在的问题，是这种"党内独立主义"滋长的重要根源。报告认为，要纠正这种"党内独立主义"，必须提出这种倾向的来源与危险并进行党内教育，注意这个问题的及时纠正，不能纵容某些干部的错误，上级要严格检查下级对决定的执行情况，正确规定集中与分散的原则并具体规定哪些问题应集中或分散，"实行中央集权"，"实行铁的纪律，对犯错误的干部必须实行纪律与组织的制裁"。[1]

1943年3月，中共中央政治局会议通过《中共中央关于中央机构调整及精简的决定》，对中央机构进行了调整，政治局推定毛泽东为主席，并决定他为书记处主席。《决定》指出：中央机构调整的目的，"在于使中央机构更加简便与灵活，使事权更加统一与集中，以达到更能增强中央的领导效能"。"在中央政治局及书记处之下，设立宣传委员会与组织委员会。这两个委员会，是政治局和书记处的助理机关"。毛泽东任宣传委员会书记，刘少奇任组织委员会书记。《决定》明确了中央政治局和书记处的职权范围，强调"在两次中央全会之间，中央政治局担负领导整个党工作的责任，有权决定一切重大

[1] 转引自徐则浩：《王稼祥传》，当代中国出版社2006年版，第229页。

问题","凡重大的思想、政治、军事、政策和组织问题,必须在政治局会议上讨论通过","书记处是根据政治局所决定的方针处理日常工作的办事机关,它在组织上服从政治局,但在政治局方针下有权处理和决定一切日常性质的问题","书记处必须将自己的工作向政治局作报告"。[1] 这次中央机构调整进一步完善了党的中央领导制度,加强了党中央权威和集中统一领导,而且从组织上进一步确立了毛泽东在党内的领袖地位,促进了全党在思想上行动上的更加团结统一。

经过延安整风,维护党中央权威和集中统一领导成为全党的共识,毛泽东在党内核心地位得到进一步巩固并成为全党的共同认知。

1943年7月,刘少奇在《清算党内的孟什维主义思想》中指出:"在二十二年长期艰苦复杂的革命斗争中,终于使我们的党、使我国的无产阶级与我国革命的人民找到了自己的领袖毛泽东同志。我们的毛泽东同志,是二十二年来在各种艰苦复杂的革命斗争中久经考验的、精通马列主义战略战术的、对中国工人阶级与中国人民解放事业抱无限忠心的坚强伟大的革命家。"[2]

1945年4月,中共六届七中全会通过的《关于若干历史问题的决议》明确指出:"党在奋斗的过程中产生了自己的领袖毛泽东同志"[3],"这是中国共产党在这一时期的最大成就,是中国人民获得解放的最大保证"[4]。"到了今天,全党已经空前一致地认识

---

[1] 中共中央文献研究室、中央档案馆编:《建党以来重要文献选编(一九二一——一九四九)》第二十册,中央文献出版社2011年版,第171、173页。

[2] 《刘少奇选集》上卷,人民出版社1981年版,第291页。

[3] 《毛泽东选集》第三卷,人民出版社1991年版,第952页。

[4] 《毛泽东选集》第三卷,人民出版社1991年版,第955页。

了毛泽东同志的路线的正确性，空前自觉地团结在毛泽东的旗帜下了"[1]。

刘少奇在中共七大所作的关于修改党章的报告中进一步指出："我们的党，已经是一个有了自己伟大领袖的党。这个领袖，就是我们党和现代中国革命的组织者与领导者——毛泽东同志。我们的毛泽东同志，是我国英勇无产阶级的杰出代表，是我们伟大民族的优秀传统的杰出代表。""由于毛泽东同志是这样从人民群众的革命斗争中产生出来的人物，并在伟大的中国革命斗争中经过了三十余年的历史考验，他已为我们全党和全国广大人民所熟悉，他之成为我们党和中国民族与中国人民的领袖，正是我们全党和全国广大人民所审慎选择的结果。"[2]中共七大对毛泽东作出的高度评价，体现了全党对毛泽东核心地位的自觉维护，是党实现空前的团结统一的重要标志，为抗日战争和解放战争的胜利提供了有力保障。

中国革命走的是农村包围城市的道路，先在农村建立若干相对独立的根据地，然后各根据地连成一片，最后夺取大中城市实现全国的解放。正是一个个根据地的发展壮大，才使中国革命在全国的胜利日渐成为可能。由于这些根据地大都远离中共中央且处于被敌人分割的状态，各根据地需要独立自主地解决财政经济等自身发展的重大问题，因而在各方面具有相当大的自主性。这种相对独立的工作环境，固然可以充分发挥根据地干部的积极性、主

[1] 《毛泽东选集》第三卷，人民出版社1991年版，第998—999页。

[2] 《刘少奇选集》上卷，人民出版社1981年版，第319—320页。

动性，但也容易导致一些干部"地方主义的和经验主义的恶劣作风，事前不请示事后不报告的恶劣作风，多报功绩少报（甚至不报）错误缺点的恶劣作风，对于原则性问题粗枝大叶缺乏反复考虑慎重处置态度的恶劣作风，不愿精心研究中央文件以致往往直接违反这些文件中的某些规定的恶劣作风，仍然存在"[1]。1947年6月30日夜，以晋冀鲁豫野战军千里挺进大别山为标志，人民解放军由战略防御转入战略进攻，各根据地彼此隔阂的情况开始打破。在这种情况下，解决以往各根据地各自为政的问题，强化中央权威，加强全党的集中统一领导日显重要。

作为加强中央集中统一领导的重要步骤，就是建立党内报告制度。1948年1月7日，毛泽东在陕北米脂县的杨家沟为中共中央起草《关于建立报告制度》的党内指示，规定"各中央局和分局，由书记负责（自己动手，不要秘书代劳），每两个月，向中央和中央主席作一次综合报告。报告内容包括该区军事、政治、土地改革、整党、经济、宣传和文化等各项活动的动态，活动中发生的问题和倾向，对于这些问题和倾向的解决方法"。要求"从今年起，全党各级领导机关，必须改正对上级事前不请示、事后不报告的不良习惯"，"各野战军首长和军区首长，除作战方针必须随时报告和请示，并且照过去规定，每月作一次战绩报告、损耗报告和实力报告外，从今年起，每两个月要作一次政策性的综合报告和请示"[2]。由此在党内建立了请示报告制度。

[1]《毛泽东文集》第五卷，人民出版社1996年版，第86页。

[2]《毛泽东选集》第四卷，人民出版社1991年版，第1264—1265页。

这对于克服长期游击战争所形成的地方主义、分散主义的弊端，增强各级干部的组织纪律性，进一步从制度上保障党中央的集中统一领导，具有重要意义。

正因为有了党中央的集中统一领导，才保证了党领导核心作用的发挥，将革命力量有力地汇聚在一起，取得了新民主主义革命的伟大胜利，建立了新中国。

那么，党又如何实现对"一切"的领导，即是说如何处理党组织与其他组织之间的关系，既坚持党的领导地位，又让其他组织各司其职？对于这个问题，早在创立井冈山革命根据地之时，毛泽东就提出要处理好根据地党与政府的关系，既要保证党对政府的领导，又要让政府发挥好作用。他在《井冈山的斗争》一文中指出："党在群众中有极大的威权，政府的威权却差得多。这是由于许多事情为图省便，党在那里直接做了，把政权机关搁置一边。这种情形是很多的。政权机关里的党团组织有些地方没有，有些地方有了也用得不完满。以后党要执行领导政府的任务；党的主张办法，除宣传外，执行的时候必须通过政府的组织。"[1] 1929年9月，周恩来代表中共中央写给中共红四军前委的指示信（即中央九月来信）中也指出："一切工作归支部""绝对不是说党的一切工作、一切事务、一切问题都要拿到支部中去讨论去解决"。[2]

全民族抗战爆发前夕，毛泽东提出了实现中国

[1] 《毛泽东选集》第一卷，人民出版社1991年版，第73页。

[2] 《周恩来军事文选》第一卷，人民出版社1997年版，第86、87页。

共产党对于全国各革命阶级的政治领导的四条原则："首先，是根据历史发展行程提出基本的政治口号，和为了实现这种口号而提出关于每一发展阶段和每一重大事变中的动员口号。例如我们提出了'抗日民族统一战线'和'统一的民主共和国'这样的基本口号，又提出了'停止内战'、'争取民主'、'实现抗战'的口号，作为全国人民一致行动的具体目标，没有这种具体目标，是无所谓政治领导的。第二，是按照这种具体目标在全国行动起来时，无产阶级，特别是它的先锋队——共产党，应该提起自己的无限的积极性和忠诚，成为实现这些具体目标的模范。在为抗日民族统一战线和民主共和国的一切任务而奋斗时，共产党员应该作到最有远见，最富于牺牲精神，最坚定，而又最能虚心体会情况，依靠群众的多数，得到群众的拥护。第三，在不失掉确定的政治目标的原则上，建立与同盟者的适当的关系，发展和巩固这个同盟。第四，共产党队伍的发展，思想的统一性，纪律的严格性。共产党对于全国人民的政治领导，就是由执行上述这些条件去实现的。这些条件是保证自己的政治领导的基础，也就是使革命获得彻底的胜利而不被同盟者的动摇性所破坏的基础。"[1]

1939年9月24日，毛泽东与美国记者斯诺谈话。斯诺问毛泽东："共产党认为自己是居于中国工人农民的主要领导地位的。除开对边区农民的领导，以及对含有一些无产阶级成分的红军的领导，共产党

---

[1] 《毛泽东选集》第一卷，人民出版社1991年版，第262—263页。

★ 1939年，毛泽东（右）与访问陕甘宁边区的美国记者斯诺（左）

在实际上如何确定其对于整个中国无产阶级的领导地位？"毛泽东回答说："所谓共产党对工农的领导，可以分为政治上的领导与组织上的领导两方面。像在陕甘宁边区和在华北八路军的游击区，这些地方的工人农民，共产党不但在政治上领导着，而且组织上也领导了。其他区域，在有共产党组织的地方，那些地方的工人农民，凡是赞成共产党的主张，他们就是接受了共产党的政治上的领导，如果已经组织起来了，那末，也已有了组织上的领导。"[1]

抗日战争时期，由于在根据地政权建设上实行"三三制"原则，因此，根据地政权具有统一战线性质。共产党员在政府和民意机关中以不超过三分之一为限度，在这种情况下如何实现党的领导？1940年3月6日，毛泽东在《抗日根据地政权问题》的党内指示中明确提出："所谓领导权，不是要一天到晚当作口号去高喊，也不是盛气凌人地要人家服从我们，而是以党的正确政策和自己的模范工作，说服和教育党外人士，使他们愿意接受我们的建议。"[2]1943年8月8日，毛泽东在中央党校第二部开学典礼上的讲话中又指出："所以要取得中国民主革命的胜利，必须要有共产党的领导。""领导权不是向人能要来的，更不是强迫就能实现的，而是要在实际利益上、在群众的政治经验上，使群众懂得哪一个党好，跟哪一个党走他们才有出路，这样来实现的。"[3]1945年4月24日，毛泽东在中共七大作口头政治报告时，再次强调："在这里，我们要讲

---

[1] 《毛泽东文集》第二卷，人民出版社1993年版，第244—245页。

[2] 《毛泽东选集》第二卷，人民出版社1991年版，第742页。

[3] 《毛泽东文集》第三卷，人民出版社1996年版，第59页。

清领导的性质。什么叫做领导？它体现于政策、工作、行动，要在实际上实行领导，不要常常叫喊领导。"[1] 这表明，中国共产党的领导地位不是天然的，并不是因为共产党是中国工人阶级的先锋队，而工人阶级是最先进的阶级，于是其他的阶级和阶层就自然而然地服从共产党的领导。实现领导权光靠喊口号不行，而是必须制定正确的政策与策略，必须在与同盟者反对共同的敌人中取得胜利，使被领导者觉得接受共产党的领导有前途与希望。同时，要照顾被领导者的利益。正如毛泽东在中共七大所指出的："（六届）六中全会以后，我们党坚决实行了对农民、小资产阶级、中产阶级，甚至于对地主的领导权。在我们解放区搞减租减息、交租交息，地主也跟着我们走。由于坚决实行了这样一个领导权，我们发展了军队、解放区和我们的党。"[2]

[1] 《毛泽东文集》第三卷，人民出版社1996年版，第328页。

[2] 《毛泽东文集》第三卷，人民出版社1996年版，第314页。

五、以党性修养牢固政治方向

坚定正确的政治方向，意味着既要选择正确的政治方向，而且还要对这样的政治方向做到坚定不移。事实上，选择正确的政治方向固然不易，但对这样的政治方向做到坚定不移更不易。在出席一大的13个代表中，就有人中途退出没有坚持到底；在大革命失败后的腥风血雨里，亦有意志薄弱者未能经受住残酷环境的考验，离开了党的队伍；全民族抗战爆发后，革命队伍中也有个别人经不起国民党高官厚禄的引诱。无疑，这些退出者一开始选择的政治方向是正确的，但他们没有革命的坚定性，最后背离了自己的正确选择。

那么，一个共产党人如何才能坚定正确的政治方向，始终坚定自己的理想信念？关键在于不断地增强自身的党性修养。共产党员的党性是党的先进性和纯洁性的体现，也是中国人民优良品质和民族美德的体现，因此，每个共产党员尤其是党员领导干部都应当讲党性，都必须自觉地加强党性锻炼，增强党性修养。共产党人坚定正确的政治方向，需要靠坚强的党性来保证。延安时期，中共中央十分重视广大党员的党性修养问题，并为此作过专门的部署。

在马克思主义经典作家中，列宁曾对无产阶级政党中的党性问题作过较多的论述。以往人们在探讨党性问题时，最常引用的是他这样一段话："严格的党性是阶级斗争高度发展的伴随现象和产物。反过来说，为了进行公开而广泛的阶级斗争，必须发展严格的党性。因此，觉悟的无产阶级的政党——社会民主党，完全应该随时同非党性作斗争，坚持不懈地为建立一个原则坚定的、紧密团结的社会主义工人政党而努力。"[1] 列宁还说："唯物主义本身包含有所谓党性，要求在对事变作任何评价时都必须直率而公开地站到一定社会集团的立场上。"[2] "党性是高度发展的阶级对立的结果和政治表现。"[3] 列宁所说的党性，主要是指政党的阶级性，强调无产阶级政党要代表本阶级的利益，要以唯物主义为指导。

[1]《列宁选集》第一卷，人民出版社1995年版，第672页。

[2]《列宁全集》第一卷，人民出版社1984年版，第379页。

[3]《列宁全集》第十五卷，人民出版社1987年版，第273页。

在党的历史文献中,"党性"一词在1941年之前很少出现,而在1941年之后成为热门话题,原因就在于这年7月通过了《中共中央关于增强党性的决定》。这年1月发生的皖南事变,使新四军遭受重大损失。中共中央认为,项英之所以"犯了右倾机会主义错误",从根本上说是党性出了问题,因而《中央关于项袁错误的决定》中强调:"必须估计到游击战争环境,即在今后仍有可能产生如象张国焘或项英这类人物,因此加重了全党特别是军队中干部与党员的党性教育与党性学习,决不可轻视这个绝大的问题。"[1] 这是中共中央第一次向全党提出加强党性教育的问题。中共中央认为,项英、袁国平"不服从中央领导"造成的皖南事变严重后果,就是党性不纯的表现。因此,加强全党特别是党的高级干部的党性教育,进一步增强党性,对于维护党的集中统一、坚持长期抗战就显得特别重要。

为增强全党对于党性问题的认识,1941年3月26日,中共中央政治局召开会议,就此专题进行讨论。毛泽东在讲话中指出:"党性问题是一个重要问题。要使中级以上的干部实行检查,干部巩固了党便巩固了。实行自我批评,是一个很难办到的事情,鲁迅也说解剖自己是困难的。自遵义会议后党内思想斗争少了,干部政策向失之宽的方面去了。对干部的错误要正面批评,不要姑息。我们党的组织原则是团结全党,但同时必须进行斗争,斗争是为了团结。我党干部要做到虽受打击也要服从组织,就

[1] 中央档案馆编:《中共中央文件选集(一九四一——一九四二)》第十三册,中共中央党校出版社1991年版,第33—34页。

是在一个时期为上级所不了解,并且孤立,都能够忍耐下去。要能上能下。"[1]这次中共中央政治局会议决定由王稼祥负责起草中央关于增强党性的决定。

从现有的文献看,党的历史上第一个对党性作出明确定义的是刘少奇。1941年6月,他在《人的阶级性》这篇文章中,对何为"党性"作了阐释。他说:把自己的幸福建筑在"使别人受痛苦"的基础上,是一切剥削者的共同特点。牺牲全人类或大多数人的幸福,把全人类或最大多数人民弄到饥寒交迫与被侮辱的地位,来造成个人或少数人们特殊的权利与特殊的享受,这就是一切剥削者的"高贵""伟大"与"被人尊敬"的基础,一切剥削者的道德的基础。无产阶级和共产党员就与此相反,是把自己的幸福建筑在"使别人同享幸福"的基础上,是在努力于最大多数劳动人民与全人类的解放斗争中来解放自己,来消灭少数人的特殊权利,这就是共产党员的高贵、伟大与被人尊敬的基础,共产主义的道德的基础。这就是阶级社会中人们各种不同的阶级特性。他强调:"党性,就是人们这种阶级性最高而集中的表现。""共产党员的党性,就是无产者阶级性最高而集中的表现,就是无产者本质的最高表现,就是无产阶级利益最高而集中的表现。共产党员的党性锻炼和修养,是党员本质的改造。"[2]

1941年下半年,任弼时在《关于增强党性的报告大纲》一文中,也曾对何为共产党员的党性作了这样的概括:"党性的范畴究竟包括些什么,究竟怎

---

[1] 中共中央文献研究室编:《毛泽东年谱(一八九三——一九四九)》修订本,中卷,中央文献出版社2013年版,第285页。

[2] 中共中央文献研究室、中共中央党校编:《刘少奇论党的建设》,中央文献出版社1991年版,第224—225页。

样才能锻炼出和培养成坚强的党性呢？就是说，为了增强党性，需要在哪些方面修养和锻炼自己呢？为了回答这个问题，首先应该弄清几个基本前提：一、共产党是无产阶级的先锋队，无产阶级的利益就是共产党的利益。二、共产党员的党性，就是无产阶级最高度的阶级觉悟和阶级意识。三、党性是以党员的思想意识、政治观点、言论行动来作标志，来测量的。"[1]

刘少奇和任弼时在论述党性问题时，之所以强调共产党员的党性是"无产者阶级性最高而集中的表现"，是"无产阶级最高度的阶级觉悟和阶级意识"，是因为中国共产党由中国无产阶级的先进分子所组成，中共党员就应当具有高度的觉悟、良好的品德和优良的作风。

工人阶级是社会化大生产的产物，与社会化大生产相联系，代表着先进生产力。社会化大生产培养了工人阶级的组织纪律性，养成了团结协作的集体主义精神，同时，由于工人阶级没有生产资料，造就工人阶级大公无私的品德。作为一名共产党员，尽管自己不一定是工人阶级出身，但加入党的组织后必须实现自身思想意识上的无产阶级化，即具有无产阶级的先进性。因此，中国共产党的先进性是工人阶级本质属性的升华，即将工人阶级与社会化大生产相联系所代表的先进生产力升华为共产主义的崇高理想和坚信这种理想能够最终实现的坚定信念，将工人阶级在社会化大生产中所养成的团结协

[1] 《任弼时选集》，人民出版社1987年版，第231页。

作精神和组织纪律性升华为民主集中制的组织原则和自觉遵守党的纪律的意识，将工人阶级所具有的大公无私、集体主义的优秀品质升华为全心全意为人民服务的根本宗旨。

中国共产党是中国工人阶级的先锋队，同时是中国人民和中华民族的先锋队，代表中国先进生产力的发展要求，代表中国先进文化的前进方向，代表中国最广大人民的根本利益。共产党员是中国工人中有共产主义觉悟的先锋战士。党的这种先锋队和党员的这种先锋战士性质，决定了中国共产党不是一般的群众团体，也不是一般的会员俱乐部，更不是仅仅为了取得执政地位的政党，而是中国工人阶级同时也是整个中华民族的先进分子所组成的集合体。中国共产党区别于其他政党与组织的地方，就在于它的先进性。党的这种先进性，要求每个共产党员不但应体现工人阶级的优点，也应体现中华民族的优点。

可见，共产党员的党性与党的性质既有联系又有区别。中国共产党的这种先锋队本质特性，决定了每个共产党员应当自觉认同党的先进性、体现党的先进性、维护党的先进性。党的性质决定了每个党员必须讲党性。共产党员的党性，就是共产党员对党的先进性应具有的自觉意识，是对党的性质、党的宗旨、党的纪律的真正认同与自觉遵循，其外在表现是党员观察问题、处理问题所持的立场、观点和方法，表现为党员的思想、工作、生活作风，"作风问题本质上是党性问题"[1]。简言之，共产党员

---

1 《习近平谈治国理政》第二卷，外文出版社2017年版，第165页。

的党性,就是党员对党的先进性的认同和遵循。

一个共产党员只有在思想上真正认知认同了党的先进性,并且以自己的实际行动去践行和维护这种先进性,才能真正做到讲党性。所以,衡量一个党员是否讲党性,主要看其所作所为,但决定其所作所为的,是思想认识。共产党员讲党性,首先必须提高对党性问题的认识。共产党员不但应具有良好的个人品德修养,更应表现出坚强坚定的党性修养。

1941年7月1日,中共中央政治局召开会议,讨论并通过了王稼祥起草的《中共中央关于增强党性的决定》,这也是中国共产党历史上第一份专门论述党性问题的重要文献。中共中央在《决定》中认为:"中国共产党经过二十年的革命锻炼,现在已成为全国政治生活中的重要的决定的因素,然而放在我们面前的仍然是伟大而艰难的革命事业。这样就要求我们的党更进一步的成为思想上、政治上、组织上完全巩固的布尔塞维克的党,要求全党党员和党的各个组成部分都在统一意志、统一行动和统一纪律下面,团结起来,成为有组织的整体。""因此今天巩固党的主要工作是要求全党党员,尤其是干部党员更加增强自己党性的锻炼,把个人利益服从于全党的利益,把个别党的组成部分的利益服从于全党的利益,使全党能够团结得象一个人一样。"然而,中国共产党长期处于分散的独立活动的游击战争的环境,"党内小生产者及知识分子的成份占据很大的比重,因此容易产生某些党员的'个人主义''英雄主义''无组织的状态''独立主义'与'反集中的分散主义'等等违反党性的倾向。干部中、特别是高级干部和军队干部中的这些倾向,假如听其发展,便会破坏党的统一意志、统一行动和统一纪律,可能发展到小组织活动与派别斗争,一直到公开反党,使党与革命受到极大损害"。

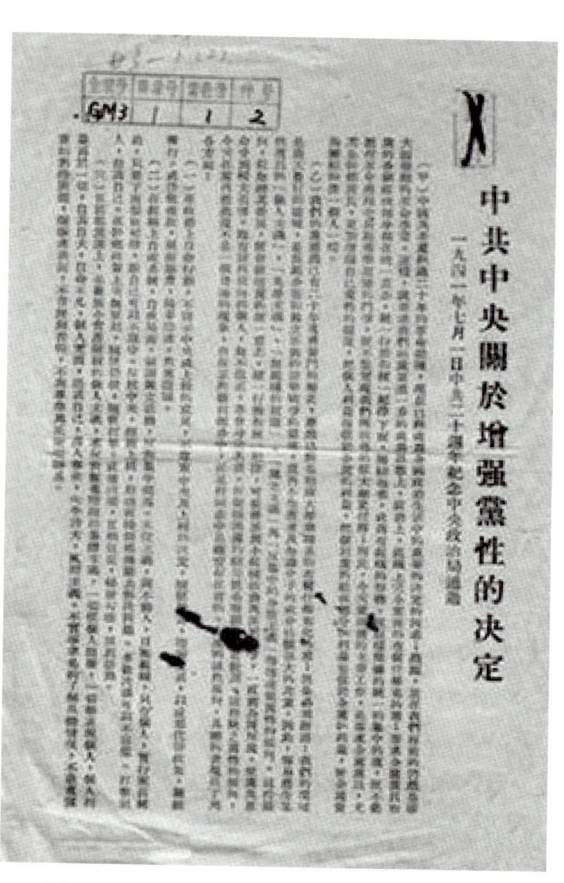

★ 《中共中央关于增强党性的决定》

《决定》指出，党内在党性方面存在的问题，主要表现在以下三个方面：

"在政治上自由行动，不请示中央或上级意见，不尊重中央及上级的决定，随便发言，标新立异，以感想代替政策，独断独行，或借故推脱，两面态度，阳奉阴违，对党隐瞒。

"在组织上自成系统，自成局面，强调独立活动，反对集中领导，本位主义，调不动人，目无组织，只有个人，实行家长统制，只要下面服从纪律，而自己可以不遵守，反抗中央，轻视上级，超越直接领导机关去解决问题，多数人通过的决议可以不服从，打击别人，抬高自己，在干部政策上毫无原则，随便提拔，随便打击，感情拉拢，互相包庇，秘密勾搭，派别活动。

"在思想意识上，是发展小资产阶级的个人主义，来反对无产阶级的集体主义，一切从个人出发，一切都表现个人，个人利益高于一切，自高自大，自命不凡，个人突出，提高自己，喜人奉承，吹牛夸大，风头主义，不实事求是的了解具体情况，不严肃慎重的对待问题，铺张求表面，不肯埋头苦干，不与群众真正密切联系。"

《决定》指出，为了纠正上述违反党性的倾向，必须采取以下办法：

一是应当在党内更加强调全党的统一性、集中性和服从中央领导的重要性。不允许任何党员与任何地方党部，有标新立异，自成系统，及对全国性问题任意对外发表主张的现象。二是更严格的检查一切决议决定之执行，坚决肃清阳奉阴违的两面性的现象。三是即时发现，即时纠正，不纵容错误继续发展，对于屡说不改者，必须及时预防，加以纪律制裁。四是在全党加强纪律的教育，严格遵守个人服从组织，少数服从多数，下级服从上级，全党服从中央的基本原则。无论是普通党员和干部党员,都必须如此。五是用自我批评的武器和加强学习的方法,来改造自己使适合于党与革命的需要,要提倡大公无私,忠实朴素,埋头苦干,眼睛向下,实事求是,力戒骄傲,力戒肤浅的作风,改造把理论与实践、学习与工作完全脱节的现象,这样来更加坚定自己的阶级立场、党的立场与党性。六是从中央委员以至每个党部的负责领导者,都必须参加支部组织,过一定的党的组织生活,虚心听取党员群众对于自己的批评,增强自己党性的锻炼。[1]

对于中共中央为何要作出这样一个决定,1942年7月14日任弼时在中共中央党校作关于增强党性的报告时,专门就此作了解释。

任弼时指出,之所以把党性锻炼当作单独的问题提出来,首先,是"我们的党今天是处在与民族敌人进行残酷斗争的环境,是处在同日本战争的环境","党已经成为中国政治生活当中一个重要的决定因素"。中国共产党已拥有50万军队,在几千万人口的区域内建立了政权,在中国政治生活当中有很重要的决定作用。正因为如此,"民族敌人——日本法西斯,国民党里面的反共顽固分子,汉奸和其他反动势力,他们在今天比过去任何时候还要想出更多的办法来分裂瓦解我们的党"。因此,"党比任何时候更加需要内部的统一团结,更加需要思想一致、行动一致,更加需要巩固我们自己,防止敌人利用各种机会和间隙来破坏我们党的团结"。[2]

---

[1] 中央档案馆编:《中共中央文件选集(一九四一—一九四二)》第十三册,中共中央党校出版社1991年版,第144—147页。

[2] 《任弼时选集》,人民出版社1987年版,第238、239页。

其次，抗战以来，中国共产党迅速壮大，由原来的四五万人发展到 80 万人，其中 75 万是新加入的，而且是在抗日民族统一战线环境中加入共产党里面来的，成分相当复杂。在党的大发展中，也难免存在许多问题。对于这个问题，1939 年 8 月 25 日中共中央政治局作出的《关于巩固党的决定》中指出："某些地方党部为追求新党员的数目字，便进行所谓发展党的突击运动，集体加入与不经过个别的详细审查的征收党员。因此许多普通抗日分子或党的暂时同路人，也加入了党。异己分子，投机分子，以及奸细，也乘机混入了党。"[1] 许多新党员没有经过严格的组织程序加入进来，入党之后又没有及时进行党内教育。同时，党是处在比较分散的长期的游击战争的环境中，而且又是处在半殖民地半封建的小农经济为主的社会里。对此，任弼时认为，"这样的斗争环境和这样的社会存在的思想意识自然会反映到我们党内来，使我们党内容易产生不正确的思想，……今天更加需要增强党性，克服不好的倾向来团结内部"[2]。

再次，"从我们党的历史上说，我们党内还存有一些弱点，需要我们党更加注意这些弱点"。任弼时这里所说的"弱点"，首先讲到的便是张国焘"一直走到公开的反党，公开的成立中央与我们中央对立起来，分裂党的组织。这是很严重的反党的行动，后来公开叛党"。其次是"在抗日战争当中，某些党部的同志对中央采取不尊重的态度，也可以说是采

[1] 中央档案馆编：《中共中央文件选集（一九三九——一九四〇）》第十二册，中共中央党校出版社 1991 年版，第 155 页。

[2]《任弼时选集》，人民出版社 1987 年版，第 240 页。

取对立的态度,没有根据中央的政策、方针进行日常的工作。有的时候有些重大的问题,带有全国性的问题,不先经过中央的同意和批准,就做了。也有个别党部,或者个别干部,对于带有全国性的政治问题随便地发表自己的意见,或者依据自己的估计决定党的政策。比如皖南事变以后,有人公开地说:马日事变又来了,我们要自己建立中央政府,建立工农小资产阶级的政权。这样政治上带全国性的问题,随便发言,对党是没有益处的。这表现出我党在思想上政治上组织上还不能一致"[1]。

任弼时的上述论述,实际上已将中共中央出台这个决定的原因解释得十分清楚了。在后来的整风运动中,《中共中央关于增强党性的决定》成为干部整风学习的必读文件之一。自此之后,"党性"一词被广泛使用,讲党性也就成了一个共产党员的基本要求。

毛泽东指出:"党性是共同的性质、普遍的性质,全党每一个人都有的性质。"[2]"而一致的行动,一致的意见,集体主义,就是党性。我们要使许多自觉的个性集中起来,对一定的问题、一定的事情采取一致的行动、一致的意见,有统一的意志,这是我们的党性所要求的。"[3] 这说明,党性是全体党员的共性,是每一个党员都应做到的共同要求,比如坚定的理想信念,实事求是的工作作风,自觉为人民服务的意识,严守党的纪律规矩,等等这些,都是对共产党员的党性要求。

[1] 《任弼时选集》,人民出版社1987年版,第240—241页。

[2] 《毛泽东文集》第三卷,人民出版社1996年版,第340页。

[3] 《毛泽东文集》第三卷,人民出版社1996年版,第417页。

共产党员必须讲党性,但并不等于抹杀党员的个性,抑制党员的主动性和创造性。对于这个问题,毛泽东1945年4月在中共七大的口头政治报告中,曾作了详尽的论述。他指出:"讲到个性与党性,党性就是普遍性,个性就是特殊性。没有一种普遍性不是建筑在特殊性的基础上的。没有特殊性哪里有普遍性?没有党员的个性,哪里有党性?党性是共同的性质、普遍的性质,全党每一个人都有的性质。"[1]"同样不能设想我们党有党性,而每个党员没有个性,都是木头,一百二十万党员就是一百二十万块木头。……不要使我们的党员成了纸糊泥塑的人,什么都是一样的,那就不好了。其实人有各种各样的,只要他服从党纲、党章、党的决议,在这个大原则下,大家发挥能力就行了。讲清楚这一点,对于党的进步,对于全体党员积极性的发挥是会有好处的。"[2]毛泽东同时强调,党员有两种个性,即创造性的个性和破坏性的个性。创造性的个性比如模范工作者、特等射击手、发明家、能独立工作的干部,不但党外斗争有勇气,党内斗争也有勇气,盲目性少,不随声附和,搞清楚情况再举手,这就是创造性的个性,它同党性是完全一致的,完全统一的。另一种个性,是带破坏性的、个人主义的,把个人利益放在第一位,搞所谓标新立异。

政治方向决定了一个政党或组织的政治前途。中国共产党选择了正确的政治方向,这个方向代表了中华民族的前途与中国人民的希望。为了保证党

[1]《毛泽东文集》第三卷,人民出版社1996年版,第340页。

[2]《毛泽东文集》第三卷,人民出版社1996年版,第416页。

沿着正确的政治方向前进,就要求党的每一个成员自觉地将自己的一切努力与奋斗、一切奉献与牺牲,与这个政治方向紧密地结合起来,而这种自觉需要不断加强党性修养来涵养,这正是延安时期中共中央一再强调必须增强全党党性的原因所在。

第三章 解放思想、实事求是的思想路线

在延安整风的过程中,毛泽东曾反复强调树立实事求是思想路线的极端重要性,他要求"共产党员对任何事情都要问一个为什么,都要经过自己头脑的周密思考,想一想它是否合乎实际,是否真有道理,绝对不应盲从,绝对不应提倡奴隶主义"[1]。他强调:"无产阶级的最尖锐最有效的武器只有一个,那就是严肃的战斗的科学态度。共产党不靠吓人吃饭,而是靠马克思列宁主义的真理吃饭,靠实事求是吃饭,靠科学吃饭。"[2] 延安时期,中国共产党在总结历史经验的基础上,确立了解放思想、实事求是的思想路线,正是依靠实事求是,成功地走出了一条具有鲜明中国特色的革命道路,取得了新民主主义革命的伟大胜利。

---

[1] 《毛泽东选集》第三卷,人民出版社 1991 年版,第 827 页。

[2] 《毛泽东选集》第三卷,人民出版社 1991 年版,第 835—836 页。

一、教条主义给中国革命带来严重危害

无论革命、建设还是改革,都必须把马克思主义基本原理同中国具体实际结合起来,都必须坚持一切从实际出发,实事求是。初看起来,这似乎是一个世人尽知的常识。其实不然,中国共产党成立之后一段很长的时间,多次犯右倾或"左"倾错误,就在于没有很好地解决这个问题。

中国共产党是用马克思主义理论武装起来的党,而党成立之后又加入了列宁领导的共产国际。马克思主义基本原理对中国革命无疑具有重要的指导意义,但马克思、恩格斯在创立这个理论的时候,主要的视角和解剖对象是西欧发达资本主义国家,因而在运用其理论时,本身就存在一个如何与中国具体实际相结合的问题。中国的马克思主义者在开启中国革命新局面的时候,就开始了这种探索和思考,初步意识到由于中国国情的特殊性,在中国革命的过程中不能一味地照搬照抄马克思主义。

作为中国最早的马克思主义者,李大钊在传播马克思主义之时,曾就理论与实践的关系发表过自己的看法。1919年5月,他在《我的马克思主义观》一文中写道:"平心而论马氏的学说,实在是一个时代的产物;在马氏时代,实在是一个最大的发见。我们现在固然不可拿这一个时代一种环境造成的学说,去解释一切历史,或者就那样整个拿来,应用于我们生存的社会,也却不可抹煞他那时代的价值,和那特别的发见。""我们批评或采用一个人的学说,不要忘了他的时代环境和我们的时代环境就是

了。"[1]这里虽然没有马克思主义必须与中国具体实际相结合的表述,但其中已多少蕴含着这样的意思。

在中国共产党的早期领导人中,瞿秋白是运用马克思主义理论解决中国革命问题的一位积极探索者。1927年初,他自编了一本《瞿秋白论文集》,在其《自序》中强调:"革命的理论永不能和革命的实践相离","马克思列宁主义的理论问题——理论、主义的问题,当然不能离开实践",中国的马克思主义者"应用马克思主义于中国国情的工作,断不可一日或缓"。他还指出:"马克思主义的应用于中国国情,自然要观察中国社会的发展,政治上的统治阶级,经济状况中的资本主义的趋势,以及中国革命史上的策略战术问题。"[2]

当时,马克思主义是中国先进分子经过反复比较后所作出的选择。众所周知,在选择马克思主义作为改造中国社会的武器,选择俄国十月革命所建立的社会主义制度作为中国未来发展方向之前,积贫积弱的中国如何走向独立富强,一代又一代中国先进分子进行过不懈探索。西方舶来的各种社会改造思想和社会发展模式,都曾在中国留下过痕迹。他们中的一些人经过反复比较之后,意识到唯有马克思主义和十月革命道路所昭示的社会主义,才是中国未来的希望,于是义无反顾地成为马克思主义的坚定信仰者。在这种情况下,马克思主义理论的博大精深和对资本主义制度的深邃解剖,苏俄社会主义崭新道路的开辟和新社会制度产生的神奇,难

[1]《李大钊选集》,人民出版社1959年版,第194、195页。

[2]《瞿秋白选集》,人民出版社1985年版,第310、311、312、315页。

免使人们对其由向往到崇拜,进而产生盲从。而这些革命先哲在刚刚接受马克思主义之时,对待马克思主义有如此清醒的认识,确实是难能可贵的。

在中国共产党成立之初和大革命时期,虽然党内已有人认识到马克思主义与中国具体实际相结合的重要性,并开始作了一些有益的探索,提出了一些有创见的观点,迸发出了智慧的火花,但是,这种思想认识还是零碎而不系统、朦胧而不清晰的,还只是少数觉悟者的感悟而不是党的集体自觉。中国共产党人还没有真正认识到一切从实际出发、实事求是的极端重要性。

出现这种情况也是可以理解的。当年中国共产党还处在幼年时期,许多党员是在深感旧民主主义革命的道路走不通之后,转而选择马克思主义和社会主义的。他们忠诚信仰马克思主义,坚信社会主义的前途,具有火一般的革命热情。但那时,马克思主义传入中国的时间还不长,翻译过来的马克思主义经典著作还很少,他们所掌握的马克思主义理论,很大程度上还是粗浅的。马克思主义深深吸引他们的,是阶级斗争学说、剩余价值理论和无产阶级专政,是俄国马克思主义者根据这个理论所开创的一片新天地。至于中国国情的特殊性究竟在哪里,中国革命有什么样的特殊形式,该走什么样的特殊道路,他们还不可能作出深入的思考。中国危机四伏的现状,又不允许他们在从容地学习马克思主义理论,并对中国国情进行一番细致的考察研究之后,再进行实际的革命活动。因此,他们中的许多人,包括领导层,在从事革命实践的时候,对中国国情还缺乏深入的分析,对马克思主义的精神实质还缺乏准确的把握,还没有真正解决好理论与实践有机结合的问题。

从 1921 年中国共产党成立到 1927 年大革命失败,陈独秀都是中共中央主要负责人。在传播马克思主义和创立中国共产党上，陈独秀有很大功劳。本来，陈独秀在开始接受马克思主义之时，还比较注重应用。他在中国共产党成立前后一段时间，曾多次讲到过这个问题。他说："我们生在这解放时代，大家只有努力在实际的解放运动上做工夫，不要多在名词上说空话！名词好听不好听，彻底不彻底，没有什么多大关系。在思想转变底时候，道理真实的名词，固然可以做群众运动底共同指针；但若是离开实际运动，口头上的名词无论说得如何好听，如何彻底，试问有什么用处？"[1] 然而，陈独秀虽然一定程度上看到了中国革命的特殊性，他本人也曾具有特立独行之个性，但他在中国革命问题上有一个基本的观点，就是认为中国现阶段的革命既然是资产阶级民主革命，无产阶级就不要去与资产阶级争夺领导权。

陈独秀之所以产生这样的认识，自然与共产国际有很大的关系。因为共产国际认为，中国共产党现时的任务，主要是帮助资产阶级进行革命，只有资产阶级革命成功了，中国发展了资本主义，建立了资产阶级民主制度，届时才可能进行无产阶级革命，即革资产阶级的命。因为俄国革命就是这样搞的，先有与资产阶级合作、推翻沙皇专制统治的1905年革命和1917年二月革命，然后才有革资产阶级之命的1917年十月革命，因此，中国革命也只能走这条路。这是在后来的国共合作中当蒋介石争夺领导权时，共产国际和中共中央步步退让的思想

---

[1] 《陈独秀文集》第一卷，人民出版社2013年版，第549—550页。

认识之根源。因为共产国际和苏联方面认为,蒋介石是中国资产阶级的代表人物,一定要想方设法让他留在革命阵营里,先把中国的北洋军阀打倒,完成资产阶级革命,然后再同蒋介石分手,去搞无产阶级革命。在后来的国共合作中,当国民党右派向共产党发动挑衅进攻时,共产党方面一再妥协退让,就在于还没有懂得统一战线领导权的重要性,这也表明党在幼年时期还缺乏独立自主能力,还不能结合国情分析和解决中国革命的重大问题。

1927年3月底4月初,蒋介石背叛革命的迹象越来越明显,但共产国际仍然对蒋介石抱有期望,不赞成同蒋介石破裂。陈独秀也主张"要缓和反蒋"。陈独秀还和刚从国外回来的汪精卫会谈,随后(4月5日)公开发表《国共两党领袖联合宣言——告两党同志书》。这个宣言只字不提蒋介石的反革命活动,反而说什么"国民党领袖将驱逐共产党,将压迫工会与工人纠察队"等等,都是"不审自何而起"的谣言,希望国共两党的同志"立即抛弃相互间的怀疑,不听信任何谣言,相互尊敬,事事开诚协商进行","开诚合作,如弟兄般亲密"。[1]

大革命失败的原因,就中国共产党自身来说,在于以陈独秀为首的中央领导层,对逐步演化为国民党右派的蒋介石等人,缺乏清醒的认识和足够的警惕,在领导权的问题上一再迁就退让。而中共中央之所以如此委曲求全,又在于共产国际的错误指导和陈独秀教条主义地对待共产国际的指示。客观

---

[1] 中共中央文献研究室、中央档案馆编:《建党以来重要文献选编(一九二一——一九四九)》第四册,中央文献出版社2011年版,第162页。

上，中国共产党与共产国际是上下级关系，有接受共产国际领导与指导的义务，加之俄国十月革命的胜利，难免使年轻的中国共产党对俄国革命模式和革命经验盲目崇拜，结果以莫斯科的是非为是非，缺乏独立判断的能力；主观上，陈独秀受共产国际的影响形成了自己的"二次革命论"，认为中国革命既然是资产阶级民主革命，就应该让资产阶级来领导，使其革命取得成功，再在此基础上进行无产阶级领导的社会主义革命，在资产阶级民主革命尚未成功之时，同资产阶级的关系不能破裂。因此，大革命的失败固然有诸多原因，但最根本的，在于中国共产党人还不能独立自主地认识和处理中国革命中遇到的一系列重大问题，还没有认识到一切须从中国具体实际出发的重要性，没有形成一条成为全党共识的实事求是的思想路线。

大革命失败后，中国共产党人认识到了武装斗争的极端重要性，全党很快投入武装反抗国民党反动统治的斗争之中。但是，这时的中共中央并没有从教条主义的束缚中解放出来，在开展武装斗争的过程中，又存在照搬照抄十月革命经验的问题。因为到中国共产党决定开展武装斗争的时候，世界上还没有无产阶级深入农村建立根据地并取得全国政权的先例，而十月革命是以城市武装暴动方式取得成功的。因此，大革命失败后党决定开展武装斗争之时，首先想到的也是夺取城市的问题。1927年8月7日，中共中央紧急会议（八七会议）后中央为各地武装起义确定的任务，也都是占领城市。南昌起义和广州起义是典型的夺取城市的尝试，由党掌握的武装力量与城市的工人阶级携手，以夺取和占领城市为目标。其他在农村发动的起义，最初的目的也是夺取城市，包括毛泽东领导的湘赣边界秋收起义在内。

与此同时，大革命失败后，中国共产党人放弃了"国民革命"的旗帜，举起了"苏维埃革命"的旗帜，并将建立的革命政权命名为"苏维埃"。一开始，群众不知"苏维埃"为何物，有的说，因为我们政府主席姓苏名维埃，所以叫苏维埃；也有的说，我们的工人领袖叫苏兆征，他牺牲了，共产党派他的儿子维埃来当主席。毛泽东后来说："过去我们叫苏维埃代表大会制度，苏维埃就是代表会议，我们又叫'苏维埃'，又叫'代表大会'，'苏维埃代表大会'就成了'代表大会代表大会'。这是死搬外国名词。"[1]

各地武装起义的实践证明，由于敌强我弱的形势，又由于城市是敌人的统治中心和反革命力量的集聚地，起义军多数未能实现夺取城市的目标，个别武装起义虽然一度控制了城市，但也无力坚守。如南昌起义成功后只坚持了三天，就不得不撤出南昌南下广东潮汕地区，准备占领一两个海港城市，等待苏联的援助，结果潮汕没有占领，部队反被国民党军冲击得七零八落，只有朱德、陈毅率领起义军余部在转战粤北、湘南之后上了井冈山。广州起义也只坚持了三天就失败了，造成大量中共党员和革命群众伤亡。湘赣边界秋收起义爆发之后，按照预定的计划向长沙方向进军，但未到长沙外围即遭遇重大挫折。在这种情况之下，首要任务已经不是夺取长沙这样的城市，而是保存有限的革命力量。在何去何从的关键时刻，毛泽东从实际出发，决定将队伍转移到敌人力量相对薄弱的湘南农村再图发展。在途经井冈山时，了解到当地农民武装袁文才、

[1]《毛泽东文集》第五卷，人民出版社1996年版，第136页。

王佐的情况，受其启发，萌发与袁文才、王佐合作的想法。在帮助袁文才解决枪支不够的问题后，得到了袁文才、王佐的初步信任，将伤病员委托袁文才照看，毛泽东则率部前往湖南炎陵县游击。在这个过程中，得知南昌起义部队已在广东潮汕地区失败，毛泽东意识到继续前往湘南配合南昌起义部队再度北伐已无意义，遂决定将部队带上山，并由此开始了工农武装割据的探索。与此同时，其他地区的武装起义在夺取城市的计划不能实现之后，也开始将武装力量转入农村，建立农村革命根据地。

在此后一段时间里，尽管已经建立了若干农村革命根据地，但共产国际和中共中央领导层并没有认识到中国的特殊性，没有把革命的重心放在建立农村革命根据地上，而是期待能迅速夺取中心城市，一举取得全国政权。1930年5月，以蒋介石为一方，以阎锡山、冯玉祥、李宗仁、张发奎为另一方的中原大战爆发，双方投入的总兵力达百万人。国民党新军阀的大混战，造成了有利于革命的客观形势。这时，周恩来前往共产国际汇报工作，主持中共中央工作的中央政治局常委兼中央宣传部部长李立三，没有认清敌强我弱的总态势，过于乐观地估计了当时的形势。这年6月11日，中共中央政治局通过了李立三主持起草的《新的革命高潮与一省或几省首先胜利》的决议，认为中国革命一爆发必然掀起全世界的大革命，已经具有全国性武装暴动的条件，没有中心城市的武装暴动，就不会有一省或几省的首先胜利，而农村包围城市是"极其错误的观念"。李立三等人还制定了一个以武汉为中心的全国城市武装起义计划，要求力量还相对弱小的红军攻打敌人设防坚固的中心城市，甚至还提出"会师武汉，饮马长江"的口号。

就当时中国共产党领导的武装力量来说，根本没有力量攻占敌人坚固设防的中心城市。城市中党的力量很薄弱，党的影响也很有限，亦根本不具备组织武装起义的条件。因此，在执行"立三路线"的过程中，党和红军遭受了许多原本不必要的损失。红二军团为了攻打沙市，由1.6万人减少到3000人，并丧失了洪湖根据地；红七军根据中共中央指示攻打柳州、桂林并准备夺取广州，结果由6000多人减少到2000人，丧失了右江根据地。白区党的力量也遭受严重损失，先后有11个省委机关遭受破坏，武汉、南京等城市的党组织几乎全部遭瓦解。仅在南京，从1930年6月至10月，就有中共南京市委和市行委委员6人被捕，3个区委的干部全部损失，15个支部全部遭破坏，100余名党员被捕，近百名党员被杀害。革命仅靠一时的热情和勇敢是不够的，更不能盲目蛮干，需要讲究斗争策略。革命者不但要敢于斗争，还要善于斗争。

李立三的"城市中心论"虽然来自莫斯科，但他的一些言行却惹怒了共产国际和苏联领导人，他们感到中国共产党的领导人并不完全听从莫斯科的指挥，必须采取措施改组中共中央，让那些能够不折不扣地执行共产国际路线的留苏学生，充实中央委员会和中央政治局。1931年1月，中共扩大的六届四中全会召开。在这次全会上，王明被选进了中央政治局，并且随后成为中共中央的实际领导人，由此开始了长达四年之久的以王明为代表的"左"倾教条主义统治全党的时期。

当时，共产国际认为，李立三的错误并不是"左"的问题，而是在"左"的名义下掩盖了"右倾"实质，不是要纠"左"，而是必须继续反"右倾"。因此，中共六届四中全会后形成的政治路线、军事路线严重脱离实际。例如，将苏联消灭地主富农的政策搬来中国，在土地革命中推行"地主不分田，富农分坏田"；照搬苏联肃反的做法，导致根据地肃反严重扩大化；看不到中间派的积极变化和国民党内部的分化，认为"中间阶级是最危险的敌人"；在日本帝国主义侵占中国东北的情况下，竟然继续坚持"武装保卫苏联"的口号；等等。这些"左"倾错误给中国革命造成了灾难性的后果，最突出的是各根据地的反"围剿"相继失利，主力红军被迫长征，中国共产党遭受了民主革命时期的第二次严重挫折。中央苏区第五次反"围剿"前，全国红军曾发展到30万人，到长征结束、西路军失败时仅剩3万余人；除少数红军游击队在坚持斗争外，南方已没有一块完整的根据地；白区党的组织遭到严重破坏，全国党员人数由最多时的30万人减少至约4万人。

1927年大革命的失败和1934年中央苏区第五次反"围剿"的失利，固然有其复杂的原因，但从根本上讲都是犯了教条主义的错误，没有形成真正属于自己的、适合中国国情的理论主张，搬用的还是俄国革命的经验，举起的也是俄国革命所用过的旗帜。在当时的条件下，犯错误是可以理解的，同时它也说明中国革命走自己的路的极端重要性，说明如果不一切从中国实际出发，做到实事求是，仅仅依靠革命者的勇气、群众的勇敢，固然可以造成一时的革命局面，但革命最终是不能取得成功的。这也是毛泽东在延安整风前后反复强调能否坚持实事求是是检验一个共产党员党性纯不纯的重要标志的原因。

后来，毛泽东就此总结说："自己读书，自己写字，自己想问题。这是一条真理。过去我们就是由先生把着手学写字，从一九二一年党成立到一九三四年，我们就是吃了先生的亏，纲领由先生起草，中央全会的决议也由先生起草，特别是一九三四年，使我们遭到了很大的损失。从那之后，我们就懂得要自己想问题。我们认识中国，花了几十年时间。中国人不懂中国情况，这怎么行？真正懂得独立自主是从遵义会议开始的，这次会议批判了教条主义。教条主义者说苏联一切都对，不把苏联的经验同中国的实际相结合。"[1]

在延安整风过程中，毛泽东曾对教条主义进行过尖锐的批评，他说："那些将马列主义当宗教教条看待的人，就是这种蒙昧无知的人。对于这种人，应该老实的对他说，你的教条没有什么用处，说句不客气的话，实在比屎还没有用。我们看，狗屎可以肥田，人屎可以喂狗。教条呢？既不能肥田，又不能喂狗，有什么用处呢？"[2]毛泽东对教条主义的厌恶由此可见一斑。这不单在于他本人一再受到教条主义者的排挤与打压，更在于教条主义曾使中国革命几乎遭到灭顶之灾。

二、实事求是思想路线的形成发展

在民主革命时期，毛泽东是成功地把马克思主义与中国实际相结合的典型。1925年底，他发表了《中国社会各阶级的分析》一文，明确提出中国无产阶级最广大最忠实的同盟军是农民，他还提醒人们注意中国民族资产阶级对待中国革命的矛盾态度，认为其右翼可能是无产阶级的敌人，其左翼可能是无产阶级的朋友。大革命失败后，他在领导秋收起义的过程中又率先深入农村，开创农村革命根据地，从理论和实践的结合上，得出了中国革命可以而且应该走农村包围城市、武装夺取政权道路的结论。

---

[1] 《毛泽东文集》第八卷，人民出版社1999年版，第338—339页。

[2] 毛泽东:《整顿学风党风文风》，1942年2月1日。

在中国共产党实事求是思想路线发展史上，古田会议有着重要的地位。会议不但成功地化解了此前红四军内部的争论，重新选举毛泽东为红四军前委书记，更重要的是一致通过了毛泽东起草的八个决议，总称《中国共产党红军第四军第九次代表大会决议案》，即著名的古田会议决议，解决了在长期农村游击战争环境下如何建设一个无产阶级政党和一支党领导的人民军队的问题。

在古田会议决议中，毛泽东首先强调："红军第四军的共产党内存在着各种非无产阶级的思想，这对于执行党的正确路线，妨碍极大。若不彻底纠正，则中国伟大革命斗争给予红军第四军的任务，是必然担负不起来的。四军党内种种不正确思想的来源，自然是由于党的组织基础的最大部分是由农民和其他小资产阶级出身的成分所构成的；但是党的领导机关对于这些不正确的思想缺乏一致的坚决的斗争，缺乏对党员作正确路线的教育，也是使这些不正确思想存在和发展的重要原因。"[1] 这里所讲到的"正确路线"，主要指的就是正确的思想路线。

那么，如何对党员"作正确路线的教育"？毛泽东深入分析了当时红四军的共产党内存在的各种错误思想——单纯军事观点、极端民主化、非组织观点、绝对平均主义、主观主义、个人主义、流寇思想、盲动主义残余的表现与来源，并提出了纠正这些错误思想的具体办法。毫无疑问，给中国革命造成最大危害、阻碍中国共产党形成正确的思想路线

[1]《毛泽东文集》第一卷，人民出版社1993年版，第78页。

最根本的因素，当数主观主义。

当时，就全党而言，李立三的"左"倾冒险主义和王明的"左"倾教条主义还未形成，毛泽东更不可能意识到随后王明"左"倾教条主义能统治全党长达四年之久。古田会议召开之时，是遵义会议前全党受教条主义的束缚相对不那么严重的时期。毛泽东之所以将这个问题提出来，是因为主观主义是他一向所反对的。毛泽东从1929年2月中共中央对红四军的指示（即"二月来信"）中感到，中共中央在指导红四军的问题上，存在"一种不切实际的想法"，并不了解红四军的具体情况，主观地作出红四军分散行动，朱德、毛泽东离开红四军的决定。而刚从莫斯科回来的刘安恭到红四军工作后，未作深入的调查研究就乱发议论，造成红四军内部思想的混乱。这就使毛泽东深切地感受到，那种对具体情况不作深入了解的形式主义、本本主义（即教条主义）、主观主义危害极大，故而在古田会议决议中，他特地将如何克服主观主义作为一个重要的问题提了出来。

那么，如何纠正党内业已存在的主观主义呢？毛泽东在决议中开出的药方是"教育党员使党员的思想和党内的生活都政治化，科学化"。而要使这个药方收到效果，实现目的，他提出了三个具体的办法："（一）教育党员用马克思列宁主义的方法去作政治形势的分析和阶级势力的估量，以代替主观主义的分析和估量。（二）使党员注意社会经济的调查和研究，由此来决定斗争的策略和工作的方法，使同志们知道离开了实际情况的调查，就要堕入空想和盲动的深坑。（三）党内批评要防止主观武断和把批评庸俗化，说话要有证据，批评要注意政治。"[1]这三个具体办法的提出，标志着实事求是思想路线已经初步形成。

毛泽东在这里并没有使用"一切从实际出发""实事求是"这样的概念，但他强调，必须用马克思列宁主义的方法去分析与研究中国革命中遇到的具体问题，而马克思主义的精髓和活的灵魂，马克思主义哲学的根本要求，就是具体问题具体分析，就是一切从实际出发，实事求是。中国共产党人作为中国的马克思主义者，就必须真实地遵循这些要求，对待马克思列宁主义不能搞教条主义，而应将之与中国革命具体实践结合起来。

那么，将马克思主义与中国实际相结合的具体途径，毛泽东认为一个重要的方面就是进行深入的社会经济的调查研究。对马克思列宁主义忠诚信仰，是中国共产党人的本质特点，不论在革命发展顺利之时还是在革命遇到挫折之时，中国共产党人对马克思列宁主义的信仰都没有动摇过，而是始终坚信只有在马克思列宁主义的指导下，中国革命才能成功，中国才有光明的前途。问题在于党内有些人，包括一些领导人，不懂得中国国情的特殊性，不能具体地、灵活地运用马克思列宁主义，没有认识到马克思列宁主义仅为中国革命提供了一般原则，而中国革命的具体形式和具体途径，需要中国共产党人自己去创造，而不是教条式地对待马克思列宁主义，特别是教条式地对待十月革命的经验和共产国

[1]《毛泽东文集》第一卷，人民出版社1993年版，第84—85页。

际的指示。出现这种现象的根本原因，就在于这些人对中国的具体国情并不了解，不下决心进行中国社会的调查研究，以为只要掌握马克思列宁主义的一些"本本"，依样画葫芦革命就能够成功，结果适得其反。所以毛泽东特别强调了调查研究的重要性，认为只有通过调查研究，才能掌握具体情况，才能做到一切从实际出发，实事求是。

在这里，毛泽东还讲到正确地开展党内批评和党内斗争的重要原则——不能武断，说话要有证据。这是一个非常重要的观点。在中国共产党内部，由于一些人自以为掌握了马克思列宁主义，自以为从"远方"也就是莫斯科取得了真经，不是灵活运用"本本"，而是拿"本本"来套中国革命，一切要从"本本"上找依据。凡是"本本"上说了的，就当作不能更改的圣经，必须无条件执行；凡与"本本"不相符的，就被认为是离经叛道。对那些坚持从实际出发但与"本本"可能不一致的观点、做法，左批评右指责，甚至用共产国际的大帽子压人，使那些本来符合中国实际的探索受到压制，让那些从实际出发的同志受到排挤与打击。毛泽东在这里强调，党内批评必须有"证据"，而"证据"从何而来？显然不是来自莫斯科，不是来自"本本"，而是来自调查研究。所以，毛泽东在这里提出的纠正党内主观主义的三个办法，核心就是从实际出发，实事求是，根本办法就是调查研究。

1930年5月，毛泽东写了著名的《反对本本主义》一文。针对当时红军中存在的严重的教条主义（即本本主义）倾向，毛泽东尖锐地指出："我们说上级领导机关的指示是正确的，决不单是因为它出于'上级领导机关'，而是因为它的内容是适合于斗争中客观和主观情势的，是斗争所需要的。不根据实际情况进行讨论和审察，一味盲目执行，这种单纯建立在'上级'观念上的形式

第三章 解放思想、实事求是的思想路线

★ 《反对本本主义》 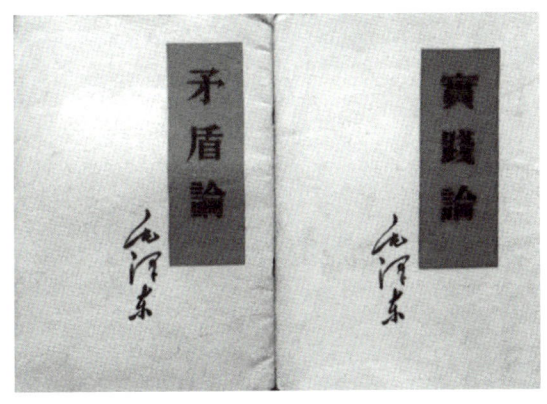　★ 《矛盾论》和《实践论》

★ 《新民主主义论》 　★ 《改造我们的学习》

主义的态度是很不对的。为什么党的策略路线总是不能深入群众，就是这种形式主义在那里作怪。盲目地表面上完全无异议地执行上级的指示，这不是真正在执行上级的指示，这是反对上级指示或者对上级指示怠工的最妙方法。"[1]

毛泽东接着又阐述了共产党人对马克思主义应该采取的正确态度："我们说马克思主义是对的，决不是因为马克思这个人是什么'先哲'，而是因为他的理论，在我们的实践中，在我们的斗争中，证明了是对的。我们的斗争需要马克思主义。我们欢迎这个理论，丝毫不存什么'先哲'一类的形式的甚至神秘的念头在里面。"他由此得到了一个极端重要的结论："马克思主义的'本本'是要学习的，但是必须同我国的实际情况相结合。我们需要'本本'，但是一定要纠正脱离实际情况的本本主义。"那么，如何才能纠正这种本本主义？最根本的办法——"只有向实际情况作调查"。[2] 因此，在这篇文章中，毛泽东提出了一个著名的论断："没有调查，没有发言权。"[3]

在这篇文章中，毛泽东还提出了另一个重要的论断——中国革命斗争的胜利要靠中国同志了解中国情况。其针对性是不言而喻的。当时，党内有不少人对十月革命的经验盲目崇拜，对马克思主义经典作家关于无产阶级革命的论述教条式地理解，机械执行共产国际指示或盲目照搬俄国革命做法，缺乏独立自主意识和独创精神。为此，毛泽东尖锐地

[1] 《毛泽东选集》第一卷，人民出版社1991年版，第111页。

[2] 《毛泽东选集》第一卷，人民出版社1991年版，第111—112页。

[3] 《毛泽东选集》第一卷，人民出版社1991年版，第109页。

指出:"共产党的正确而不动摇的斗争策略,决不是少数人坐在房子里能够产生的,它是要在群众的斗争过程中才能产生的,这就是说要在实际经验中才能产生。因此,我们需要时时了解社会情况,时时进行实际调查。"[1]

《反对本本主义》这篇文章,虽然只有4000多字,但在马克思主义中国化历史上,在中国共产党正确的思想路线形成史上,有着极为重要的地位。文章强调共产党员必须克服一切从"本本"出发的本本主义,树立从斗争中创造新局面的思想路线;科学地论证了调查研究的极端重要性,强调"必须努力作实际调查,才能洗刷唯心精神"[2],提出了"没有调查,没有发言权",即一切从实际出发、实事求是的思想;明确提出了马克思主义必须与中国具体实际相结合,强调"马克思主义的'本本'是要学习的,但是必须同我国的实际情况相结合";提出了"中国革命斗争的胜利要靠中国同志了解中国情况"这个重要的命题。从这篇文章的字里行间不难看出,毛泽东思想活的灵魂的三个方面——实事求是、群众路线、独立自主,已经蕴含其中了。

毛泽东起草古田会议决议和写作《反对本本主义》的时候,还只是一个红色区域的领导人,还没有成为全党公认的领袖,因此,就全党特别是党的中央领导集体而言,还没有从教条主义、主观主义的束缚中解放出来。虽然有了照搬照抄俄国革命经验和教条式执行共产国际指示造成大革命失败的严

[1] 《毛泽东选集》第一卷,人民出版社1991年版,第115页。

[2] 《毛泽东选集》第一卷,人民出版社1991年版,第112页。

重教训，但由于时代条件的限制，没有认真吸取这个教训，分析出现错误的思想认识根源，而仅是追究了陈独秀个人的责任。

1935年1月的遵义会议，开始形成以毛泽东为核心的中共中央领导集体。有了第五次反"围剿"失败的惨痛教训，全党认识到了教条主义的严重危害，认识到一切从中国具体实际出发而不是从"本本"出发的重要性，这就给实事求是的思想路线为全党所认同创造了条件。中共中央到达陕北后，毛泽东在总结党成立以来领导中国革命的经验教训的基础上，系统地阐述了以实事求是为核心的思想路线。

1936年12月，毛泽东写了《中国革命战争的战略问题》一文，强调研究问题"应着眼其特点和着眼其发展"，研究了中国革命战争的特殊规律，深刻揭露了教条主义的公式化错误及其思想根源。1937年七八月间，他又写了《实践论》《矛盾论》，强调主观与客观、理论与实践必须具体的历史的统一，实践的观点是马克思主义认识论的第一的和基本的观点；强调不但要研究矛盾的普遍性，还要研究矛盾的特殊性，矛盾的特殊性构成一事物区别于他事物的特殊本质，研究矛盾的特殊性必须对具体的事物作具体的分析，教条主义者的错误就在于在领导中国革命的过程中，不分析和研究中国的具体国情，把苏联经验和共产国际指示生搬硬套于中国。

1938年10月，毛泽东在中共六届六中全会上作了《论新阶段》的政治报告，明确提出了要使马克思主义中国化的历史任务。他指出："共产党员是国际主义的马克思主义者，但是马克思主义必须和我国的具体特点相结合并通过一定的民族形式才能实现。马克思列宁主义的伟大力量，就在于它是和各个国家具体的革命实践相联系的。对于中国共产党说来，就是要学会把马克思列宁主义的理论应用于中国的具体的环境。成为伟大中华民族的一部分而和这个民族血肉相联的共产党员,离开中国特点来谈马克思主义,只是抽象的空洞的马克思主义。因此,使马克思主义在中国具体化,使之在其每一表现中带着必须有的中国的特性,即是说,按照中国的特点去应用它,成为全党亟待了解并亟须解决的问题。洋八股必须废止,空洞抽象的调头必须少唱,教条主义必须休息,而代之以新鲜活泼的、为中国老百姓所喜闻乐见的中国作风和中国气派。"[1] 在这次全会上,毛泽东向全党发出号召:"共产党员应是实事求是的模范,又是具有远见卓识的模范。因为只有实事求是,才能完成确定的任务;只有远见卓识,才能不失前进的方向。"[2]

1940年1月,毛泽东在《新民主主义论》中提出:"科学的态度是'实事求是','自以为是'和'好为人师'那样狂妄的态度是决不能解决问题的。我们民族的灾难深重极了,惟有科学的态度和负责的精神,能够引导我们民族到解放之路。真理只有一个,而究竟谁发现了真理,不依靠主观的夸张,而依靠客观的实践。只有千百万人民的革命实践,才是检验真理的尺度。"[3]

1941年5月,毛泽东在延安高级干部会议上作了著名的《改造我们的学习》的报告,第一次对实事求是的含义作了科学阐释。他说,"实事"就是客观存在着的一切事物,"是"就是客观事物的内部联

[1] 《毛泽东选集》第二卷,人民出版社1991年版,第534页。

[2] 《毛泽东选集》第二卷,人民出版社1991年版,第522—523页。

[3] 《毛泽东选集》第二卷,人民出版社1991年版,第662—663页。

系，即规律性，"求"就是去研究。要从国内外、省内外、县内外、区内外的实际情况出发，从其中引出其固有的而不是臆造的规律性，即找出周围事变的内部联系，作为行动的向导。而要这样做，就须不凭主观想象，不凭一时的热情，不凭死的书本，而凭客观存在的事实，详细地占有材料，在马克思列宁主义一般原理的指导下，从这些材料中引出正确的结论。这种结论，不是甲乙丙丁的现象罗列，也不是夸夸其谈的滥调文章，而是科学的结论。[1]

毛泽东在报告中特别强调：无实事求是之意，有哗众取宠之心，"这种反科学的反马克思列宁主义的主观主义的方法，是共产党的大敌，是工人阶级的大敌，是人民的大敌，是民族的大敌，是党性不纯的一种表现"，"没有科学的态度，即没有马克思列宁主义的理论和实践统一的态度，就叫做没有党性，或叫做党性不完全"。他又说："有实事求是之意，无哗众取宠之心。这种态度，就是党性的表现，就是理论和实际统一的马克思列宁主义的作风。这是一个共产党员起码应该具备的态度。"[2]

1941年8月，毛泽东在为中共中央起草的《关于调查研究的决定》中再次指出："粗枝大叶、自以为是的主观主义作风，就是党性不纯的第一个表现；而实事求是，理论与实际密切联系，则是一个党性坚强的党员的起码态度。"[3]

延安整风是全党一次普遍深入的马克思主义思想教育运动，对教条主义及其危害进行了认真的清

---

[1] 《毛泽东选集》第三卷，人民出版社1991年版，第801页。

[2] 《毛泽东选集》第三卷，人民出版社1991年版，第800、801页。

[3] 中央档案馆编：《中共中央文件选集（一九四一——一九四二）》第十三册，中共中央党校出版社1991年版，第174页。

算，使全党进一步认识到马克思主义与中国具体实际相结合的重要性，使实事求是的马克思主义思想路线在全党范围内深入人心，从而进一步提高了全党运用马克思主义基本原理解决中国革命具体问题的能力和水平。

1948年4月1日，毛泽东离开陕北前往河北途经晋绥解放区首府兴县蔡家崖时，在晋绥干部会议上曾这样总结党的历史经验："按照实际情况决定工作方针，这是一切共产党员所必须牢牢记住的最基本的工作方法。我们所犯的错误，研究其发生的原因，都是由于我们离开了当时当地的实际情况，主观地决定自己的工作方针。这一点，应当引为全体同志的教训。"[1] 正因为如此，中国共产党人依靠实事求是，成功地实现了马克思主义中国化，并最终取得了新民主主义革命的伟大胜利。

[1]《毛泽东选集》第四卷，人民出版社1991年版，第1308页。

三、既解放思想又统一思想

遵义会议之后，中国共产党在政治上、军事上纠正了"左"倾教条主义的错误，但由于各种条件的限制，对这种错误还没来得及从思想认识上进行彻底清理，因而全民族抗战爆发之初，党内有人机械地执行共产国际关于统一战线的指示，照搬他国共产党建立反法西斯统一战线的经验，对统一战线的独立自主原则认识不够。1937年12月的中共中央政治局会议上，王明在传达共产国际指示时否认此前中共中央提出的统一战线的独立自主原则，照搬照抄欧洲一些国家的共产党建立人民阵线的做法，明确提出要"一切经过统一战线"。由于王明是共产国际领导层成员，在回国前又见到过斯大林和共产国际执委会总书记季米特洛夫，加上王明把共产国际的意见与他个人的主张糅合在一起，一时迷惑了党内一些人，这说明教条主义在党内还有一定的市场。此外，党风上的宗派主义、文风上的党八股等不良作风，在党内一些人身上仍然存在。

全民族抗战爆发之时，全国党员4万多人，主要集中在八路军和陕甘宁边区。随着大片抗日根据地的开辟和八路军新四军影响的日益扩大，党的组织力量和党员数量严重落后于形势的发展。1938年3月，中共中央通过《关于大量发展党员的决议》，强调"大量的十百倍的发展党员，成为党目前迫切与严重的任务"[1]。随后，各级党组织大力开展党员发展工作。到1938年底，仅冀中全区党员就发展到9万多人，全国党员发展到50余万人。到1940年7月，全国党员更是发展到80万人。这些新党员革命积极性很高，但他们大都出身农民和其他小资产阶级，有些人身上还存在某些非无产阶级思想，容易受到党内教条主义、宗派主义和党八股的影响。如何整顿党的作风，把党锻造成为一个真正的马克思主义政党，在抗战的大环境中保持党的无产阶级先锋队性质，就成为党亟待解决的一个重大问题。

党的建设离不开党内教育。由于党成立后即开

---

[1] 中共中央文献研究室、中央档案馆编:《建党以来重要文献选编（一九二一——一九四九）》第十五册，中央文献出版社2011年版，第186页。

展实际革命斗争，许多人一入党便投身革命的实践中，因而党内没有坐而论道的传统。但是，由于繁忙的实际斗争，没有一个稳定的环境与相对宽裕的时间，系统地学习和研究马克思主义理论，总体来说，党的理论水平不是很高。特别是随着党的队伍的扩大，大批工人和农民加入党的队伍中，他们有朴素的革命觉悟，有很高的革命热情和勇敢精神，但由于他们大多出身贫苦少有受教育的机会，因而对马克思主义理论知识的掌握有限，缺少辨别真假马克思主义的能力。而教条主义者往往掌握不少理论条文，善于引经据典，貌似很有理论水平，因而他们中的一些人容易为教条主义者所迷惑。因此，如何提高全党的马克思主义理论水平，就成为全民族抗战爆发后必须着重解决的问题。

在1938年秋召开的中共六届六中全会上，毛泽东在《论新阶段》的政治报告中，不但提出了马克思主义中国化的命题，而且特地强调了学习的重要性，向全党发出了开展马克思主义学习运动的号召，认为"如果我们党有一百个至二百个系统地而不是零碎地、实际地而不是空洞地学会了马克思列宁主义的同志，就会大大地提高我们党的战斗力量，并加速我们战胜日本帝国主义的工作"[1]。

六届六中全会在党的历史上十分重要。这次会议达成了马克思主义必须中国化的共识，强调在统一战线中必须坚持独立自主原则，更重要的是使毛泽东在党内的领袖地位进一步得到巩固。从莫斯

[1] 《毛泽东选集》第二卷，人民出版社1991年版，第533页。

科回来的王稼祥在会上传达了共产国际指示，要求"在领导机关中要在毛泽东为首的领导下解决，领导机关中要有亲密团结的空气"[1]。连王明在会上也表示："全党必须团结统一，我们党一定能统一团结在中央和毛同志的周围（领袖的作用，譬如北辰而众星拱之）。"[2] 1939年春，王明在重庆参加国民参政会后回延安到抗大总校作报告，有人递条子问："为什么参政会我方七参政员只有毛泽东同志不出席？"王明回答说："你们下过象棋没有？两边的将帅是不能见面的，一见面不是就要将起军来了。"[3] 这个比喻不一定恰当，但说明王明确实承认了毛泽东的领袖地位。张闻天在六届六中全会上谈到我们党有着克服巩固党内团结的困难的优良条件时也说："中央的极高的威信，中央主要领导者毛泽东同志的极高威信。"[4] 张闻天甚至提出将总书记（或称负总责）一职让给毛泽东，但毛泽东当时没有同意。尽管如此，自此之后，张"即把政治局会议地点，移到杨家岭毛泽东同志住处开。我只在形式上当主席，一切重大问题均毛主席决定"。此后的张闻天"实际上只负责宣传部和干部教育部的工作"[5]。

为了提高全党的马克思主义理论水平，加强干部队伍的理论学习，中共中央决定专门成立干部教育部。1939年5月20日，中共中央干部教育部召开学习动员大会，毛泽东在会上作了讲话，强调中国共产党担负着打倒日本帝国主义、建立新中国的任务，需要建设一个大党，一个独立的、有战斗力

---

[1] 《王稼祥选集》，人民出版社1989年版，第141页。

[2] 《王明言论选辑》，人民出版社1982年版，第639页。

[3] 参见何方：《何方谈史忆人：纪念张闻天及其他师友》，世界知识出版社2010年版，第26页。

[4] 中央档案馆编：《中共中央文件选集（一九三六—一九三八）》第十一册，中共中央党校出版社1991年版，第722页。

[5] 转引自程中原：《张闻天传》，当代中国出版社1993年版，第427页。

★ 延安时期，中共中央始终重视在职干部的教育。1939年，中共中央专门设立了干部教育部，张闻天任部长，李维汉任副部长，领导全党的马列主义学习运动和广大在职干部的教育

的党，这样就要有大批的有学问的干部做骨干。他号召各级干部发挥"挤"与"钻"的精神，想法子"挤"出时间来看书，如木匠钻木头一样地"钻"进去把理论问题搞懂。1940年1月3日，中共中央发出《关于干部学习的指示》，要求"各级组织的领导干部尤其是主要领导干部，必须以身作则的领导与提倡其他干部的学习。建立在职干部平均每日学习两小时的制度，并保持其持久性与经常性"[1]。3月20日，中共中央又发出《关于在职干部教育的指示》，规定凡环境许可的地方，可依类编成学习小组并每月开会讨论两次，还决定每年5月5日马克思生日为学习节，总结每年的经验并进行奖励。

中共中央的这些措施，初步建立和健全了干部理论学习制度，取得了很大的成绩，但这两年的学习运动也有缺点，主要是存在理论脱离实际的倾向。对于这种情况，毛泽东很不满意。1941年5月19日，毛泽东在延安高级干部会议上作《改造我们的学习》的报告，不但对"许多马克思列宁主义的学者也是言必称希腊"提出了严厉批评，而且对干部教育中的教条主义表示了强烈不满。他说："在学校的教育中，在在职干部的教育中，教哲学的不引导学生研究中国革命的逻辑，教经济学的不引导学生研究中国经济的特点，教政治学的不引导学生研究中国革命的策略，教军事学的不引导学生研究适合中国特点的战略和战术，诸如此类。其结果，谬种流传，误人不浅。在延安学了，到富县就不能应用。经济

[1] 中共中央文献研究室、中央档案馆编：《建党以来重要文献选编（一九二一——一九四九）》第十七册，中央文献出版社2011年版，第2页。

学教授不能解释边币和法币,当然学生也不能解释。这样一来,就在许多学生中造成了一种反常的心理,对中国问题反而无兴趣,对党的指示反而不重视,他们一心向往的,就是从先生那里学来的据说是万古不变的教条。"[1]因此,有必要对这种教条主义的学习态度来一个彻底的改造。

1939年10月,毛泽东为党内刊物《共产党人》撰写了发刊词。他在回顾党的历史时指出:统一战线问题、武装斗争问题和党的建设问题,是中国革命的三个基本问题,正确地理解这三个问题及其相互关系,就等于正确地领导了全部中国革命,并且强调统一战线、武装斗争、党的建设是中国共产党在中国革命中战胜敌人的三大法宝。毛泽东同时对党的现状作了科学的评估:

一方面,党取得了伟大的成就:"党凭借着过去两个革命阶段(指大革命时期和土地革命战争时期——引者)中的经验,凭借着党的组织力量和武装力量,凭借着党在全国人民中间的很高的政治信仰,凭借着党对于马克思列宁主义的理论和中国革命的实践之更加深入的更加统一的理解,就不但建立了抗日民族统一战线,而且进行了伟大的抗日战争。党的组织已经从狭小的圈子中走了出来,变成了全国性的大党。党的武装力量,也在同日寇的斗争中重新壮大起来和进一步坚强起来了。党在全国人民中的影响,更加扩大了。这些都是伟大的成功。"另一方面,党在发展中也面临许多必须解决的

[1] 《毛泽东选集》第三卷,人民出版社1991年版,第798—799页。

问题:"大批的新党员还没有受到教育,很多的新组织还没有巩固,他们同老党员和老组织之间,还存在着很大的区别。大批的新党员、新干部还没有足够的革命经验。他们对于中国的历史状况和社会状况、中国革命的特点、中国革命的规律还不懂得或懂得不多。他们对于马克思列宁主义的理论和中国革命的实践之完全的统一的理解,还相距很远。在过去发展党的组织的工作中,虽然中央着重地提出了'大胆发展而又不让一个坏分子侵入'的口号,但实际上是混进了许多投机分子和敌人的暗害分子。"[1]

这就表明,全民族抗战爆发以来,党的事业取得了巨大的成就,党的队伍也得到了巨大的发展,但同时也存在思想不纯、组织不纯、作风不纯的问题,尤其是许多人还没有深切认识到教条主义的本质与它的严重危害性,也不具有把马克思主义与中国具体实际相结合的自觉。这些问题的存在,可以说是毛泽东后来要发动整风运动的最初动因。

全民族抗战爆发之后从莫斯科回来的王明,虽然在1937年12月的中共中央政治局会议上打着传达共产国际指示的旗号,一时唬倒不少人,但经过一段时间的实践,证明他主张的"一切经过统一战线"根本行不通。因为中国的统一战线是比较松散的、遇事协商谈判式的统一战线,并没有统一战线的组织形式。而且八路军、新四军名义上是国民革命军的一部分,理论上国民革命军是以蒋介石为最高统帅的,陕

[1] 《毛泽东选集》第二卷,人民出版社1991年版,第612页。

第三章 解放思想、实事求是的思想路线

甘宁边区也是国民党政府之下的特区，共产党对于统一战线的领导权是政治上的引导而非组织上的掌握。如果"一切经过统一战线"，等于要一切经过和服从蒋介石，这只能是捆住共产党自己的手脚。因此，王明那一套主张并没有多大的市场，在实际工作中也没产生多大的影响，何况在六届六中全会的结论中毛泽东已经明确对"一切经过统一战线""一切服从统一战线"提出了批评。加之王稼祥在六届六中全会传达了共产国际关于中共领导机关要"以毛泽东为首"的指示，王明在党内的影响力自然无法同毛泽东比拟，此后他虽然仍是中共中央书记处书记，但主要负责统一战线工作和妇女工作。

不过，中共六届六中全会后，王明虽然已是风光不再，但在当时许多人看来，他仍然是党内著名理论家。王明在莫斯科系统地学习过马克思主义理论，能说会写，发表的一些文章还颇有理论色彩，在延安的许多干部看来，党内有马列主义理论水平的还是王明这样的人。1938年底，王明从重庆回到延安后，"频繁地出席了各种会议，作了很多报告和讲演，发表很多文章，显得十分活跃"[1]。王明不但能背诵许多马列著作中的词句，而且颇有口才，"当时他的一些观点还并非完全没有市场，有人听了他口若悬河的演讲之后，还受到迷惑，认为他了不起，理论有一套"[2]。

1940年3月，王明将1930年写的集中反映他的观点的《为中共更加布尔什维克化而斗争》（原名

[1] 周国全、郭德宏：《王明传》，安徽人民出版社1989年版，第362页。

[2] 吴介民主编：《延安马列学院回忆录》，中国社会科学出版社1991年版，第12页。

为《两条路线》)一书,在延安印了第三版,并且在第三版序言中写道:"我们党近几年来有很大的发展,成千累万的新干部新党员,对我们党的历史发展中的许多事实,还不十分明了。本书所记载着的事实,是中国共产党发展史中的一个相当重要的阶段,因此,许多人要求了解这些历史事实,尤其在延安各学校学习党的建设和中共历史时,尤其需要这种材料的帮助。"王明这本小册子的出版,使"应该怎样看待党的历史上的路线是非这个问题,便更迫切地摆到中共中央面前"[1]。

同月下旬,中共中央政治局举行会议,听取从莫斯科回来的周恩来、任弼时的汇报。当周恩来传达共产国际执行委员会书记曼努伊尔斯基说张闻天是中国共产党的理论家时,毛泽东当即反驳:什么理论家,背了几麻袋教条回来。[2] 这也促使毛泽东思考什么是真正的理论和真正的理论家。

1941年5月,毛泽东在延安高级干部会议上作了《改造我们的学习》的报告,号召全党树立马克思主义与中国实际相结合的作风。同年7月,作出《中共中央关于增强党性的决定》,号召全党坚持实事求是的原则,加强党的团结,从思想上、政治上、作风上克服各种不良作风。同年9月10日至10月22日,中共中央政治局召开扩大会议,集中讨论土地革命时期党内的路线是非问题,并决定在党内开展整风学习,反对主观主义和宗派主义。随后,在延安高级干部中开展马克思主义理论和党的历史的

---

[1] 中共中央文献研究室编:《毛泽东传(1893—1949)》,中央文献出版社2004年版,第649页。

[2] 刘英:《在历史的激流中——刘英回忆录》,中共党史出版社1992年版,第127页。

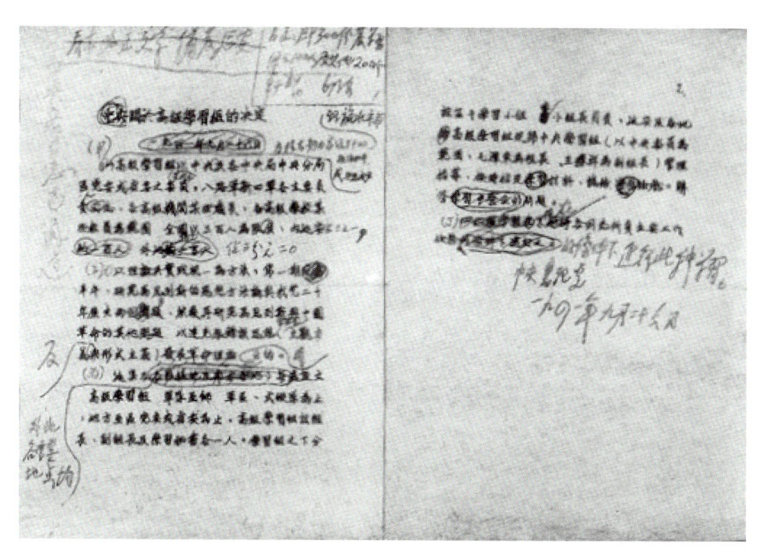

★ 1941年9月26日，中共中央书记处决定成立高级学习组。图为毛泽东修改的《关于高级学习组的决定》

学习，整风运动在高级干部中率先开展起来。

全党整风是从1942年2月毛泽东先后作《整顿党的作风》和《反对党八股》的演讲开始的，它的主要内容是反对主观主义以整顿学风、反对宗派主义以整顿党风、反对党八股以整顿文风，采取的方针是"惩前毖后，治病救人"，目的是既要弄清思想又要团结同志。随后，整风运动在各个根据地广泛开展起来。

延安整风可以说从根本上解决了什么是理论和理论家，中国革命需要什么样的理论和什么样的理论家这一重大问题。

1942年2月1日，毛泽东在中央党校开学典礼上作《整顿学风党风文风》（编入《毛泽东选集》时改为《整顿党的作风》）的报告，重点讲到了什么是理论和理论家的问题。他指出："现在有些糊涂观念，在许多人中间流行着，例如关于什么是理论家，什么是知识分子，什么是理论和实际联系等等问题的糊涂观念。""我们首先要问，我们党的理论水平究竟是高还是低呢？近来马克思列宁主义的书籍翻译的多了，读的人也多了。这是很好的事。但是否就可以说我们党的理论水平已经是提得很高了呢？确实，我们的理论水平是比较过去高了一些。但是按照中国革命运动的丰富内容来说，理论战线就非常之不相称，二者比较起来，理论方面就显得非常之落后。"[1]

毛泽东又说："我们读了许多马列主义的书籍，

---

[1] 《毛泽东选集》第三卷，人民出版社1991年版，第813页。

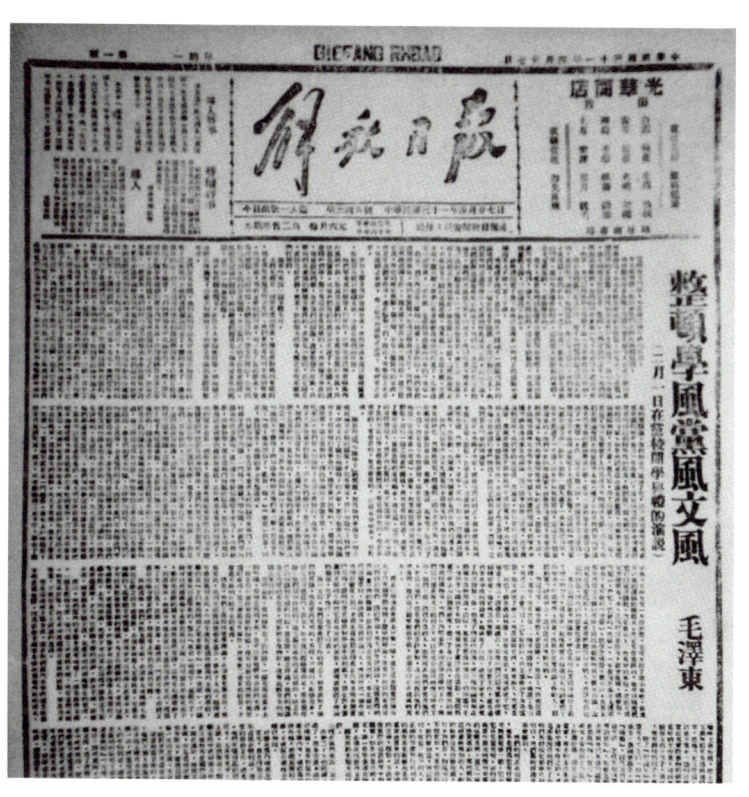

★ 《解放日报》报道的毛泽东在中央党校作的《整顿学风党风文风》的报告

能不能就算是有了理论家呢？也不能的。因为马列主义是马恩列斯他们根据实际创造出来的理论，从历史实际和革命实际中抽出来的总结论。我们如果仅仅读了它，但是没有根据它来研究中国的历史实际和革命实际，没有创造出合乎中国实际需要的自己特殊的理论，我们就不能妄称为马克思主义的理论家。""如果我们只知道背诵马克思主义的经济学或哲学，从第一章到第十章都背得烂熟了，但是完全不能应用，这样是不是就算得一个马克思主义的理论家呢？大概不能算，这样的'理论家'实在还是少一点好。"[1] 他还说："空洞的理论是没有用的，不正确的，应该抛弃的。好谈这种空洞理论的人，应该伸出一个指头向他刮脸皮。马列主义是从客观实际产生出来又在客观实际中获得了证明的最正确最科学最革命的真理，但是读马列主义的人却把它看成是死的教条，这样就阻碍了理论的发展，害了自己，也害了同志。"[2]

毛泽东在报告中强调指出：中国革命需要的是"能够依据马克思列宁主义的立场、观点和方法，正确地解释历史中和革命中所发生的实际问题，能够在中国的经济、政治、军事、文化种种问题上给予科学的解释，给予理论的说明"这样的理论家。[3]

在毛泽东看来，王明这些犯过教条主义错误的人虽然言必称马列，写文章动辄引经据典，但对中国实际缺乏了解，结果理论不能与实际联系起来，所以他们掌握的不是真正的马克思主义理论，更不

---

[1] 解放社编：《整风文献（订正本）》，新华书店山东总分店1950年版，第13—14页。

[2] 解放社编：《整风文献（订正本）》，新华书店山东总分店1950年版，第19页。

[3] 《毛泽东选集》第三卷，人民出版社1991年版，第814页。

是真正的马克思主义理论家，但党内相当多的人却没有认识到其危害性，仍把他们看成是理论权威。所以，要解决理论与实际相脱离的问题，树立理论联系实际的学风，就必须认识清楚教条主义者的真面目。

整风运动是一次全党性的马克思主义思想教育运动，使全党真正认识到了马克思主义与中国具体实际相结合的重要性，也在全党完全确立了实事求是的马克思主义的思想路线。整风运动开创了通过整风学习、开展批评与自我批评进行党内教育，实现党的自我革命的有效方式。正如有的亲历者所言，整风运动"对于很多干部好处最大的地方，就是他们真正了解了什么是主观主义，为什么'反科学的反马克思列宁主义的主观主义的方法，是共产党的大敌，是工人阶级的大敌，是人民的大敌，是民族的大敌，是党性不纯的一种表现'。这次运动，使我们的领导机关和许多干部进一步地掌握了以马克思列宁主义的普遍真理同中国革命的具体实践相结合这样一个基本的方向。这一个思想方法上的收获给后来的革命运动带来了说不尽的好处"[1]。

整风运动通过学习马克思列宁主义，通过实事求是地讨论党的历史、总结历史经验，通过参与运动的每个人认真回顾自己的历史，通过严肃而又善意的批评与自我批评，使广大党员干部弄清了什么是真正的理论和理论家，什么样的理论是中国革命需要的理论，划清了马克思主义理论与教条主义的

---

[1] 中共中央政策研究室党建研究局编：《老一辈革命家论党的建设》第一卷，党建读物出版社2001年版，第129页。

界限，弄明白了教条主义不但不是马克思主义，而且是反马克思主义的。这就将许多人从主观主义、教条主义的枷锁中解放出来，极大地解放了全党同志的思想，认识到了一切从本国实际出发、实事求是地解决中国革命问题的重要性，增强了把马克思主义普遍真理同中国革命具体实践相结合的自觉，使全党在新的基础上达到了新的团结。

整风运动对高级干部来说，主要是学习和研究党的历史特别是历史文献，总结党的历史经验，经过正反两方面的比较，深切认识到教条主义的危害，肃清教条主义的影响。

党的六大以来，党经历了土地革命战争时期和全民族抗日战争时期两个历史阶段，其间发生了许多重大的事件，主要领导人也经过多次更换，因此，对过去历史的总结就成为一件十分必要又并不简单的事情。

在遵义会议前，党内曾出现过以李立三为代表的"左"倾冒险错误和以王明为代表的"左"倾教条主义错误，在全民族抗战初期党内又曾出现以王明为代表、以放弃统一战线中的独立自主原则为特征的右倾错误。这些"左"、右倾错误，都曾给中国革命带来过不同程度的危害，特别是苏维埃运动中后期党内发生的"左"倾教条主义错误，几乎给中国共产党和中国革命带来灭顶之灾。1930年9月的中共六届三中全会基本上纠正了李立三的"左"倾冒险错误；经过第五次反"围剿"的失败，党内对教条主义的危害有了切肤之痛，1935年1月的遵义会议事实上终结了教条主义在中共中央的统治，确立了以毛泽东为代表的正确路线在中央的领导地位；在土地革命战争后期和全民族抗战之初，毛泽东又通过《中国革命战争的战略问题》《实践论》《矛盾论》等文章，对土地革命战争的历史特别是第五次反"围剿"失败的原因进行了深入的总结；1938年9月至11月的中共六届六中全会又纠正了王明在统一战线问题上的右倾错误。但是，不论是六届三中全会，还是遵义会议和六届六中全会，由于当时的主客观环境和条件所限，对党在历史上曾出现的"左"、右倾错误来不及作彻底的清算，对产生这些错误的社会历史原因来不及作深入的分析，就全党来说，对于历史的学习和总结还不是全面系统的。如果不对六大以来的历史进行认真的回顾，特别是明确六大以来党内的路线是非问题，就难以认清教条主义的本身，肃清教条主义的危害。

1941年9月至10月，中共中央政治局召开扩大会议，讨论土地革命战争后期的路线问题。会议对于1931年九一八事变至1935年1月遵义会议前中央的政治路线是错误的基本达成了共识，而对1931年1月中共六届四中全会至九一八事变这段时间的路线是否正确存在意见分歧。

为了进一步弄清楚党的历史上的路线是非问题，1941年10月13日，中央书记处工作会议决定成立以毛泽东为首，有王稼祥、任弼时、康生和彭真参加，并由王稼祥负责起草文件的清算过去历史的委员会。在这前后，毛泽东写了题为《关于一九三一年九月至一九三五年一月期间中央路线的批判》的长篇文章，从思想上、政治上、组织上以及策略方面，批判了"左"倾教条主义路线的主观主义、冒险主义、宗派主义和关门主义。与此同时，毛泽东还为9月政治局扩大会议起草了题为《关于四中全会以来中央领导路线问题结论草案》的文章，认为党的六届四中全会及其以后一个时期，中央的领导路线虽有缺点、错误，但基本上是正确的。九一八事变至遵义会议这一时期内，中央的领导路线是错误的。遵义会议及其以后，中央的领导路线是正确的。九一八事变后不久，王明就离开国内前往莫斯科共产国际工作，因此，对于九一八事变至遵义会议前的路线错误主要责任人，毛泽东认为是博古，"博古同志领导的这条路线是在思想上、政治上、军事上、组织上各方面都犯了严重原则错误的，集各方面错误之大成，它是形态最完备的一条错误路线"。这篇文章写出来后，毛泽东考虑到时机不成熟，后来没有交给中央政治局讨论，实际搁置起来了。

随后，延安整风轰轰烈烈地开展起来，本着批评与自我批评相结合的精神，在整风过程中许多高级干部特别是六届四中全会时进入中央领导层的同志，诚恳地检讨了自己当年所犯的错误。但在这个过程中王明既不接受别人的批评，也不展开自我批评，反而将问题的责任推给别人，甚至在党内挑拨是非，引起了大家的不满。1943年9月，中共中央政治局再次召开会议，主要批评王明在十年内战时期和全民族抗日战争初期的路线错误。毛泽东在会上明确指出：王明是十年内战时期"左"倾机会主义路线的理论创造者与支持者，博古是执行者与发挥者。

1944年2月24日，中共中央书记处会议讨论七大的准备工作和党的历史问题。关于党的历史问题，会议决定：（一）陈绍禹、秦邦宪（即王明、博古）的错误应视为党内问题。（二）中共临时中央与（六届）五中全会因有国际承认，应承认是合法的，但必须指出合法手续不完备。（三）学习路线时，对于历史上的思想问题要弄清楚，对结论必须力求宽大，目前是应该强调团结，以便团结一切同志共同工作。（四）学习路线时，须指出六大基本方针是正确的，六大是起了进步作用的。（五）对六届四中全会到遵义会议时期，也不采取一切否定的态度，凡做得对的，也应承认它。[1]

为了更好地总结党的历史，1944年5月，毛泽东主持的中央书记处会议决定组织党内历史问题决议准备委员会，成员有任弼时、刘少奇、康生、周恩来、张闻天、彭真、高岗（几天后又增加了博古），由任弼时负责召集。随后，任弼时起草了《检讨关于四中全会到遵义会议期间中央领导路线问题的决议（草案）》，并分送给各政治局委员征求意见。由于当时任弼时担任中央秘书长，工作很忙，中共中央又指定张闻天对任弼时写成的草稿进行修改。张闻天参考草稿，重新构思，写出了修改稿。在张闻天修改稿的基础上，毛泽东又作了多次修改，并将题目改为《关于若干历史问题的决议》（以下简称《决议》），分送周恩来、朱德、张闻天、刘少奇、任弼时和其他40多位领导干部征求意见。在征求意见的基础上，毛泽东又多次根据大家的意见对稿子进行修改。《决议》原准备提交党的七大讨论通过，后来征得准备参加中共七大的各代表团的同意，改在中共六届七中全会上讨论通过，主要是为了使七大能集中精力讨论抗战建国方针问题。毛泽东就此解释说："这是一个政策性的问题，不是随便决定的，因为这样可以避免大会把重心放在历史问题上。"[2]毫无疑问，这个决定是正确的。

1945年4月20日，中共六届七中全会讨论并原则通过了《关于若干历史问题的决议》。毛泽东在讨论时说："这个决议不但是领导机关内部的，而且是

[1] 中共中央文献研究室编：《毛泽东年谱（一八九三—一九四九）》修订本，中卷，中央文献出版社2013年版，第496页。

[2]《毛泽东文集》第三卷，人民出版社1996年版，第283页。

★ 中国共产党扩大的六届七中全会原则通过的《关于若干历史问题的决议》修正稿

全党性质的，同全国人民有关联的，对全党与全民负责的。哪些政策或者其中的哪些部分是正确的或者不正确的，如果讲得合乎事实，在观念形态上再现了二十四年的历史，就对今后的斗争有利益，对今后党和人民有利益。正确和错误的标准自然是马克思主义，但人民利益同样是标准。"[1]

《决议》对党在历史上的若干重要问题，特别是以王明为代表、以教条主义为特征的"左"倾错误作了详细结论，但为了团结更多的人包括王明，当时没有直接点王明的名字。《决议》充分肯定了八七会议的功绩，认为中共六大的路线是基本正确的，提出了中共六届四中全会、五中全会的错误，肯定了遵义会议的历史意义。

《决议》高度评价了毛泽东运用马克思主义的理论方法来解决中国革命问题的杰出贡献，指出全党确立毛泽东的领导地位的重大意义。《决议》在评价毛泽东时这样说："党在奋斗的过程中产生了自己的领袖毛泽东同志。毛泽东同志代表中国无产阶级和中国人民，将人类最高智慧——马克思列宁主义的科学理论，创造地应用于中国这样的以农民为主要群众、以反帝反封建为直接任务而又地广人众、情况极复杂、斗争极困难的半封建半殖民地的大国，光辉地发展了列宁斯大林关于殖民地半殖民地问题的学说和斯大林关于中国革命问题的学说。""我党终于在土地革命战争的最后时期，确立了毛泽东同志在中央和全党的领导。这是中国共产党在这一时

---

[1] 《毛泽东文集》第三卷，人民出版社1996年版，第282页。

期的最大成就，是中国人民获得解放的最大保证。"[1]这就进一步确立了毛泽东在党内的领导地位，也在全党真正确立了毛泽东思想的指导地位，增强了全党在毛泽东思想基础上的团结。

《决议》阐明了党在历史上所犯错误的社会根源和正确开展党内斗争的方针，强调要坚持"惩前毖后，治病救人""既要认清思想又要团结同志"，对于那些犯过错误的人应采取分析的态度，不应当否定一切，对这些同志要热情相待，团结共事。

只有思想的认同才会有行动的自觉，思想的统一是党内团结的前提和保证。起草、讨论《决议》的过程，既是党的高级干部特别是中央领导层回顾总结党的历史的过程，也是通过对党的历史进行正确认知取得思想共识的过程。《决议》对党的历史上许多重大问题作出了令人信服的结论，促进了全党思想上、政治上的统一，巩固了党的团结。

1945年6月11日，党的七大通过的《中国共产党党章》总纲规定："中国共产党，以马克思列宁主义的理论与中国革命的实践之统一的思想——毛泽东思想，作为自己一切工作的指针，反对任何教条主义的或经验主义的偏向。中国共产党以马克思主义的辩证唯物主义与历史唯物主义为基础，批判地接收中国的与外国的历史遗产，反对任何唯心主义的或机械唯物主义的世界观。"[2]第一章第二条也把"努力地提高自己的觉悟程度和领会马克思列宁主义、毛泽东思想的基础"[3]作为党员必须履行的首要

---

[1] 《毛泽东选集》第三卷，人民出版社1991年版，第952—953、955页。

[2] 中共中央文献研究室、中央档案馆编:《建党以来重要文献选编（一九二一——一九四九）》第二十二册，中央文献出版社2011年版，第533页。

[3] 中共中央文献研究室、中央档案馆编:《建党以来重要文献选编（一九二一——一九四九）》第二十二册，中央文献出版社2011年版，第536页。

义务。

毛泽东思想在全党指导地位的确立，使全党在毛泽东思想的旗帜下团结起来，自觉学习毛泽东思想，运用毛泽东思想解决实际工作中遇到的问题，使全党真正在思想上行动上与以毛泽东为核心的中共中央保持高度一致。"从延安整风以后，无论前方后方的人，真是生气勃勃，生动活泼，心情舒畅，团结一致。"[1]

延安整风不但提高了全党的马克思主义中国化的水平与自觉，还探索出一条如何化解党内思想认识分歧，以及如何通过党内教育提高党员干部觉悟，开启党的自我革命的新路。在国际共产主义运动史上，有一个问题长期没有解决，那就是如何化解内部的思想认识分歧。这样的问题在党比较弱小的时候还不么明显，但随着党员人数增多、党的影响扩大，而党又没有大家共同认可且具有崇高威望的领袖的情况下，这种分歧就容易出现。如果分歧得不到有效管控，就有可能导致党的分裂。苏联共产党随着列宁的去世党内出现严重分歧，斯大林为了维护自己的领导地位，对党内不同意见者实施残酷斗争、无情打击，甚至采取肃反这种对敌斗争的方式去化解矛盾，使肃反出现严重的扩大化。斯大林虽然通过这种严酷的方式维护了自己的领导地位和苏共的统一，但付出了沉重的代价并产生了严重的后果。

遵义会议前，由于中国共产党尚处于幼年时期，

[1]《邓小平文选》第二卷，人民出版社1994年版，第45页。

尚不成熟，又没有真正形成一个强有力的中央领导集体，以王明为代表的"左"倾教条主义在党内取得统治地位。由于他们在党内的领导地位，不是因其才能和威望使全党自觉接受的结果，而是共产国际某些领导干部拔苗助长的产物，因此，他们进入中央领导层后，为了维护自己的领导地位和贯彻其主张，把苏共那一套"残酷斗争、无情打击"的做法也搬来用于开展党内斗争，不但撤换大批与自己意见不一致的干部，出现"钦差大臣满天飞"的局面，而且同样以肃反的名义打击党内不同意见者，致使肃反变成打击党内不同意见者的手段，使肃反出现严重的扩大化，成为导致第五次反"围剿"失败的重要因素。

党内产生意见分歧本来是正常现象，但这种分歧如果管控不当就有可能导致内部出现不团结甚至分裂，如何解决这一问题需要高超的智慧。首先，延安时期，以毛泽东为核心的中共中央创造性地使用整风这一自我革命方式，使参加整风的每个人首先认真学习马克思主义经典著作和党的重要历史文献，在学习中提高理论水平与思想认识水平；其次是回顾党的历史，总结历史的经验和教训，从而区分正确路线与错误路线，并将每个党员尤其是党的中高级干部摆入历史中进行自我反省，开展批评与自我批评，从而达到坚持真理、修正错误的目的。这样做，既弄清了党的历史上的许多大是大非特别是路线是非的问题，又提高了每个参与者的思想认识特别是坚持正确路线的自觉，从而真正达到了既弄清思想又团结同志的目的。虽然在与整风运动同时进行的审干中误伤过一些人，但很快就发现并及时纠正。因此，整风运动对提高全党思想认识、加强党内团结发挥了重要作用，也为把党的七大开成一个团结的大会、胜利的大会创造了条件。

四、在调查研究中深化对实事求是的认知

在酝酿和发动延安整风的过程中,毛泽东深切感到,中国共产党之所以在一个较长的时间里教条主义盛行,就在于党内有许多人不了解中国的实际情况,不懂得中国特殊的国情,没有也不会进行深入的调查研究。

为了解决这个问题,毛泽东决定将他在1930年至1933年期间所形成的农村调查报告汇集成《农村调查》一书出版,以此推动全党形成调查研究的风气,并从中学会调查研究的方式,从根本上摒弃教条主义。《农村调查》这本书1937年的时候毛泽东曾编辑过一次,并写了一篇序言,作了少量印刷。1941年3月,他再次进行了编辑,又重新写了一篇序言和一篇跋。在1941年3月写的序言中,毛泽东开宗明义,指出编辑出版这本书的目的,"是为了帮助同志们找一个研究问题的方法。现在我们很多同志,还保存着一种粗枝大叶、不求甚解的作风,甚至全然不了解下情,却在那里担负指导工作,这是异常危险的现象。对于中国各个社会阶级的实际情况,没有真正具体的了解,真正好的领导是不会有的"[1]。

毛泽东指出,要了解情况,唯一的方法是向社会作调查,调查社会各阶级的生动情况。对于担负

---

[1]《毛泽东选集》第三卷,人民出版社1991年版,第789页。

永远的延安精神

★ 1939年，毛泽东与杨家岭农民亲切交谈

指导工作的人来说，有计划地抓住几个城市、几个乡村，用马克思主义的基本观点，即阶级分析的方法，作几次周密的调查，乃是了解情况的最基本的方法。他说："只有这样，才能使我们具有对中国社会问题的最基础的知识。""要做这件事，第一是眼睛向下，不要只是昂首望天。没有眼睛向下的兴趣和决心，是一辈子也不会真正懂得中国的事情的。"[1]他强调："没有满腔的热忱，没有眼睛向下的决心，没有求知的渴望，没有放下臭架子、甘当小学生的精神，是一定不能做，也一定做不好的。"[2]

同年5月19日，毛泽东在延安高级干部会议上作了《改造我们的学习》的报告，提出改造全党学习方法和学习制度的任务，号召批判理论与实际相脱离的主观主义特别是教条主义。毛泽东认为，党内存在马克思主义与中国具体实际相脱离的缺点，许多人对国内外情况还没有做过系统的周密的收集材料并加以研究的工作，缺乏调查研究客观实际状况的浓厚空气，同时缺少学习研究历史的浓厚空气，对于马克思主义理论仅仅是为了学习而学习，而不是为了革命实践的需要。毛泽东认为，党内还存在"不注重研究现状，不注重研究历史，不注重马克思列宁主义的应用"的情况，"这些都是极坏的作风"，"现在我们队伍中确有许多同志被这种作风带坏了。对于国内外、省内外、县内外、区内外的具体情况，不愿作系统的周密的调查和研究，仅仅根据一知半解，根据'想当然'，就在那里发号施令"，这种主

[1] 《毛泽东选集》第三卷，人民出版社1991年版，第789—790页。

[2] 《毛泽东选集》第三卷，人民出版社1991年版，第790页。

观主义的作风还在许多人中间存在着。[1]

为了克服这种"极坏的作风",毛泽东要求全党依据马克思列宁主义的理论和方法,对敌、友、我三方的经济、财政、政治、军事、文化、党务各方面的动态进行详细的调查和研究的工作,然后引出应有的和必要的结论,"为此目的,就要引导同志们的眼光向着这种实际事物的调查和研究。就要使同志们懂得,共产党领导机关的基本任务,就在于了解情况和掌握政策两件大事,前一件事就是所谓认识世界,后一件事就是所谓改造世界。就要使同志们懂得,没有调查就没有发言权,夸夸其谈地乱说一顿和一二三四的现象罗列,都是无用的"[2]。这个报告对调查研究的重要性作了透彻的说明。

为了进一步引起全党对调查研究的重视,大兴调查研究之风,并为调查研究提供组织保障,1941年8月1日,中共中央发布了毛泽东起草的《关于调查研究的决定》和《关于实施调查研究的决定》两个重要的党内文件。

《关于调查研究的决定》对建党以来调查研究所取得的成绩和存在的不足,作了实事求是的分析和评价,并且指出:"二十年来,我党对于中国历史、中国社会与国际情况的研究,虽然是逐渐进步的,逐渐增加其知识的,但仍然是非常不足;粗枝大叶、不求甚解、自以为是、主观主义、形式主义的作风,仍然在党内严重地存在着。""对于二十年来由于主观主义与形式主义,由于幼稚无知识,使革命工作

---

[1]《毛泽东选集》第三卷,人民出版社1991年版,第797—798页。

[2]《毛泽东选集》第三卷,人民出版社1991年版,第802页。

★ 1941年8月1日，中共中央作出《中央关于调查研究的决定》，号召全党加强调查研究，坚持实事求是的作风

遭受损失的严重性,尚未被全党领导机关及一切同志所彻底认识。"[1]

中共中央对党内许多干部未能充分认识调查研究的重要性提出严肃批评,认为"党内许多同志,还不了解没有调查就没有发言权这一真理。还不了解系统的周密的社会调查,是决定政策的基础。还不知道领导机关的基本任务,就在于了解情况与掌握政策,而情况如不了解,则政策势必错误"[2]。中共中央认为,中国共产党已是一个担负着伟大革命任务的大政党,必须力戒空疏,力戒肤浅,扫除主观主义作风,采取具体办法,加重对于历史,对于环境,对于国内外、省内外、县内外具体情况的调查与研究,方能有效地组织革命力量,取得抗战的胜利。

为了加强调查研究工作,中共中央决定设置调查研究机关,收集国内外政治、军事、经济、文化及社会阶级关系各方面材料,加以研究,以为中央工作的直接助手。同时要求各中央局、中央分局、独立区域的区党委或省委,八路军、新四军之高级机关,各根据地高级政府,均须设置调查研究机关,收集有关该地敌、友、我政治、军事、经济、文化及社会阶级关系各方面材料,加以研究,以为各该地工作的直接助手,并供给中央以材料。除中央及各地的调查研究机关外,必须动员全党、全军及政府之各级机关及全体同志,着重对于敌、友、我各方情况的调查研究,并供给上级调查研究机关以

---

[1] 中共中央文献研究室、中央档案馆编:《建党以来重要文献选编(一九二一——一九四九)》第十八册,中央文献出版社2011年版,第530页。

[2] 中共中央文献研究室、中央档案馆编:《建党以来重要文献选编(一九二一——一九四九)》第十八册,中央文献出版社2011年版,第530页。

材料。

《关于调查研究的决定》还列举了收集材料的具体方法。如收集敌、友、我三方关于政治、军事、经济、文化及社会阶级关系的各种报纸、刊物、书籍,加以采录、编辑与研究;邀集有经验的人开调查会,每次三五人至七八人,调查一乡、一区、一县、一城、一镇、一军、一师、一工厂、一商店、一学校、一问题(例如土地问题、劳动问题、游民问题、会门问题)的典型;利用各种干部会、代表会收集材料;个别口头询问,或派人去问,或调人来问,问干部、问工人、问农民、问文化人、问商人、问官吏、问流氓、问俘虏、问同情者,均属之;收集县志、府志、省志、家谱,加以研究;写名人列传,凡地主、资本家财产五万元以上者,敌军、伪军、友军团长以上的军官,敌区、友区县长以上的官长,敌党、伪党、友党县以上的负责人,名流、学者、文化人、新闻记者在一县内外闻名者,会门首领、教派首领、流氓头、土匪头、名优、名娼,以及在华外人活动分子,替他们每人写一数百字到数千字的传记;等等。

《关于实施调查研究的决定》对开展调查研究规定了具体的实施办法:在中共中央下设中央调查研究局,担负国内外政治、军事、经济、文化及社会阶级关系各种具体情况的调查与研究。内设调查局、政治研究室、党务研究室三个部门,作为中央一切实际工作的助手。

——调查局担负收集材料之责。在晋察冀边区设第一分局,担负收集日本、满洲(东北)及华北材料;在香港设第二分局,担负收集欧美材料,同时收集日本及华中、华南沦陷区材料;在重庆设第三分局,担负收集大后方材料;在延安设第四分局,担负收集西北各省材料。

——政治研究室担负根据材料加以整理与研究之责。政治研究室内设中国政治研究组、中国经济研究组、敌伪研究组、国际研究组。

——党务研究室担负研究各地党的现状与党的政策之责。党务研究室内设根据地研究组、大后方研究组、敌占区研究组、海外研究组。

这个文件还规定,中共中央北方局、华中局、晋察冀分局、山东分局,中共上海省委、南方工委及各独立区域之区党委或省委,均须设立调查研究室,专任收集该区域内外敌、友、我三方政治、军事、经济、文化及社会阶级关系各种具体详细材料,加以研究,编成材料书籍与总结性文件,成为该局委工作之助手;并责成各局委将所得材料供给中央调查研究局。拨给必要经费,给予各种便利,以达系统地周密地调查与研究一切必要情况之目的。

8月27日,中共中央政治局会议正式决定成立中央调查研究局,毛泽东兼局长,任弼时为副局长。中央调查研究局下设党务研究室和政治研究室。党务研究室下设根据地、大后方、敌占区、海外四个研究组,任弼时任主任兼根据地组组长;政治研究室下设政治、国际、敌伪三个研究组,毛泽东兼主任。中央调查研究局的设立,对中共中央领导好全面的调查研究工作,提供了强有力的组织保证。

根据中共中央加强调查研究的指示精神,为配合即将开展或正在开展的整风运动,在延安的中共中央直属机关,各中央局及其所属的各级党组织,都组织了多个调查团或考察团,展开了深入而广泛的调查研究工作,掀起了全党性的社会大调查。仅在陕甘宁边区,就有中共中央西北局调查研究局考察团对边区政治、经济、党务等问题的调查，以张闻天为团长的延安农村调查团对陕北、晋西北农村的调查，中央青委考察团对绥德延家川等地的经济社会调查，由中央妇委和西北局联合组成的妇女生活调查团对绥德沙滩坪村的调查等。

在这些调查活动中，时间最长、取得调研成果最丰硕的，要数张闻天率领的延安农村调查团对晋陕农村的调查。

张闻天原本是从"左"倾中央领导集团中"首先觉悟而分化出来的成员"[1]，在遵义会议上为结束"左"倾教条主义统治作出了重大贡献。遵义会议之后，他在反对张国焘分裂党和红军的斗争、在建立抗日民族统一战线和坚持抗战中又发挥了重要作用。1941年9月至10月，毛泽东在中共中央政治局扩大会议上作了反对主观主义和宗派主义的报告，认为："过去我们的党很长时期为主观主义所统治，立三路线和苏维埃运动后期的'左'倾机会主义都是主观主义。苏维埃运动后期的主观主义表现更严重，它的形态更完备，统治时间更长久，结果更悲惨。""遵义会议，实际上变更了一条政治路线。过去的路线在遵义会议后，在政治上、军事上、组织上都不能起作用了，但在思想上主观主义的遗毒仍然存在。"[2] 毛泽东的这个报告对张闻天触动很大，他在会上诚恳地检讨了自己在苏维埃运动后期的错误，随后停止了自己的工作，集中研究党的历史文件和毛泽东的全部著作。

[1] 程中原：《张闻天传》，当代中国出版社1993年版，第483页。

[2] 中共中央文献研究室编：《毛泽东年谱（一八九三——一九四九）》，中卷，中央文献出版社2002年版，第326—327页。

为了响应中共中央和毛泽东调查研究的号召，这次政治局扩大会议后，张闻天下决心到农村去进行调查研究。经中共中央批准，他从中央机关抽调了9名干部，组成延安农村调查团，由他担任团长，于1942年1月26日出发，前往晋西北调查。为了工作方便，张闻天化名为"张晋西"。

调查团经延川、清涧，于2月2日到达绥德。在这里休息了几天，然后经米脂、佳县，于2月14日即农历除夕来到黄河岸边的彩林村渡口。彩林有"塞上江南"之称，时属新设的位于神木、府谷两县之间的神府县。张闻天原计划由此东渡黄河进入晋西北地区，但由于当时日伪的冬季"扫荡"仍在进行，调查团在这里过了春节以后，只得折回陕甘宁边区。

2月18日，张闻天率调查团到了神府县的贺家川村。这是一个较大的村庄，也是中共神府分委和县政府所在地，张闻天的晋陕农村调查就是从这里开始的。

到达贺家川后，张闻天将调查团分成4个组，在神府县直属乡调查了8个自然村：贺家川、孟家沟、贾家沟、阎家山、尚家庄、西山上、路家南洼、崔家峁。张闻天实地调查贺家川，"调查很深入，统计非常具体。如关于生产力的情况，了解当地各种土地类型及其等级，各种作物在各种土地单位面积上的播种量、施肥量和常产量，各种牲畜的使役量、产肥量、租用借用办法、全年的经济效益、各种草料的消耗量等，牛、驴、猪、羊、鸡、兔的粪各有什么特点，适于什么土壤、什么庄稼，为什么高粱产量低仍然要种它，为什么贫穷人家不能种小麦、不能种大蒜头，都了解得清清楚楚"[1]。

4月初，各调查小组将调查整理出的材料汇集到张闻天那里。张闻天在综合研究后，写成了《陕甘宁边区神府县直属乡八个自然村的调查》，并于5月中旬将印刷本送到毛泽东、中共中央书记处、中央党务研究室等处。1943年10月，这个调查报告由中共中央西北局调查研究室出版，署名为延安农村调查团。

这份调查报告的内容非常详细，共涉及40多个问题，包括行政区分、地理位置、自然条件、革命简史、政治环境、人口与土地、氏族集团、土地质量、土地的平均分配、农具、劳动力、役畜（牛与驴）、肥料粪、种子、农作物的耕作过程、各种农作物的耕种面积及产量、革命后阶级关系的变化、租佃关系、雇佣关系、借贷、商业、物价的高涨、关于农村经济发展的趋势、各种负担，等等。

4月13日，张闻天率调查团东渡黄河到达晋西北根据地的兴县。他原本打算深入晋西北内地进行调查，但由于当时敌情紧张只好作罢，于是便选择中共晋西北区党委驻地兴县碧村及兴县范围内的村庄作调查。张闻天住在碧村对面的任家湾。

调查团原来只准备调查几个村子，但晋西北区党委表示想派一些负责干部参加，一起到下面调查，请张闻天指导。这样一来，兴县调查的队伍一下壮大了许多，晋西北党、政、群各系统的干部有40多人参加进来，调查的范围也扩大到14个自然村：碧

---

[1] 程中原：《张闻天传》，当代中国出版社1993年版，第485页。

★ 1942年9月,延安农村调查团在神府。左起:雍文涛、曾彦修、尚明、刘英、马洪、张闻天、薛光军、许大远、徐羽

村、任家湾、黑峪口、唐家吉、桑蛾、中庄、高家村、西坪、赵家川口、冯家庄、花园沟、柳叶村、碾子村、高家沟。张闻天亲自设计调查表格，商定调查组织，制订实施方案。[1]

在正式下村调查之前，张闻天召集全体调查人员作了一次讲话，介绍神府调查的经验。他认为，深入老百姓中进行实地调查十分重要。张闻天说："过去领导同志作决定的时间多，许多东西好像发报机一样的发下去。但须知最终执行这些决定的是广大村庄中的老百姓。我们检查工作经常是检查干部，但检查老百姓很少。而老百姓是在自然村。要真正的了解我们政策法令执行的情形，必须深入到自然村里去。""只要我们把老百姓的情形了解清楚，那么我们的政策及办法，就会更加实际。"[2]

张闻天很看重生产力与生产关系的调查，他提出，这次调查的目的就是要深入了解这个问题，把农村的阶级关系搞清楚，而过去对这个问题的调查太少。根据贺家川调查的经验，他认为抓住一个自然村作深入的调查，要比走马观花好得多，调查应该由一个最具体的东西调查起，由个别的事物个别的人调查起。收集材料只是调查工作的第一步，而第二步是研究，凡是调查中的东西，都要反复研究。过去调查的主要问题是没有研究，结果浪费精力很大，得到的益处很少，因此要从具体的问题中找到问题的原则性。

4月22日起，调查团下村开展调查。然而，调

---

[1] 程中原:《张闻天传》，当代中国出版社1993年版，第486页。

[2] 《张闻天晋陕调查文集》，中共党史出版社1994年版，第291页。

查刚刚开始,日军就对晋西北抗日根据地发动大规模"扫荡",兴县又是敌人此次"扫荡"的重点,调查团只好疏散到黄河西边的神府县境,这样的疏散前后经历了三次。张闻天和调查团虽在黄河两岸来回奔波,但对调查工作却一点也没有放松。张闻天还实地调查了任家湾和碧村,整理出了《碧村调查》,对该村的土地占有变化和租佃关系进行着重研究。调查团其他成员也在张闻天指导下分别写出各个自然村的调查材料,可惜这些材料后来在中共中央撤离延安时散失了。

这年9月下旬,张闻天率调查团离开兴县,来到米脂县杨家沟继续进行农村调查。

杨家沟是米脂县一个偏僻的山沟,从外表看,与陕北其他的小山沟一样,并无特别之处,但这里却是全国罕见的一个地主经济集中的村庄。全村共有270多户,其中聚居着马姓大、中、小地主55户。除4户小地主外,都属于"马光裕堂"的分支。这个马姓地主集团的创始人叫马嘉乐,"光裕堂"是他的堂号,他靠放高利贷、兼并土地起家。调查团到来的时候,杨家沟最大的一家殷实地主叫马维新,是这个地主集团实际上的代表人物。"他的思想赤裸裸的代表着地主阶级的利益。他没有新名词做装饰品,也不玩弄政客的手腕。一切对他有利的,他就认为合理,一切对他不利的,他就认为不合理。他的一切行动都服从于他的地主经济的利益。他对农民的一切剥削,都是认为当然的,无容置疑的。"[1]

---

[1]《张闻天晋陕调查文集》,中共党史出版社1994年版,第140页。

马维新家保存着自清朝道光二十五年（1845）起近百年的买地、典地、收租、放债、雇工、经商和日常生活收支等各种账簿。张闻天知道后，如获至宝，立即让调查团的马洪去商借。马维新比较开明，其子女也有参加革命的，于是同意将这些账簿全拿出来让调查团借阅。刘英后来回忆说："闻天一本一本翻阅，我在旁边帮着抄录数据、材料，马洪打算盘，日夜统计。我们一起忙了一个来月。闻天风趣地说：马克思在伦敦图书馆里算资本家的'账本子'，写了《资本论》，我们要弄明白中国的经济，也不能不研究马太爷的'账本子'啊！"[1]

在算账和调查、访问的基础上，张闻天同调查团成员进行了深入的研究，然后由马洪执笔写出调查报告初稿，经张闻天反复修改后定稿，形成了《米脂县杨家沟调查》。这个调查报告"细致地解剖了马维新这个地主从18岁代替父亲管理家务起39年的经济活动，详尽地分析了马维新兼并土地的活动，他的租佃关系、借贷关系、雇佣关系，以及商号经营情况，统计出1912—1941年30年来马维新一家的收支情况，还参照其他材料统计出1894年以来近50年杨家沟一带的年成。调查报告以翔实可靠的材料说明，封建地主阶级如何以地租剥削为基础，同高利贷和商业剥削结合在一起，对农民残酷剥削和掠夺土地，以至大地主如何对中小地主进行弱肉强食的土地兼并的情况"[2]。这是一个非常有价值的调查报告，为人们了解和剖析中国地主经济提供了

[1] 《张闻天晋陕调查文集》，中共党史出版社1994年版，第414页。

[2] 程中原：《张闻天传》，当代中国出版社1993年版，第490页。

可靠的参照。

结束杨家沟的调查后，张闻天在米脂城内作了10天的调查。随后又前往绥德县城西郊河川地区及双湖峪（今属子洲县）作经济调查，涉及盐滩、煤窑等工业。1943年1月中旬到2月下旬，又到绥德城里作商业调查。在绥德城里调查的时候，中共中央通知张闻天回延安参加政治局会议，他只得中止调查返回延安，接着参加延安整风。"通过陕北、晋西北调查，张闻天对于中国农村经济实际进行了具体的深入的研究，得到关于农村生产力与生产关系现状和发展趋势的比较系统的认识，对当时农村政策的执行情况及调整办法也提出了自己的看法。这些真知灼见，有的当时就受到重视，有的以后才为人们所注意"[1]。

回到延安后，张闻天集中精力对一年多的调查进行总结，于1943年3月底写成了《出发归来记》一文，作为向中共中央的报告。

张闻天感到，一年多的调查研究，对他来说，最为重要的是"冲破了教条的囚笼，到广阔的、生动的、充满了光与热的、自由的天地中去翱翔"[2]。正如有研究者所言："这是张闻天思想发展过程中的又一次飞跃。这次飞跃主要是在哲学世界观方面，因此带有根本性质。从此，他完全地、彻底地摒弃了主观主义的学风，自觉地向着理论与实际联系、领导与群众结合的方向不断前进。"[3]

张闻天说："一个真正唯物论者的起码态度，就

---

[1] 程中原：《张闻天传》，当代中国出版社1993年版，第490页。

[2] 《张闻天晋陕调查文集》，中共党史出版社1994年版，第327页。

[3] 程中原：《张闻天传》，当代中国出版社1993年版，第493—494页。

是一切工作必须从客观的实际出发，必须从认识这个客观的实际出发。一个共产党员是否真正的唯物论者，不仅在他口头上是否承认或者宣传唯物论的普遍原则，而主要的要看他在实际行动上是否真能这样做。""整顿三风，对于一个共产党员是否有了实际的效果，也可以拿这个标准加以测量。"[1]

一年多的农村调查，使张闻天认识到，要从实际出发，要认识实际，其基本的一环就在于对这个实际的调查研究。没有这一基本工作，一切关于从实际出发、要认识实际一类的话，仍然是无意义的空谈。因此，调查研究工作，不论是对于领导者还是对于被领导者，都是绝对必要的。作为一个领导者，如果对于当前具体的问题没有作精密的调查研究，他就无法提出正确的任务，而且即使正确的任务提出之后，如果不作调查，也无法将任务加以落实。作为被领导者，在接受上级的任务之后，在执行任务的时候，如果不作调查研究，就会盲目乱干一气。因此，作为被领导者，对于上级所给的任务不但应有清楚的认识，有完成任务的决心与勇气，而且需要有不脱离群众、不违反政策的完成任务的具体办法，如果没有对于当前情况的调查研究，要完成上级所给的任务也是不可能的。所以不论是领导者还是被领导者，都必须把调查研究工作作为自己一切工作的基础。

张闻天关于调查研究经验的总结，是中国共产党调查研究理论的重要组成部分，也是对毛泽东调

[1] 《张闻天晋陕调查文集》，中共党史出版社1994年版，第330页。

查研究思想的丰富与发展。

张闻天的这次农村调查结束时，中共中央机构作了调整，推选毛泽东为中央政治局主席和中央书记处主席，书记处由毛泽东、刘少奇、任弼时组成，张闻天仍是中央政治局委员，但已不再是中央领导集体的核心成员。这时，张闻天职务发生了大的变动，但此次调查研究给他的思想认识也同样带来了巨大的变化。他在《出发归来记》这篇文章中说："这次出发，从调查研究中得来的一些材料，一些具体知识，当然就是我一年来工作的结果。但最重要的，还不在这里。最重要的，还在于我最后认识到：我以后有向着接触实际、联系群众的方向不断努力的必要。""其次，还在于我实际开始使用了马列主义的方法，来研究了一下中国的实际。不容讳言，因为我是开始学着射箭，所以我觉得我的箭术很是生疏。但每射一次，比着上次总觉得更熟练些。求得射箭术的进步，除实际练习外，是没有其他方法的。"[1]

1942年1月，中共中央西北局组织了一个有三四十人参加的考察团，由西北局书记高岗带队，前往绥德、米脂作调查。参加考察团的，除了西北局调查研究局（四局）边区问题研究室的全体人员外，还有中共中央统战部的人员和经济学家王思华。

为什么要选择这两个县作为考察对象？参加考察团的于光远回忆说："选择绥德，米脂这个地区是经过一番考虑的。陕甘宁边区有五个分区，延安、

---

[1] 《张闻天晋陕调查文集》，中共党史出版社1994年版，第344页。

陇东、三边、关中、绥米。""在这五个地区中绥德地区最使人感兴趣。它有一个名称：绥米警备区。八路军进驻这个地区之后，这个地区便有八路军和国民党的专员何绍南两重政权，现在国民党的势力不存在了，但是这个地区的情况同延安地区有很大差别，我们的政策也必须适合当地的情况。这个地区的领导也有不少问题希望得到西北局的指示。因此，这次行动不同于一般的调查。"[1]

绥德、米脂当时属于陕甘宁边区的绥德分区，在1934年时这里部分地区就进行过土地革命，分配了土地。1936年那些曾分配了土地的地区又遭国民党军队占领，分配给农民的土地又回到了地主的手里。全民族抗日战争爆发后，八路军进军绥德地区，成立了警备区，而国民党也在绥德县城设陕西省第二行政督察专员公署，由何绍南任专员，于是绥德、米脂等地形成了共产党和国民党两个政权并存的局面。由于何绍南不断进行反共摩擦，1940年2月被八路军和绥米人民赶跑，这里双重政权并立的局面才结束。

考察团进入绥德后，分成两路，一路到东面的义合镇进行调查，另一路到西面的双湖峪进行调查。之所以选择这两个地方，是因为义合镇是经过土地革命的地区，而双湖峪是没有经过土地革命的地区，选择这两个地方进行调查是便于对比。

东西两路的考察团成员在进行一段时间的调查之后，汇集到绥德城里，相互介绍调查中得到的材

---

[1] 于光远:《我的编年故事：1939—1945（抗战胜利前在延安）》，大象出版社2005年版，第107页。

料和印象,提出各自发现的问题,然后又一起去米脂进行调查。因为绥德有相当一部分地区曾经过土地革命,而米脂只有小部分地区有过红军和游击队活动,土地革命基本上没有开展,而且米脂比绥德土地更加集中,并且形成了一些地主集中的村落。

经过两个月的调查,考察团收集到一批绥德、米脂地区经济、政治、党务等方面的材料。西北局调查研究局边区问题研究室的柴树藩、于光远、彭平等人,根据这些材料,同时参考中央妇委和中央青委考察团的调查及其他材料,对两县的土地问题进行了集中研究,写出了《绥德、米脂土地问题初步研究》一书,于1942年冬出版。

《绥德、米脂土地问题初步研究》全书8万余字,共有7章,分别为农业生产概况,土地变革的历史,绥、米土地分配现状,土地租佃关系,土地变动及趋势,土地纠纷,农村阶级关系,每章的末尾是"本章结论",书末附有《绥、米农村负担问题》一文。这个调查研究报告,真实地记录了1942年时绥德、米脂两地的历史与现状,并且提出了许多有价值的观点。例如,报告认为,那些未经过土地革命的地区,租佃问题是全部农民土地问题的中心,以往的减租减息政策,虽然确实给了农民一些实惠,初步削弱了封建剥削的力量,但减租还未彻底认真地执行,广大农民积极性的发动还不够,地主阶级在经济上还占很大的优势,封建剥削还相当重。因此如何认真实行减租,如何充分发动未经过土地革命地区的农民群众,具有迫切的意义。因而这个调查所得出的结论,证明1942年1月中共中央政治局通过的《中共中央关于抗日根据地土地政策的决定》中提出的"扶助农民,减轻地主的封建剥削,实行减租减息"的政策,既是适时的也是必要的。

1941年12月至1942年1月下旬,陕甘宁边区政府主席林伯渠率20多人组成的考察团，前往甘泉、富县进行调查研究。林伯渠选择甘泉县三区二乡作为重点调查点，将这20多人分成若干小组，到行政村与自然村了解乡村各方面的情况，他自己也走村串户进行调查。结束甘泉的调查后，林伯渠又率考察团到富县采取同样的办法进行调查，并主持召开县议员和士绅座谈会，征询他们对政府工作的意见。在1942年2月9日边区政府召开的政务会议上，林伯渠报告了他调查了解的情况，指出了这两个县存在的许多亟待解决的问题，"如三三制实行得比较差，县参议会没有开展经常工作；租佃关系未能解决，对人权保障不够；行政机构尚不健全；干部文化水平太低等"[1]。4月25日至5月6日，林伯渠又前往安塞、志丹两县农村进行实地调查。调查结束后，他在《解放日报》发表了《农村十日》一文，介绍了他在农村的所见所闻。他说："这次农村小住10日，觉得实际的内容太丰富了，需要虚心去学习的地方还多着哩。"[2]

以上列举的不过是这次全党大调查中的几个代表性例子。当时，这样深入调查研究的事例还有许多，中共中央机关报《解放日报》就刊载了不少调查报告，如《边区的土地减租形式》（1943年2月23日）、《延安县川口区六乡农业调查》（1943年4月2日）、《赤城五乡的租佃关系》（1943年5月29日）、《记两个变工队》（1943年7月23日）、《牸牛沟减息斗争》（1943年10月7日）、《合水六区二乡三村的

[1] 《林伯渠传》编写组编：《林伯渠传》，红旗出版社1986年版，第274页。

[2] 《林伯渠文集》，华艺出版社1996年版，第330页。

减租斗争》(1943年10月25日)、《合水县一区一乡的减租斗争》(1943年10月27日)、《米脂县印斗八乡减租调查》(1943年10月31日)、《移民问题》(1943年11月15日)等。

这些调查报告,详细记录了某一地区的自然环境、地形、物产、交通、政治区划、人口和阶级区分,旧有的土地关系,旧有的剥削关系,旧时政治情况和社会状况,抗日民主政权建设与群众运动发展过程,剥削关系的变化,土地关系的变化,减租减息政策的贯彻情况,各阶层经济条件和生产方法的变化,人民生活的变化,人民负担的今昔变化等。

这样的调查,不但真实地记录了当时中国农村经济社会场景,为各级党组织制定相关政策提供了决策依据,而且为后人了解和研究20世纪40年代的中国农村提供了有价值的史料。更重要的是,各级干部在深入农村调查研究的过程中,逐步加深了对中国基本国情的了解,逐步学会了用马克思主义的基本观点去分析中国社会关系和社会现象,并从中真正认识到马克思主义与中国具体实际相结合的重要性,认识到主观主义的危害,从而有力地配合了正在进行的整风运动,为在全党确立解放思想、实事求是的思想路线创造了条件。

第四章 全心全意为人民服务的根本宗旨

中国共产党之所以具有强大生命力，最关键的原因是党为人民而生，以全心全意为人民服务为根本宗旨，因而始终得到人民的拥护与依赖，党与人民形成了休戚与共、血肉相连、生死相依的关系，党也因人民而兴。1939年5月4日，毛泽东在纪念五四运动二十周年时曾指出："如果要把几十年来的革命做一个总结，那就是全国人民没有充分地动员起来，并且反动派总是反对和摧残这种动员。而要打倒帝国主义和封建主义，只有把占全国人口百分之九十的工农大众动员起来，组织起来，才有可能。"[1] 延安时期，中国共产党坚持全心全意为人民服务的根本宗旨，从而赢得了人民群众的拥护与支持，党也由此实现了由小到大、由弱到强的历史转变。

---

[1] 《毛泽东选集》第二卷，人民出版社1991年版，第564—565页。

一、人民就是江山，江山就是人民

中国共产党从她成立的那天起，就立志为人民的利益而存在和奋斗。离开人民，党的一切斗争和理想不但都会落空，而且都要变得毫无意义。什么时候得到人民群众的真心认同和真正支持，党的事业的发展就比较顺利，如果路线方针政策不符合群众愿望与要求，甚至损害群众利益，党的事业就会受到挫折。

以1935年1月的遵义会议为界，中国共产党在民主革命时期的历史大体可分为前后两个14年。遵义会议前的14年，中国共产党曾两度遭受严重的挫折，即1927年大革命的失败和1934年第五次反"围剿"的失利。这两次挫折是多种原因造成的，其中一个重要的原因，就是所制定的方针政策脱离了实际、脱离了群众。遵义会议后的14年，革命事业发展则十分顺利，相继取得了抗日战争和人民解放战争的胜利。遵义会议后中国共产党能发展壮大，最终取得全国政权，自然也是多种因素合力的结果，但最根本的原因是赢得了广大人民群众的认同与支持。

1927年大革命的失败，起因于国民党内的蒋介石集团和汪精卫集团相继背叛革命，而轰轰烈烈的大革命顿时退潮，与党在大革命后期既犯了右倾错误，也存在"左"倾偏差，失去群众的同情与支持，有着密切的关系。

大革命后期党内出现的右倾错误，主要表现在对国民党一再妥协退让。1926年12月13日至18日，中共中央在汉口召开特别会议。为了不因工农运动而刺激国民党右派，会议通过的《政治报告议决案》强调：当前"各种危险倾向中最主要的严重的倾向是一方面民众运动勃起之日渐向'左',一方面军事政权对于民众运动之勃起而恐怖而日渐向右。这种'左'右倾倘继续发展下去而距离日远,会至破裂联合战线,而危及整个的国民革命运动"[1]。根据这个分析,会议规定当时党的主要策略是:限制工农运动发展,反对"耕地农有",以换取蒋介石由右向左;同时扶持汪精卫取得国民党中央、国民党政府和民众运动的领导地位,用以制约蒋介石的军事势力。[2] "这种政策实质上是牺牲工农群众的根本利益,去迁就国民党右派,为蒋介石和汪精卫夺取国民党的领导权提供了方便。"[3]

1927年4月召开的中共五大,是在革命危亡的关键时刻召开的一次重要会议。这时,要挽救革命危机,就必须组织动员广大农民,而农民们已经明确提出了土地要求。对于这个问题,一方面,五大明确提出现阶段革命的主要任务,"是土地问题的急进的解决"。大会通过的《土地问题议决案》指出:"现在革命的阶段之中,农民运动——乡村中农民反抗豪绅地主的阶级斗争,虽然在全国范围内,他的发展阶段很有参差,但是大致的趋势,已经是摧毁封建宗法政权而开始解决土地问题的时期,这是中国革命现时的新阶段之主要的特点。""现在革命的趋势,是要推翻土豪乡绅的政权,没收大地主及反革命派的土地,以贫农为中坚,建立农民的政权,实行改良农民的经济地位,一直到分配土地。"[4] 这些主张无疑是正确的。另一方面,五大又强调,解

[1] 中央档案馆编:《中共中央文件选集(一九二六)》第二册,中共中央党校出版社1989年版,第569页。

[2] 中共中央文献研究室编:《毛泽东传(1893—1949)》,中央文献出版社1996年版,第121页。

[3] 中共中央党史研究室:《中国共产党历史》第一卷,中共党史出版社2002年版,第201—202页。

[4] 中共中央文献研究室、中央档案馆编:《建党以来重要文献选编(一九二一——一九四九)》第四册,中央文献出版社2011年版,第193页。

决土地问题须首先取得"小资产阶级"的同意,小资产阶级的代表是汪精卫,也就是取得汪精卫等人的同意。而此时的汪精卫已经演变成地主大资产阶级的代表,这等于解决农民土地问题要取得地主阶级的同意,因而又使解决这个问题成为一句不能实现的空话。

当时的中共领导机关为了维持国共关系,千方百计地迁就国民党右派,为此不惜给工农运动泼冷水甚至进行压制。可是,在工农运动进入高潮后,对于群众运动中出现的过左的做法,又没有加以正确的引导和必要的制止。例如,随着北伐战争的胜利进军,湖南的农民运动蓬勃发展起来,到1927年1月,全省农会会员已猛增至200万人,直接掌握的群众达1000万,"在湖南农民全数中,差不多组织了一半",于是"造成一个空前的农村大革命"。[1]这场声势浩大的农民运动猛烈冲击和荡涤了农村的旧有秩序,但不可否认,当年的湖南农民运动不可避免地出现了一些"左"的偏差,甚至提出"有土皆豪,无绅不劣"的口号,扩大了打击对象。

同时,随着北伐军占领两湖地区,国民党中央和国民党政府迁到武汉,武汉成为革命的中心,工人运动也就迅速发展起来。此时,武汉的工人运动也出现过左的做法,工人"提出使企业倒闭的要求,工资加到骇人的程度,自动缩短工作时间至每日四小时以下(名义上或还有十小时以上),随便逮捕人,组织法庭监狱,检查轮船火车,随便断绝交通,

[1]《毛泽东选集》第一卷,人民出版社1991年版,第13、14页。

没收分配工厂店铺，这些事在当时是极平常而普遍的"[1]。

农民运动中的某些过左做法"容易失去社会的同情，对谷米的平粜阻禁，以及禁止榨糖酿酒，禁止坐轿，禁止穿长衫等，易使商人、中农和小手工业者产生反感，也使一般农民感到不便"。运动中"还冲击了少数北伐军官家属，也引起同湖南农村有联系的湘籍军官的不满"[2]。武汉工人运动中的"左"倾偏差，致使"企业的倒闭，资本家的关门与逃跑，物价的高涨，货物的缺乏，市民的怨恨，兵士与农民的反感（当时有许多小城市的工会被农民捣毁，而且是农民协会领导的）。军官与国民党人的非难，就随着这种'左'的严重程度而日加严重起来。而工人运动在当时是共产党负责的，这一切非难，就都加在共产党身上。人们并不责备工人，而责备这是出于共产党的指使，这就影响共产党与各方面的关系"[3]。两湖地区的工农运动兴起迅速，而在蒋介石、汪精卫背叛革命之后又顿时低落，固然是由于国民党反动派对工农运动的残酷镇压，但与运动中那些过左行为失去社会同情亦不无关系。不但如此，大革命失败后，在国民党反动派大肆屠杀共产党人的同时，各地的土豪劣绅也开始进行残酷的阶级报复，致使工农运动中的积极分子遭受重大牺牲。"左"、右倾错误都是对群众根本利益的损害，都会给革命造成严重损失。

大革命失败后，中国共产党懂得了武装斗争的

[1] 中共中央文献研究室、中华全国总工会编:《刘少奇论工人运动》，中央文献出版社1988年版，第213页。

[2] 李维汉:《回忆与研究》（上），中共党史资料出版社1986年版，第97页。

[3] 中共中央文献研究室、中华全国总工会编:《刘少奇论工人运动》，中央文献出版社1988年版，第213页。

极端重要性,确立了武装反抗国民党反动统治的总方针,相继领导了一系列武装起义,建立若干农村革命根据地,中国革命开始复兴。经过各地共产党人的艰苦努力,到1933年第五次反"围剿"开始时,中央苏区人口近500万人,中央红军达到10余万人。全国根据地总人口超过1000万人,红军总数近30万人,党员总人数也约30万人。可是,这个局面并没有坚持下来,历时一年的中央苏区第五次反"围剿"最终失败,红军不得不进行战略转移,即后来的长征。

第五次反"围剿"失败的原因,以往党史著述常常将之归结于"左"倾教条主义者排挤了毛泽东,使他失去了对红军的指挥权。这固然是事实,第五次反"围剿"的时候,毛泽东确实遭受了"左"倾教条主义者的排斥与打击,处于"靠边站"的状态。但是,他并非第五次反"围剿"才"靠边站"的,而是在第四次反"围剿"前就已经"靠边站"了。1932年10月,中共苏区中央局在江西的宁都召开全体会议,毛泽东就已被免去红一方面军总政委的职务,在军事问题上没有发言权了。可是,1932年12月至1933年3月的第四次反"围剿",仍取得重大胜利,在黄陂战斗中一举歼灭国民党军2个师,并俘虏敌师长李明和陈时骥,随后又在草台岗战斗中歼敌近1个师。仅此两战共歼敌3个师,俘敌1万余人,缴枪1万余支,打破了蒋介石的这次"围剿"。

应该看到的是,第四次反"围剿"开始时,虽然毛泽东已经"靠边站"了,但当时以博古为首的中共临时中央还在上海,他们那一套"左"的东西在中央苏区的影响还相对有限。就在第四次反"围剿"即将胜利之时,中共临时中央因在上海站不住脚,只得于1933年1月迁到中央苏区。随着中共临时中央的到来,"左"倾错误在中央苏区得以全面贯彻。这才是第五次反"围剿"失败的根本原因。

首先是战略战术的教条主义和军事指挥上的严重失误。中共临时中央到达中央苏区不久，共产国际派来的军事顾问李德也来到中央苏区。由于博古在军事上完全是外行，于是将红军指挥权交给了李德。李德就读过苏联著名的伏龙芝军事学院，并曾在苏联红军中担任过中级指挥员，可他所学的是欧洲军队那一套作战方式，即阵地战，也就是正规战。中国红军向来以游击战和运动战见长，虽然到第五次反"围剿"前红军已经取得了较大的发展，但军队数量和武器装备仍远远落后于国民党军，不具备与国民党军展开阵地战的条件。但李德刚愎自用，听不得不同意见，在中央苏区推行所谓"堡垒对堡垒"的短促突击（就是国民党军修碉堡，红军也修碉堡，待国民党军从碉堡中出来，推进至距红军碉堡二三百米时，红军进行短距离的突击，迅速猛扑上去将国民党军消灭）。这种扬短避长的做法，使得善于灵活机动、长于在运动中歼敌的红军处于被动挨打的境地。

更严重的是，中共临时中央迁到中央苏区后，在中央苏区推行一系列"左"的政策，严重影响了群众革命积极性和红军战斗力。1933年春，中共临时中央进入中央苏区后不久，立即开展大规模的肃反运动，强调"对于重要反革命分子，要不犹豫地迅速地给以逮捕和处决"。在"严厉镇压反革命"的口号之下，肃反陷入严重扩大化。在土地政策上，将苏联农业集体化过程中消灭富农的政策套用到根据地，实行所谓"地主不分田，富农分坏田"。强调地主豪绅及其家属根本无权分得土地。"富农已分得的土地，应当交出来重新分配，好田应当转分给雇农、贫农、中农而把他们的坏田调给富农，但只有在富农愿意用自己的劳动力去耕种这份坏田的条件之下。"[1]这实际上是不给地主富农以生活出路。中共临时中央进入中央苏区后,还开展了声势浩大的查田运动。其实,中央苏区自开展土地革命以来,土地问题已基本解决,个别地方土地分配不公的问题,稍作调整即可。由于采取大规模群众运动的方式去查阶级、查土地,要么将已斗倒了的地主富农再斗争一遍,要么就是人为地将中农拔高成富农、富农上升为地主,扩大斗争对象。结果出现了"一人在革命前若干年甚至十几年请过长工的,也把他当作富农"[2],"把稍为放点债,收点租,而大部分靠出卖劳动力为一家生活来源的工人当地主打了"[3],严重地扩大了打击对象。

苏区肃反的扩大化和查田运动的"左"倾错误,产生了严重的后果,其中最直接的是造成苏区群众的恐慌和对革命政权的不信任,破坏了苏区良好的党群关系和民(众)政(权)关系,不但影响到根据地人民对反"围剿"胜利的信心,而且影响到他们对红军反"围剿"斗争的支持度。前几次反"围剿"之所以取得胜利,除了正确的战略战术外,还与根据地老百姓的全力支持密不可分。到了第五次反"围剿"时,情形就有了很大的变化,一部分群众产生了离心倾向。例如,于都县在查田运动中"致被地主富农反革命利用来煽惑群众向白区逃跑(小溪等地发生几百人跑往白区)"[4],万泰县"发生二千六百群众逃跑"[5],甚至还有"一部分被欺骗群众首先是中农群众登山逃跑,或为地主富农所利用

---

[1] 中共中央文献研究室、中央档案馆编:《建党以来重要文献选编(一九二一一一九四九)》第八册,中央文献出版社2011年版,第528页。

[2] 毛泽东:《查田运动的初步总结》,《斗争》第24期,1933年8月29日。

[3] 刘少奇:《农业工会十二县查田大会总结》,《斗争》第34期,1933年11月12日。

[4] 项英:《于都检举的情形和经过》,《红色中华》第168期,1934年3月29日。

[5] 张闻天:《人民委员会为万泰群众逃跑问题给万泰县苏主席团的指示信》,《红色中华》第173期,1934年4月10日。

来反对苏维埃政权"[1]。这与前几次反"围剿"那种密切的军民关系，形成了强烈的反差。中共临时中央在中央苏区推行的过左的政策和做法，不但为根据地群众所反感，也使党失去了全国人民包括中间阶级的同情与支持，第五次反"围剿"失败也就势成必然。

共产党是为人民谋利益的党，如果各项方针政策不但没有维护人民群众的利益，还直接或间接地损害群众利益，就会失去人民群众的拥护与支持，党的事业也就会遭受挫折。"历史和现实都告诉我们，密切联系群众，是党的性质和宗旨的体现，是中国共产党区别于其他政党的显著标志，也是党发展壮大的重要原因；能否保持党同人民群众的血肉联系，决定着党的事业的成败。"[2]

抗日战争时期，中国共产党实现了由小到大、由弱到强的历史性转变，关键就在于遵义会议后党通过方针政策的调整，极大地改善了党和人民群众的关系，从而得到了人民群众的衷心拥护与真正支持。当时，在日本帝国主义发动的全面侵华战争面前，中华民族面临亡国灭种的危险，是否坚持抗日成为检验一个党派团体是否为人民所拥护的试金石。在全民族抗战过程中，中国共产党始终以"坚持抗战，反对投降""坚持团结，反对分裂""坚持进步，反对倒退"为号召，在全民族抗战爆发之初国民党军队大幅度后撤的情况下，八路军、新四军却主动开赴敌后，中共领导的敌后抗日根据地从无到有、

[1] 张闻天:《是坚决的镇压反革命还是在反革命前面的狂乱？》,《红色中华》第208期，1934年6月28日。

[2] 《习近平著作选读》第一卷，人民出版社2023年版，第123页。

从小到大，在经历日、伪残酷的"扫荡"后巩固下来。敌后战场有力地配合了国民党的正面战场，为抗日战争的胜利作出了不可磨灭的贡献，中国共产党及其领导的人民军队和抗日根据地，在全民族抗战中发挥了真正的中流砥柱的作用。

在坚持抗战的同时，中国共产党还努力改善民生、发展民主。如将土地革命战争时期执行的没收地主土地的政策，改变为减租减息；在政权建设上实行"三三制"原则，即在各抗日根据地政府和各级参议会中，明确规定共产党员占三分之一，党外进步人士占三分之一，中间派（主要是开明绅士）占三分之一，并在各抗日根据地实行了广泛的普选制；广泛开展大生产运动和精兵简政工作，尽可能减轻群众的战争负担；在军队中开展拥政爱民活动，在地方开展拥军优属（抗日军人家属）活动，密切军政、军民关系；如此等等，密切了党同人民群众的联系。全民族抗日战争是中国共产党发展史上一个至关重要的阶段，全民族抗战8年的结果是，中国共产党不但在敌后战场坚持下来了，而且取得了前所未有的发展，党员达到120余万人，人民军队发展到130余万人，根据地已有19块，面积达100万平方公里，人口达到了近1亿人。中国共产党之所以在抗日战争中能得到如此大的发展，最根本的原因是人民群众看到这个党是真心实意为民族、为人民服务的，从而把个人的前途、国家的前途、民族的前途寄托在共产党身上，了解共产党进而支持共产党的人越来越多，党的影响也越来越大。

中国共产党之所以能取得革命、建设、改革的成功，关键就在于共产党人能够与人民结合起来。正如毛泽东所说的："真正的铜墙铁壁是什么？是群众，是千百万真心实意地拥护革命的群众。

第四章　全心全意为人民服务的根本宗旨

★ 陕甘宁边区的女干部帮助农村妇女和孩子学习文化

永远的延安精神

★ 八路军官兵开展助民劳动，帮老大娘挑水

这是真正的铜墙铁壁，什么力量也打不破的，完全打不破的。"[1]

二、一切为了群众，一切依靠群众

全民族抗战爆发之初，毛泽东就明确提出怎样才能算得上是一个共产党员的问题。他指出："一个共产党员，应该是襟怀坦白，忠实，积极，以革命利益为第一生命，以个人利益服从革命利益；无论何时何地，坚持正确的原则，同一切不正确的思想和行为作不疲倦的斗争，用以巩固党的集体生活，巩固党和群众的联系；关心党和群众比关心个人为重，关心他人比关心自己为重。这样才算得一个共产党员。"[2] 后来，他又说过："一个假马克思主义者还是一个真马克思主义者，只要看他和广大的工农群众的关系如何，就完全清楚了。只有这一个辨别的标准，没有第二个标准。"[3]

中国共产党之所以必须将全心全意为人民服务作为自己的根本宗旨，是因为人民群众是党的力量之源。1938年10月，毛泽东在《解放》周刊上发表《抗战十五个月的总结》一文，全面总结了全民族抗战爆发15个月来的经验，提出抗日战争是长期的不是短期的，战略方针是持久战不是速决战，最后的胜利属于中国；支持长期战争与争取最后胜利的唯一道路，在于统一团结全民族，力求进步，依靠民众；支持长期战争与争取最后胜利，必须发动全

[1] 《毛泽东选集》第一卷，人民出版社1991年版，第139页。

[2] 《毛泽东选集》第二卷，人民出版社1991年版，第361页。

[3] 《毛泽东选集》第二卷，人民出版社1991年版，第567页。

民族各阶层中一切生动力量，而欲达此目的，非从军事、政治、文化、党务、民运等各方面力求进步不可；没有各方面的更大的进步，就不能发动全民族一切生动力量，也就不能更进一步地统一团结全民族。他指出："依靠民众则一切困难能够克服，任何强敌能够战胜，离开民众则将一事无成。中国今后的进步，还必须充分表现在发动民众力量这一方面。"[1] 正是依靠人民的力量，共产党领导的人民武装深入敌后开辟出一块又一块抗日根据地，八路军、新四军不断发展壮大。

一切为了群众，一切依靠群众，党的事业才能不断地走向成功。在任何情况下，共产党员都始终是少数。自建党以来，党员的人数总体上是逐步增加的。建党之初全国才50余名党员，大革命高潮时一度发展到近6万人；大革命失败后党员人数锐减，全国党员人数只有1万余人；土地革命战争时期随着中国革命的复苏，党员一度发展至30万人，但第五次反"围剿"失败之后，党员人数再度锐减，至全民族抗战之初，全国党员仅4万多人；全民族抗战时期党的队伍得到较大发展，到1939年达到50万人，到抗战胜利时为120万人；解放战争中党员发展较快，到1949年新中国成立时，全国党员发展到448万人。延安时期，中国共产党虽然实现了由小到大、由弱到强的历史性跨越，但党员数量与全国人口数量相比始终处于绝对少数。即便今天党员人数已达9800多万人，但与全国人口相比仍然只是

---

[1] 《毛泽东军事文集》第二卷，军事科学出版社、中央文献出版社1993年版，第381页。

少数。

既然共产党员在任何情况下都不可能是人口的多数而只能是少数,而要得到占人口多数的人民群众的拥护与支持,就必须与多数人打成一片,为多数人的利益着想,为多数人谋利益。在1938年9月至11月召开的中共六届六中全会上,毛泽东就强调共产党人应该牢固树立全局观、群众观。他说:"共产党员决不可脱离群众的多数,置多数人的情况于不顾,而率领少数先进队伍单独冒进;必须注意组织先进分子和广大群众之间的密切联系。这就是照顾多数的观点。""那种独断专行,把同盟者置之不理的态度,是不对的。一个好的共产党员,必须善于照顾全局,善于照顾多数,并善于和同盟者一道工作。"[1]

近代以来,中国的政党其实为数不少,但最终能够存活下来的并不多。中国共产党成立之初,在当时的党派团体中属于弱小者。然而,中国共产党很快脱颖而出,迅速成为在全国有广泛影响的政党,原因就在于中国共产党做到了一切为了群众、一切依靠群众,能为群众着想、为群众服务。1942年10月14日,毛泽东出席中共中央西北局高级干部会议,他要求与会的高级干部要牢固树立群众观念,要时时、事事想到群众。他指出:"有无群众观点是我们同国民党的根本区别,群众观点是共产党员革命的出发点与归宿。从群众中来,到群众中去,想问题从群众出发就好办。部队中的负责同志要替士兵着

[1]《毛泽东选集》第二卷,人民出版社1991年版,第525—526页。

想，机关、学校的负责同志要替大厨房着想，替杂务人员着想，所有的共产党员要替人民着想。"[1] 替自己着想还是替群众着想，反映了一个人境界的高低，也体现了一个政党的情怀与品格。

1944年7月14日，毛泽东在会见中外记者西北参观团成员，美联社、英国《曼彻斯特卫报》、美国《基督教科学箴言报》的记者斯坦因时明确指出："我们的党员在中国人口中当然只占很小的一部分，只有当这一小部分人反映大多数人的意见，并为他们的利益而工作时，党和人民之间的关系才是健康的。"[2] 在任何情况下，共产党员都只可能占人口的少数，这是党的先锋队性质与党员的先锋战士属性决定的。党领导的事业要取得成功，就必须依靠占人口绝大多数的人民群众，而人民群众是否愿意接受党的领导，就要尊重人民群众的意愿，努力为人民群众谋利益。因此，党必须依靠人民，更必须全心全意为人民服务。毛泽东告诉斯坦因："今天，共产党不仅反映了农民和工人的意见，也反映了许多抗日的地主、商人、知识分子等的意见，也就是说反映了我们区域内一切抗日的人们的意见。共产党愿意并且时刻准备同所有愿意与共产党合作的中国人密切合作。"[3]

会见中，斯坦因向毛泽东提出了一个问题，说他在重庆的时候，一些中国朋友知道他要来延安，希望他到延安观察一下中国共产党是"中国至上"还是"共产党至上"，要求毛泽东谈谈对这个问题

---

[1] 《毛泽东文集》第三卷，人民出版社1996年版，第71页。

[2] 《毛泽东文集》第三卷，人民出版社1996年版，第186—187页。

[3] 《毛泽东文集》第三卷，人民出版社1996年版，第187页。

的看法。毛泽东回答说："没有中华民族，就没有中国共产党。你还不如这样提问题，是先有孩子还是先有父母？这不是一个理论问题而是一个实际问题。这就像在国民党区域人们向你提出的另一个问题一样，问我们是在为我们的党工作，还是为人民工作？去问我们的人民吧，去哪儿问都行。他们很清楚，中国共产党是为他们服务的，他们有在最艰难的时期同我们共患难的经验。"[1]这就把如何处理党同人民群众的关系作了十分透彻的说明。

1945年4月，在党的七大上，毛泽东所作的《论联合政府》书面报告，明确提出以马克思列宁主义的理论思想武装起来的中国共产党，在中国人民中产生了新的工作作风，这主要的就是理论和实践相结合的作风，和人民群众紧密地联系在一起的作风，以及自我批评的作风。这三大优良传统与作风，体现了中国共产党的特质，也是区别于其他政党的显著标志。

在论述和人民群众紧密地联系在一起这一优良作风时，毛泽东指出："我们共产党人区别于其他任何政党的又一个显著的标志，就是和最广大的人民群众取得最密切的联系。全心全意地为人民服务，一刻也不脱离群众；一切从人民的利益出发，而不是从个人或小集团的利益出发；向人民负责和向党的领导机关负责的一致性；这些就是我们的出发点。共产党人必须随时准备坚持真理，因为任何真理都是符合于人民利益的；共产党人必须随时准

[1]《毛泽东文集》第三卷，人民出版社1996年版，第191页。

备修正错误,因为任何错误都是不符合于人民利益的。""总之,应该使每个同志明了,共产党人的一切言论行动,必须以合乎最广大人民群众的最大利益,为最广大人民群众所拥护为最高标准。应该使每一个同志懂得,只要我们依靠人民,坚决地相信人民群众的创造力是无穷无尽的,因而信任人民,和人民打成一片,那就任何困难也能克服,任何敌人也不能压倒我们,而只会被我们所压倒。"[1]

群众路线是中国共产党的根本政治路线,也是根本组织路线。就是说,党的一切组织与一切工作都必须密切地与群众相结合。在党的七大上,刘少奇在《关于修改党章的报告》中,曾对党的群众路线作了系统的说明。

刘少奇指出,坚持党的群众路线,一是必须牢固树立一切为了人民群众的观点,全心全意为人民群众服务的观点。因为"我们党从最初起,就是为了服务于人民而建立的,我们一切党员的一切牺牲、努力和斗争,都是为了人民群众的福利和解放,而不是为了别的。这就是我们共产党人最大的光荣和最值得骄傲的地方。因此,凡是为了个人利益或小集团利益而损害人民利益的观点,都是错误的。我们的一切党员,以及参加我们队伍中的一切人员,只要是忠于职务并多少著有成绩的,也就都是为人民服务的,都是人民的勤务员,不管他们意识到了这一点与否,也不管他们担负的是重要的领导职务,或是普通的战斗员和炊事员、饲养员等职务,他们

---

[1] 《毛泽东选集》第三卷,人民出版社1991年版,第1094—1096页。

都是在不同的岗位上，直接或间接为人民服务的，因此，他们都是平等的、光荣的。我们要在一切党员和一切人员中，提高自觉性，使我们一切党员和一切人员都在高度自觉的基础上为人民服务，对人民负责"[1]。

二是一切向人民群众负责的观点。共产党要为人民服务，就要对人民负责，就要在客观上使人民因为共产党的服务而获得益处，获得解放，就要力求不犯或少犯错误，免得害了人民，引起人民的损失。凡是党提出的任务、政策与工作作风，都应该是正确的，这样才于人民有利；如不正确，即要损害人民的利益，那就要诚恳地进行自我批评，迅速求得改正。就是说，党要善于为人民服务，要服务得很好，而不要服务得很坏。因此，在人民面前，一切都不应采取轻率态度，而应采取严肃的负责的态度。在这里，刘少奇特地论述了人民利益与党的利益的一致性问题，指出："人民的利益，即是党的利益。除了人民的利益之外，党再无自己的特殊利益。最广大人民群众的最大利益，即是真理的最高标准，即是我们党员一切行动的最高标准。每个党员对人民负责，即是对党负责，对人民不负责，即是对党不负责。要理解对党负责与对人民负责的一致性，要使二者统一起来，不要使二者割裂开来，对立起来。如果发现自己领导机关与领导人所指示的任务、政策和工作作风有缺点、错误时，即应以对人民负责的精神，向领导机关与领导人建议改正，

[1] 《刘少奇选集》上卷，人民出版社1981年版，第348—349页。

要弄清是非，不应马虎敷衍。否则，就是对人民没有负起责任，也就是对党没有负起责任。"[1]

三是相信群众自己解放自己的观点。人民群众自己的解放，只有人民群众自己起来斗争，自己起来争取，才能获得，才能保持与巩固；而不是任何群众之外的人所能恩赐、所能给予的，也不是任何群众之外的人能够代替群众去争取的。所以恩赐的观点，代替群众斗争的观点，是错误的。共产党人的一切事业，都是人民群众的事业。一切纲领与政策，不论是怎样正确，如果没有广大群众的直接的拥护和坚持到底的斗争，都是无法实现的。"所以我们的一切，都依靠于、决定于人民群众的自觉与自动，不依靠于群众的自觉与自动，我们将一事无成，费力不讨好。"[2]

四是向人民群众学习的观点。共产党人要很好地为群众服务，要去启发群众的自觉，要去指导群众的行动，必须首先具备一定的条件，必须有预见，对于各种问题必须有预先的计算。就是说，必须是先觉者。只有先觉者，才能觉后觉。必须有足够的知识，还必须是十分有经验和十分机警，才能很好地去启发群众自觉和指导群众行动，才能很好地为人民服务。为了使共产党人有知识、有经验和有预见，就必须学习。学习马克思列宁主义的理论，学习历史，学习外国人民斗争的经验，可以增加自己的知识。向敌人学习，也可以增加知识。而最重要的，就是向人民群众学习。因为群众的知识、群众

---

[1] 《刘少奇选集》上卷，人民出版社1981年版，第350页。

[2] 《刘少奇选集》上卷，人民出版社1981年版，第351页。

的经验是最丰富最实际的，群众的创造能力是最伟大的。我们同志只有虚心地向人民群众学习，把群众的知识和经验集中起来，化为系统的更高的知识，才能够具体地去启发群众的自觉，指导群众的行动。[1]

总之，共产党人的群众观，就是要牢固树立一切为了人民群众的观点，一切向人民群众负责的观点，相信群众自己解放自己的观点，向人民群众学习的观点。"这一切，就是我们的群众观点，就是人民群众的先进部队对人民群众的观点。我们同志有了这些观点，有了坚固的明确的这些群众观点，才能有明确的工作中的群众路线，才能实行正确的领导。"[2]党的七大通过的《中国共产党党章》明确提出：中国共产党是中国工人阶级的先进的有组织的部队，代表中华民族与中国人民的利益，中国共产党人必须具有全心全意为中国人民服务的精神，必须与工人群众、农民群众及其他革命人民建立广泛的联系，并经常注意巩固和扩大这种联系。

进入1945年，抗日战争的胜利已经曙光在望，敌后战场的八路军、新四军先后发动春季和夏季攻势，收复了许多失地，扩大了解放区。1945年8月6日，美军在日本广岛投下第一枚原子弹，三天后又在长崎投下第二枚原子弹。8月8日，苏联宣布对日作战，8月9日0时10分，苏联红军分四路越过中苏、中蒙边境，向驻扎于东北之日本关东军发动全线进攻。这时，日本败局已定，日本政府于8月10

---

[1]《刘少奇选集》上卷，人民出版社1981年版，第352—353页。

[2]《刘少奇选集》上卷，人民出版社1981年版，第354页。

日上午 8 时将外交照会由瑞士及瑞典政府转交给中、美、英、苏四国，宣布接受敦促日本无条件投降的《波茨坦公告》，中国人民即将迎来抗日战争的完全胜利。抗日战争作为一个历史阶段已经结束，一个新的历史阶段即将开启。抗战胜利后中国的政局何去何从，特别是国共两党的关系现在怎么样、将来可能怎么样，中国共产党的方针怎么样，就成了全党和全国人民很关心的问题。

8月13日，毛泽东在延安干部会议上作关于抗战胜利后的时局和中国共产党的方针的讲演。针对蒋介石在抗战胜利后将发动内战的阴谋，毛泽东提醒全党必须对蒋介石发动全面内战保持高度警惕，作到针锋相对、寸土必争，认真作好应对准备，以应对各种复杂的局面。只有这样，才是真正向人民负责的态度。不能像1927年大革命失败前夕那样，对国民党右派的反共分裂活动放松警惕，为维持国共合作局面不敢斗争而一味妥协退让，不敢采取针锋相对、寸土必争的方针，结果在蒋介石、汪精卫叛变革命时处于束手无策的状态，"把人民已经取得的权利统统丧失干净"。讲演中，毛泽东指出："我们的责任，是向人民负责。每句话，每个行动，每项政策，都要适合人民的利益，如果有了错误，定要改正，这就叫向人民负责。""人民要解放，就把权力委托给能够代表他们的、能够忠实为他们办事的人，这就是我们共产党人。我们当了人民的代表，必须代表得好。"[1]

---

[1] 《毛泽东选集》第四卷，人民出版社1991年版，第1128页。

1945年10月17日，刚从重庆与国民党谈判回到延安的毛泽东，在延安干部会议上作关于重庆谈判的报告，强调指出："我们的方针是保护人民的基本利益。在不损害人民基本利益的原则下，容许作一些让步，用这些让步去换得全国人民需要的和平和民主。"[1]为了保卫和平、民主，必须有一支强大的人民军队，"人民的武装，一枝枪、一粒子弹，都要保存，不能交出去"[2]。抗战胜利之后，形势发展很快，为了加强各根据地的干部力量，中共中央决定将在延安学习和工作的大批干部派到前方去。毛泽东要求这些即将去前方的干部要牢固树立群众观念，密切同当地群众的关系。他说："有许多本地的干部，现在要离乡背井，到前方去。还有许多出生在南方的干部，从前从南方到了延安，现在也要到前方去。所有到前方去的同志，都应当做好精神准备，准备到了那里，就要生根、开花、结果。我们共产党人好比种子，人民好比土地。我们到了一个地方，就要同那里的人民结合起来，在人民中间生根、开花。我们的同志不论到什么地方，都要把和群众的关系搞好，要关心群众，帮助他们解决困难。团结广大人民，团结得越多越好。"[3]正因为共产党员如同一粒粒种子，播撒到人民群众的肥沃土壤里，与人民群众紧密地联系在一起，党领导的事业才能够不断发展壮大。

延安时期，毛泽东和中央一再要求全党必须紧密地与群众联系在一起，强调只要得到人民的支持，

---

[1]《毛泽东选集》第四卷，人民出版社1991年版，第1160页。

[2]《毛泽东选集》第四卷，人民出版社1991年版，第1161页。

[3]《毛泽东选集》第四卷，人民出版社1991年版，第1162页。

就没有克服不了的困难。1947年12月,中共中央在陕北米脂县杨家沟召开扩大会议。这时人民解放军已由战略防御转入战略进攻,战争已经主要在国民党统治区进行,解放战争形势已愈来愈向着有利于共产党的方向发展。在这样的情况下,毛泽东在为会议所作的《目前形势和我们的任务》书面报告中强调,中国人民的革命战争,已经达到了一个转折点,这是一个历史的转折,是蒋介石20年反革命统治由发展到消灭的转折点,也是100多年以来帝国主义在中国的统治由发展到消灭的转折点,中国革命的新高潮即将到来。同时,毛泽东又告诫全党:"在我们的前进道路上,还会有种种障碍,种种困难,我们应当准备对付一切内外敌人的最大限度的抵抗和挣扎。但是,只要我们能够掌握马克思列宁主义的科学,信任群众,紧紧地和群众一道,并领导他们前进,我们是完全能够超越任何障碍和战胜任何困难的,我们的力量是无敌的。"[1]历史充分证明,党由人民而生,党也由人民而兴。因为共产党一切为了人民,因而人民衷心拥护和支持共产党,党也由此创造了延安13年的光辉历史。

为使全党同志自觉践行全心全意为人民服务的宗旨,在自己的实际工作中做到密切联系群众,真正发挥好先锋模范作用,延安时期,毛泽东和中共中央向全党大力推介了一系列为人民服务的典型,白求恩和张思德是其中突出的代表。

诺尔曼·白求恩,1890年出生于加拿大安大略

[1]《毛泽东选集》第四卷,人民出版社1991年版,第1260页。

省格雷文赫斯特镇一个牧师家庭。1916年毕业于多伦多大学医学院，是著名的胸外科专家。白求恩1935年11月加入加拿大共产党。1937年7月，中国的全民族抗日战争爆发后，白求恩在一次讲演中表示，真正的战斗是在中国，那里的斗争决定着我们这个世界的命运，我要和他们一起战斗。1938年1月，受加拿大共产党和美国共产党的派遣，白求恩率领一支由加拿大人和美国人组成的医疗队，带着大量医疗器材，奔赴中国，支援中国人民的抗战事业。他先到达当时中国的临时首都武汉，后于同年3月底到达延安。毛泽东在延安会见了他，热情赞扬他不远万里来到中国，帮助中国人民的抗日战争。随后，他即奔赴抗日前线，带领医疗队来到八路军开辟的第一块敌后抗日根据地——晋察冀边区，被聘请为晋察冀军区卫生顾问。

到达晋察冀边区后，白求恩以满腔的热忱、高度的责任心、忘我的牺牲精神和精湛的医术，冒着敌人的炮火，救治了大批八路军伤病员。为使伤员得到最快的救治，他把手术台设在离火线最近的地方，并且总是通宵达旦地进行手术。1938年11月，八路军第一二〇师第三五九旅组织广灵伏击战，他将急救站设在离前线不到10里的地方，在40个小时里连续做了71个手术。1939年2月，他率医疗队配合八路军第一二〇师挺进冀中，在4个月里行程1500里，做手术315次。同年4月23日，第一二〇师主力和冀中军区部队一部，在河北河间县的齐会地区痛击进犯的日本军队，取得了歼敌700余人的重大胜利。在齐会战斗期间，白求恩的手术台设在离火线7里的一所庙里，敌人的炮弹炸塌了围墙，他仍坚持工作，为115名伤员做了手术，持续时间长达69个小时，其中还两次为伤病员输血。

为改进根据地医疗卫生工作，白求恩提出开办卫生材料厂，

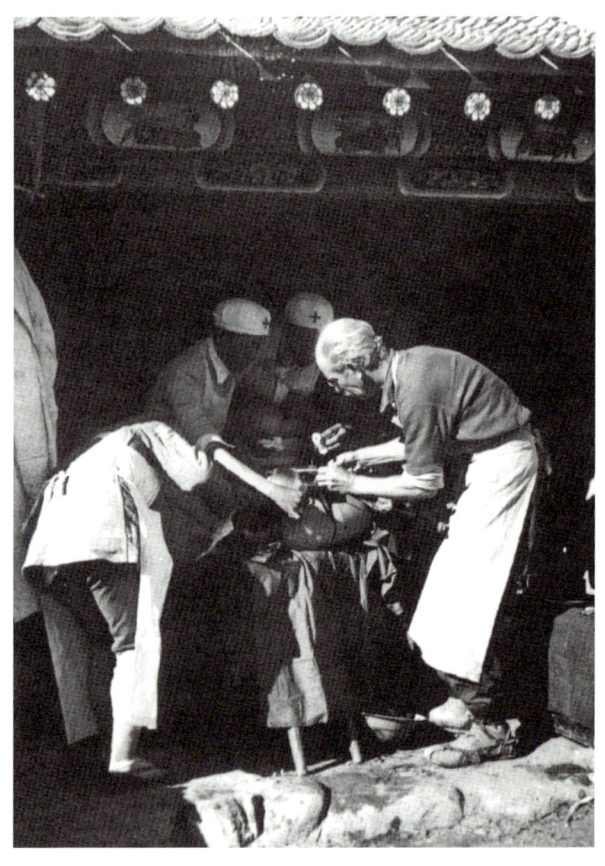

★ 1939年4月，齐会歼灭战激烈进行中，白求恩医生（右一）在炮火中为八路军伤员做手术

解决药品不足问题；并且创办医护训练班和卫生学校，制定课程，编写出近20种教材，为晋察冀边区培训了大批医务人员。他在给加拿大友人的信中说："我的确非常疲倦，但长期以来未像现在这样愉快"，"因为人们需要我"。

1939年10月，日军向晋察冀根据地发动冬季大"扫荡"。白求恩本来计划要回加拿大为中国抗战募捐筹款，反"扫荡"开始后，他果断推迟回国的行期，全身心投入反"扫荡"斗争中。10月下旬，白求恩在河北省涞源县摩天岭前线抢救伤员，左手中指不慎被手术刀意外割破。他不顾伤痛和高烧，坚持战地救护工作，结果因感染病菌转为败血症，最终医治无效，于11月12日在河北省唐县黄石口村不幸去世。

为了纪念这位伟大的国际主义战士，同年12月1日，延安各界为白求恩举行追悼大会。毛泽东题写了挽词："学习白求恩同志的国际主义精神，学习他的牺牲精神、责任心与工作热忱。"12月13日，中共中央决定将八路军军医院改名为白求恩国际和平医院。

1939年12月21日，毛泽东为八路军政治部、卫生部即将出版的《诺尔曼·白求恩纪念册》写了《学习白求恩》（这篇文章编入《毛泽东选集》时，题为《纪念白求恩》）一文。他以饱含深情的笔调写道："一个外国人，毫无利己的动机，把中国人民的解放事业当作他自己的事业，这是什么精神？这是国际主义的精神，这是共产主义的精神，每一个中国共产党员都要学习这种精神。""白求恩同志毫不利己专门利人的精神，表现在他对工作的极端的负责任，对同志对人民的极端的热忱。每个共产党员都要学习他。不少的人对工作不负责任，拈轻怕重，把重担子推给人家，自己挑轻的。一事当前，先替自己打算，然后再替别人打算。

出了一点力就觉得了不起，喜欢自吹，生怕人家不知道。对同志对人民不是满腔热忱，而是冷冷清清，漠不关心，麻木不仁。这种人其实不是共产党员，至少不能算一个纯粹的共产党员。"毛泽东号召全体共产党员都学习白求恩的精神，把自己变为有利于人民的人。他指出："一个人能力有大小，但只要有这点精神，就是一个高尚的人，一个纯粹的人，一个有道德的人，一个脱离了低级趣味的人，一个有益于人民的人。"[1] 在这篇文章里，毛泽东对共产党人应有的人民观作了精辟的说明。

张思德1915年出生在四川省仪陇县一个贫苦农民家庭，1933年参加红四方面军，参加过长征，1936年到陕北后，入云阳荣誉军人学校学习和养伤。1937年加入中国共产党。1938年春，任云阳八路军某部留守处警卫营班长。1940年春，任中央军委警卫营通信班长。1942年11月，由于部队合并整编干部精简下派，张思德被调到中央警卫团一连当战士。不久，又被调到延安枣园中央领导人住地执行警卫任务。1944年初，张思德响应中共中央大生产运动的号召，主动报名参加中央机关组织的生产小分队，被选为农场副队长。同年7月，张思德到安塞县山中烧木炭。9月5日，他在带领突击队进山赶挖新窑时，由于炭窑突然发生崩塌而不幸牺牲。

张思德18岁参加红军，牺牲时年仅29岁。在11年的革命岁月里，他始终是一名普通战士，从事的都是平凡工作，但他处处起模范带头作用，革命

---

[1] 《毛泽东选集》第二卷，人民出版社1991年版，第659—660页。

需要他干什么，他就毫无怨言干什么，在前方打过仗，也在后方做过通信警卫工作，还开过荒种过地烧过炭，不论做什么工作，他都不怕苦不怕累，哪里最苦最累，他就出现在哪里，总是兢兢业业、任劳任怨。参加革命11年，最高职务也就是班长，而且最后还从班长变成战士，但他从未计较过，真正做到了做什么工作，都是为党工作，都是为了人民的利益。这说明，一个人的能力会有大小、职务会有高低，但为人民服务不分能力大小、职务高低。

1944年9月8日，中共中央直属机关和中央警卫团1000多人，在延安凤凰山下枣园沟口的操场上，为这位平凡而伟大的战士举行追悼会。毛泽东参加追悼会，并亲笔题写"向为人民利益而牺牲的张思德同志致敬"的挽词，还在追悼会上即席发表演讲，阐述为人民利益而牺牲的意义。

毛泽东指出："我们的共产党和共产党所领导的八路军、新四军，是革命的队伍。我们这个队伍完全是为着解放人民的，是彻底地为人民的利益工作的。张思德同志就是我们这个队伍中的一个同志。""人总是要死的，但死的意义有不同。中国古时候有个文学家叫做司马迁的说过：'人固有一死，或重于泰山，或轻于鸿毛。'为人民利益而死，就比泰山还重；替法西斯卖力，替剥削人民和压迫人民的人去死，就比鸿毛还轻。张思德同志是为人民利益而死的，他的死是比泰山还要重的。""要奋斗就会有牺牲，死人的事是经常发生的。但是我们想到人民的利益，想到大多数人民的痛苦，我们为人民而死，就是死得其所。不过，我们应当尽量地减少那些不必要的牺牲。我们的干部要关心每一个战士，一

★ 张思德（左）烧木炭

切革命队伍的人都要互相关心,互相爱护,互相帮助。"[1]

在这里,毛泽东论述了共产党员应具有的价值观、人生观,这就是以是否为人民服务作为价值判断的标准,只有做到为人民服务,人生才有价值,才有意义,每个共产党员不管在什么岗位、担任什么工作,都要努力自觉为人民服务,为了人民的利益做到敢于牺牲个人的一切。但是,作为组织要关心自己的每个同志,要尽力避免那些不必要的牺牲。在革命队伍内部要做到互相关心、爱护、帮助,使人们感受到组织的温暖和同志间的温情。

三、"只为民族与人民求福利"

中国共产党人首先是中国人民中的一分子,但由于党的"先锋军"性质,又决定了中国共产党人与普通人有其不同之处,这就是他们应该是中国人民中的先进分子。中国共产党之所以能得到人民的拥护与支持,就在于她植根于人民,并始终以人民的利益为党的利益。人民立场是中国共产党的根本政治立场,是中国共产党区别于其他政党的显著标志。党与人民风雨同舟、生死与共,始终保持血肉联系,是党战胜一切困难和风险的根本保证。

1943年7月2日,《解放日报》发表毛泽东起草的《中共中央为抗战六周年纪念宣言》,号召"共产党员应该紧紧地和民众在一起,保卫人民,犹如保

[1] 《毛泽东选集》第三卷,人民出版社1991年版,第1004—1005页。

卫你们自己的眼睛一样,依靠人民,犹如依靠自己的父母兄弟姊妹一样"[1]。该宣言强调指出:"共产党员是一种特别的人,他们完全不谋私利,而只为民族与人民求福利。他们生根于人民之中,他们是人民的儿子,又是人民的教师,他们每时每刻地总是警戒着不要脱离群众,他们不论遇着何事,总是以群众的利益为考虑问题的出发点,因此他们就能获得广大人民群众的衷心拥护,这就是他们的事业必然获得胜利的根据。"[2]

中国共产党历经百年风雨,经历了无数的惊涛骇浪,由一个只有几十个人的小党,发展到今天拥有9800余万成员的大党,团结带领中国人民进行28年浴血奋战,打败日本帝国主义,推翻国民党反动统治,完成新民主主义革命,建立中华人民共和国;完成社会主义革命,确立社会主义基本制度,消灭一切剥削制度,推进了社会主义建设;进行改革开放新的伟大革命,极大激发广大人民群众的创造性,极大解放和发展社会生产力,极大增强社会发展活力,人民生活显著改善,综合国力显著增强,国际地位显著提高。中国共产党"之所以获得伟大的成就,又在于坚持地实行了为人民服务的基本原则,使我们党成为建立在人民群众中和人民群众保持密切的联系,而且有严格纪律的党"[3]。

邓小平曾指出:"中国共产党员的含意或任务,如果用概括的语言来说,只有两句话:全心全意为人民服务,一切以人民利益作为每一个党员的最高

[1] 《毛泽东文集》第三卷,人民出版社1996年版,第45页。

[2] 《毛泽东文集》第三卷,人民出版社1996年版,第47页。

[3] 《刘少奇选集》上卷,人民出版社1981年版,第315页。

准绳。"[1]众所周知，中国共产党是马克思主义政党，而马克思主义本身就是为了人民的解放与幸福所创立的理论。1917年的俄国十月革命，特别是1919年的五四运动后，随着马克思主义在中国的广泛传播，中国的先进分子开始接受和信仰马克思主义，意识到要实现中华民族的复兴和中国人民的幸福，唯有以马克思主义为指导对中国社会实行彻底的改造，并开始了中国马克思主义政党的组建，于是在1921年7月正式建立了中国统一的马克思主义政党中国共产党。很显然，中国共产党从她创建时起就是立志为国家和人民服务的党。

中国共产党这种为国家与人民服务的特质，从其早期成员的出身就不难得到验证。作为马克思主义政党，要求她的成员都必须是坚定的马克思主义信仰者。信仰马克思主义离不开学习和研究马克思主义，这就决定了中国最早的一批马克思主义者，必须有一定的文化程度。20世纪20年代的中国，经济文化十分落后，人们的文化程度普遍很低，贫寒子弟鲜有上学读书成为知识分子之人，因而中国共产党的早期成员，包括领导人，大多出身于比较富裕的家庭，受过比较良好的教育，有的还有比较好的社会职业。李大钊和陈独秀可以说是最早的马克思主义者，也是中国共产党的主要创始人，他们都有过留学的经历，而且都曾担任了北京大学的教授。在那个年代，大学教授有着相对优厚的物质生活条件，如果他们仅仅是为了个人着想，都可以过上优

[1] 《邓小平文选》第一卷，人民出版社1994年版，第257页。

永远的延安精神

★ 知识青年奔赴延安

渥的生活，但他们选择了革命这个极其危险的职业，对中国共产党人"为人民谋幸福、为民族谋复兴"的初心与使命作了最好的诠释。

在中国共产党的早期斗争中，有不少为革命而牺牲的烈士出身于官宦富裕之家。例如，曾任中共中央政治局委员的彭湃，就出生于广东海丰县一个大地主家庭，家里有"鸦飞不过的田产"。他在《海丰农民运动》一书中，曾记述自己的家庭"在海丰县可以算做个大地主，每年收入约千余石租，共计被统辖的农民男女老幼不下千五百余人。我的家庭男女老少不上卅口，平均每一人有五十个农民做奴隶"[1]。写下著名《就义诗》的夏明翰，出身于湖南衡阳著名的大户人家，祖父和外祖父都是晚清进士，祖父官至二品。1930年8月在作战中牺牲、曾任红二十军军长和红二十一军军长等职的胡少海，其父胡泮藻是湖南宜章县的首富。但他们都为自己所选择的信仰流尽了最后一滴血。在他们看来，人生的价值不在于生命的长短，只要是为了国家和人民，所有的付出都是值得的。

通常所说的以毛泽东同志为核心的党中央领导集体，主要包括毛泽东、周恩来、刘少奇、朱德、陈云、邓小平等，他们中出身贫寒者为朱德、陈云。然而，朱德1922年加入中国共产党之前，曾任过滇军旅长、云南陆军宪兵司令、云南省警务处处长兼昆明警察厅厅长等职。在旧军队中，一个师旅级军官的收入不菲。同在旧军队担任过高级军官的叶剑

[1]《彭湃文集》，人民出版社2013年版，第123页。

英后来说:"那时,师长每月差不多都有二三万元收入。二三万元不少了,10个月就是二三十万,公公道道,做二三年师长就是个百万富翁。"[1]旧军队中旅长的收入自然没有师长高,就算减半那也相当可观。陈云是老一辈革命家中为数不多的工人出身者,家境甚苦。他2岁丧父,4岁丧母,由外祖母抚养,6岁时外祖母病故,随同舅父生活,14岁就进了商务印书馆当学徒,1925年入党时为商务印书馆的店员,月收入9元左右。月收入9元虽然不多,但据著名社会学家陶孟和20世纪20年代的调查,北平工人家庭中,每家人口3至8人不等,绝大多数家庭为4至6人,所调查的58户工人中,家庭年收入在70元以下者3户,70元至100元以下者38户,100元至150元以下者14户,150元至190元以下者3户。[2]尽管作为店员的陈云收入不高,但毕竟也有了固定的收入,因而除了个人生活所需外,他还经常接济养育过自己的舅父母和生活困难的工友,有时还拉着朋友去听评弹。至少可以这样说,老一辈革命家选择马克思主义作为自己的终身信仰,绝不是为了升官发财,为了个人和家庭过上好日子。

早期共产党人之所以选择马克思主义作为自己的信仰,原因就在于他们坚信只有马克思主义才能使积贫积弱的中国走向富强,也才能使苦难深重的中国人民实现翻身解放和得到幸福,他们都具有强烈的家国情怀和人民情怀。这就是中国的马克思主义者组建中国共产党的目的所在。1921年3月,李

---

[1] 范硕、金立昕:《叶剑英》,昆仑出版社1999年版,第24页。

[2] 陶孟和:《北平生活费之分析》,商务印书馆2011年版,第34页。

大钊在《团体的训练与革新的事业》一文中就写道："既入民国以来的政党,都是趁火打劫,植党营私,呼朋啸侣,招摇撞骗,捧大老之粗腿,谋自己的饭碗,既无政党之精神,亦无团体的组织,指望由他们做出些改革事业为人民谋福利,只和盼望日头由西边出来一样。"因此,有必要组织一个与之完全不同的团体,"这个团体不是政客组织的政党,也不是中产阶级的民主党,乃是平民的劳动家的政党,即是社会主义团体"。[1]中国共产党就是这样一个"平民的劳动家的政党"。

中国共产党从她成立的那一天起,就立志为中华民族的伟大复兴、为中国人民的解放与幸福而奋斗。中共二大通过的《关于议会行动的决案》强调,"中国共产党为代表中国无产阶级及贫苦农人群众利益而奋斗的先锋军"[2]。代表人民利益是中国共产党的使命,全心全意为人民服务是共产党人的职责。党成立之后,立即投身于火热的革命斗争之中,不论是组织工人运动,还是大革命中开展"打倒军阀、打倒列强"的斗争,也不论是土地革命中的"打土豪、分田地",还是全民族抗战中的"坚持抗战,反对投降",如此等等,党的一切工作,党的所有的努力与奋斗,都是为了国家、民族、人民的利益。中国共产党以自己的行动表明:"我们党从最初起,就是为了服务于人民而建立的,我们一切党员的一切牺牲、努力和斗争,都是为了人民群众的福利和解放,而不是为了别的。这就是我们共产党人最大的

[1] 中国李大钊研究会编注:《李大钊全集》第三卷,人民出版社2013年版,第350页。

[2] 中央档案馆编:《中共中央文件选集(一九二一——一九二五)》第一册,中共中央党校出版社1989年版,第74页。

光荣和最值得骄傲的地方。"[1]中国共产党之所以伟大，就在于除了人民的利益，党并没有自己任何特殊的利益，一切为了人民，一切服务人民。古今中外的各种政党与团体，都是为了加入这个组织的一群人谋利益，而中国共产党是为最广大的人民群众谋利益，这也是中国共产党与其他政党团体不同之处。

中国共产党经历一百多年风雨仍有强大的生命力，就因为党来自人民。中国共产党既是中国工人阶级先锋队，也是中国人民和中华民族的先锋队，党的这种先锋队性质，决定了党的成员必须为中华民族和中国人民中的先进分子，但本质上是人民的一分子。离开人民，党的一切斗争和理想不但都会落空，而且都要变得毫无意义。因此，"我们必须把人民利益放在第一位，任何时候任何情况下，与人民群众同呼吸共命运的立场不能变，全心全意为人民服务的宗旨不能忘"[2]。中国共产党百余年的奋斗历史，其实就是一部党与人民群众的关系史。中国革命之所以能取得胜利，中国的社会主义制度之所以能建立并巩固，中国的改革开放之所以能取得成功，中国特色社会主义之所以有强大生命力，关键就在于中国共产党能够与人民结合起来。没有人民群众的认同和支持，仅靠少数共产党员的奋斗，中国革命、建设和改革要取得成功是不可想象的。"中国共产党根基在人民、血脉在人民、力量在人民。中国共产党始终代表最广大人民根本利益，与人民休戚与共、生死相依，没有任何自己特殊的利益，

[1] 《刘少奇选集》上卷，人民出版社1981年版，第348页。

[2] 《习近平谈治国理政》第二卷，外文出版社2017年版，第295页。

从来不代表任何利益集团、任何权势团体、任何特权阶层的利益。"[1] 这是中国共产党战胜一切困难和风险的根本保证,离开了人民就会一事无成。

为什么人的问题,是一个根本的问题,也是检验一个政党、一个政权性质的试金石。中国共产党在任何时候都必须把群众利益放在第一位,党的一切工作,都必须以最广大人民根本利益为最高标准。坚持全心全意为人民服务的根本宗旨,必须做到自觉为最广大的人民群众谋利益。

其实,在中外历史上,没有哪个统治阶级不强调"爱民"的重要。1943 年 8 月 8 日,毛泽东在中央党校第二部开学典礼上曾讲了一段这样的话:"国民党也需要老百姓,也讲'爱民'。不论是中国还是外国,古代还是现在,剥削阶级的生活都离不了老百姓。他们讲'爱民'是为了剥削,为了从老百姓身上榨取东西,这同喂牛差不多。喂牛做什么?牛除耕田之外,还有一种用场,就是能挤奶。剥削阶级的'爱民'同爱牛差不多。"[2] 由此可见,剥削阶级的所谓"爱民",目的是从人民手中获取利益;中国共产党的爱民,则是实实在在地为人民谋利益。

为人民谋利益是中国共产党的使命所在。党章明确规定:"党在任何时候都把群众利益放在第一位,坚持党和人民的利益高于一切,个人利益服从党和人民的利益。"同时,为人民群众谋利益是具体的而不是抽象的。邓小平在总结党的历史经验时也指出:"革命精神是非常宝贵的,没有革命精神就没有

[1] 习近平:《在庆祝中国共产党成立 100 周年大会上的讲话》,《人民日报》2021 年 7 月 2 日。

[2]《毛泽东文集》第三卷,人民出版社 1996 年版,第 57—58 页。

革命行动。但是，革命是在物质利益的基础上产生的，如果只讲牺牲精神，不讲物质利益，那就是唯心论。"[1]

许多革命纪念馆在介绍根据地的军民关系时，讲解员都会讲到这样的故事：根据地的老百姓把他们"最后一口粮当军粮、最后一块布做军装、最后一个儿子送战场"，反映了根据地老百姓对人民军队的全力支持。那么，根据地的老百姓为什么情愿这样做？为什么他们不将之送给国民党？根本的原因，就在于中国共产党在开展革命斗争的过程中，为根据地的人民群众谋取了实实在在的利益，实现了他们的翻身解放。

这也是为党的历史所充分证明了的。1930年10月，毛泽东作了著名的兴国调查，详细了解了8户农民家庭的土地、财产、收入、支出、人口、劳动力、婚姻、文化、政治地位、对革命的态度等。这8户农民，在土地革命中分到了土地，欠的债也不要还了，而且百物都便宜了，因此他们总是"叨红军的恩典"。中农和贫农占了农村人口的80%左右，是党在农村进行革命的主要依靠力量。在土地革命中，中农参加革命很勇敢，他们"和贫农一样'出发'（谓编在自卫军中，有时要出发作战），一样放哨，一样开会"[2]。之所以如此，是因为中农在土地革命中是"得利"的，主要表现为：平分土地后他们的土地不但不受损失，而且多数还分进了部分土地；过去娶亲要花很多钱，几乎等于中农的全部财

[1] 《邓小平文选》第二卷，人民出版社1994年版，第146页。

[2] 《毛泽东农村调查文集》，人民出版社1982年版，第217页。

产，土地革命后，婚姻自由，娶亲不要钱；过去办丧事要花很多钱，有些中农由此负债破产，土地革命后破除了迷信，这个钱也不用花了；土地革命后牛价便宜；地主和富农的权利被打倒，中农不再向他们送情送礼了，也可节省一项费用。更重要的是，过去中农在地主富农的统治之下，没有"说话权"，事事听人处置，土地革命后，他们与贫雇农一起有了"说话权"。毫无疑问，贫农在土地革命中表现得更勇敢，因为他们在土地革命中是"得利最大"的阶层，他们分了田（这是根本利益），分了山，革命初起时，分了地主及反革命富农的谷子，物价便宜了能吃便宜米，废除了买卖婚姻可以娶到老婆，等等。最根本的是取得了政权，他们成为农村政权的主干和指导阶级。

中国共产党就是为人民谋利益的党，利益一定是群众看得见、感受得到的。对于这个问题，毛泽东早在中央苏区时期就明确指出："一切群众的实际生活问题，都是我们应当注意的问题。假如我们对这些问题注意了，解决了，满足了群众的需要，我们就真正成了群众生活的组织者，群众就会真正围绕在我们的周围，热烈地拥护我们。"[1] 他强调："要得到群众的拥护吗？要群众拿出他们的全力放到战线上去吗？那末，就得和群众在一起，就得去发动群众的积极性，就得关心群众的痛痒，就得真心实意地为群众谋利益，解决群众的生产和生活的问题，盐的问题，米的问题，房子的问题，衣的问题，生

[1]《毛泽东选集》第一卷，人民出版社1991年版，第137页。

小孩子的问题,解决群众的一切问题。我们是这样做了么,广大群众就必定拥护我们,把革命当作他们的生命,把革命当作他们无上光荣的旗帜。"[1]

延安时期,毛泽东进一步发展了这一思想。1942年12月,在中共中央西北局高级干部会议期间,毛泽东收集和整理陕甘宁边区财政经济方面的历史和现状材料,并为会议撰写了《经济问题与财政问题》长篇书面报告,其中明确指出:"一切空话都是无用的,必须给人民以看得见的物质福利。我们还有许多同志的头脑没有变成一个完全的共产主义者的头脑,他们只是做了一个方面的工作,即是只知向人民要这样那样的东西,粮呀,草呀,税呀,这样那样的动员工作呀,而不知道做另一方面的工作,即是用尽力量帮助人民发展生产,提高文化。"他告诫党的各级干部:"我们的第一个方面的工作并不是向人民要东西,而是给人民以东西。我们有什么东西可以给予人民呢?就目前陕甘宁边区的条件说来,就是组织人民、领导人民、帮助人民发展生产,增加他们的物质福利,并在这个基础上一步一步地提高他们的政治觉悟与文化程度。为着这个,我们应该不惜风霜劳苦,夜以继日,勤勤恳恳,切切实实地去研究人民中间的生活问题,生产问题,耕牛、农具、种子、肥料、水利、牧草、农贷、移民、开荒、改良农作法、妇女劳动、二流子劳动、按家计划、合作社、变工队、运输队、纺织业、畜牧业、盐业等等重要问题,并帮助人民具体地而不是讲空

[1]《毛泽东选集》第一卷,人民出版社1991年版,第138—139页。

话地去解决这些问题。"[1]

抗战胜利后，中国政局处在战与和的十字路口，中国共产党全力维持国内和平，并为此在国共谈判中不惜作出重大让步，但蒋介石却顽固坚持其反共内战政策，战争实际上已难以避免了。为了应对蒋介石即将挑起的全面内战，1945年11月7日，毛泽东在为中共中央起草的党内指示中指出："我党当前任务，是动员一切力量，站在自卫立场上，粉碎国民党的进攻，保卫解放区，争取和平局面的出现。为达此目的，使解放区农民普遍取得减租利益，使工人和其他劳动人民取得酌量增加工资和改善待遇的利益；同时又使地主还能生活，使工商业资本家还有利可图；并于明年发展大规模的生产运动，增加粮食和日用必需品的生产。改善人民的生活，救济饥民、难民，供给军队的需要，成为非常迫切的任务。""告诉党员坚决同人民一道，关心人民的经济困难，而以实行减租和发展生产两件大事作为帮助人民解决困难的重要关键，我们就会获得人民的真心拥护，任何反动派的进攻是能够战胜的。"[2]

当时，中共中央针对国内形势的变化，确立了"向北发展，向南防御"的战略方针，决定举全党之力，建立和巩固东北根据地。东北战略地位重要，这里物产丰富，工业、交通相对发达。如果国民党占领了东北，就会从南北两个方向对华北、华东的解放区进攻；如果共产党建立了巩固的东北根据地，就有了一个可靠的后方战略基地。虽然抗日战争时

[1] 《毛泽东文集》第二卷，人民出版社1993年版，第467页。

[2] 《毛泽东选集》第四卷，人民出版社1991年版，第1172、1173页。

期中国共产党领导的东北抗联曾在这里长期斗争，但由于环境过于恶劣，抗联遭受重大损失，后期只能转入苏联境内休整。所以总体来说，中国共产党在东北的组织基础和群众基础相对薄弱，建立巩固的东北根据地，关键在于争取东北人民的支持。

1945年12月28日，毛泽东在为中共中央起草的给中共中央东北局的《建立巩固的东北根据地》的党内指示中，强调党在东北的工作重心是群众工作。"必须使一切干部明白，国民党在东北一个时期内将强过我党，如果我们不从发动群众斗争、替群众解决问题、一切依靠群众这一点出发，并动员一切力量从事细心的群众工作，在一年之内，特别是在最近几个月的紧急时机内，打下初步的可靠的基础，那末，我们在东北就将陷于孤立，不能建立巩固根据地，不能战胜国民党的进攻，而有遭遇极大困难甚至失败的可能；反之，如果我们紧紧依靠群众，我们就将战胜一切困难，一步一步地达到自己的目的。"毛泽东明确指出："我党必须给东北人民以看得见的物质利益，群众才会拥护我们，反对国民党的进攻。否则，群众分不清国民党和共产党的优劣，可能一时接受国民党的欺骗宣传，甚至反对我党，造成我们在东北非常不利的形势。"[1]

东北虽然工业基础较好，但人口的主体仍是农民，对于广大农民来说，"看得见的物质利益"最根本的就是土地。因此，根据中共中央的指示精神，东北党组织发动广大党员干部深入农村，消灭土匪

[1] 《毛泽东选集》第四卷，人民出版社1991年版，第1180—1181页。

武装，建立基层革命政权，开展广泛深入的土地改革运动，在不长的时间里分别建立了北满、西满、南满等根据地，为东北解放战争的胜利奠定了基础。

1947年12月，中共中央在陕北米脂县杨家沟召开扩大会议，即十二月会议。这时，人民解放军已经转入战略进攻，毛泽东在会上的讲话中明确提出，现在起要公开讲中国共产党的领导权问题，同时他强调："共产党要实现领导需要两个条件：第一要率领被领导者坚决同敌人作斗争，第二要给被领导者以物质福利和政治教育。"[1] 1948年1月，毛泽东在为会议起草的决定中进一步强调："领导的阶级和政党，要实现自己对于被领导的阶级、阶层、政党和人民团体的领导，必须具备两个条件：（甲）率领被领导者（同盟者）向着共同敌人作坚决的斗争，并取得胜利；（乙）对被领导者给以物质福利，至少不损害其利益，同时对被领导者给以政治教育。"[2] 这是对党的历史经验的科学总结。

四、政策与策略是党的生命

毛泽东说过："战争是力量的竞赛，但力量在战争过程中变化其原来的形态。在这里，主观的努力，多打胜仗，少犯错误，是决定的因素。客观因素具备着这种变化的可能性，但实现这种可能性，就需要正确的方针和主观的努力。这时候，主观作用是决定的了。"[3] 这里的力量不单是军力，也包括双方

[1]《毛泽东文集》第四卷，人民出版社1996年版，第332页。

[2]《毛泽东选集》第四卷，人民出版社1991年版，第1273页。

[3]《毛泽东选集》第二卷，人民出版社1991年版，第487页。

的经济实力、政治影响力、组织动员能力。战争的胜利自然首先是战场上取得的胜利,但战争不仅仅是双方军队的较量。战争的胜负本质上还是双方综合实力的比拼,而人民群众的支持度可以说更是决定战争双方胜负的决定性因素。

党的事业的发展离不开人民群众的拥护与支持,而人民群众之所以拥护支持共产党,就在于共产党是全心全意为他们谋利益。很显然,为群众谋利益不能停留在口头上,"要想与群众建立血肉不可分的关系,必须给群众以看得见的好处,一切空话都是无用的,谁能领导群众造福,谁便能领导群众走向胜利"[1]。那么,怎样才能为群众办实事、谋实利?最重要的是制定正确的路线方针政策。"人心的向背决定谁最后胜利。一时的胜利决定不了命运。起决定作用的是正确的纲领、路线和政策。"[2]

一切为了群众、一切依靠群众,从群众中来、到群众中去,把党的正确主张变为群众的自觉行动,这是中国共产党群众路线的基本内容。既然党的事业的发展需要一切依靠群众,这就要求把人民群众当作自身的根基,同时依靠群众自己解放自己,自己发展自己。正如刘少奇在党的七大《关于修改党章的报告》中所指出的:"我们共产党人的一切事业,都是人民群众的事业。我们的一切纲领与政策,不论是怎样正确,如果没有广大群众的直接的拥护和坚持到底的斗争,都是无法实现的。""共产党人在人民群众的解放事业中,应该到处是、也只能是人

[1] 北京新四军暨华中抗日根据地研究会淮北分会、江苏省泗洪县新四军历史研究会编:《邓子恢淮北文稿》,人民出版社2009年版,第533页。

[2] 中共中央文献研究室编:《邓小平思想年谱(1975—1997)》,中央文献出版社1998年版,第13—14页。

民群众的引导者和向导，而不应该是、也不可能是代替人民群众包打天下的'英雄好汉'。"[1]

这是因为任何情况下共产党员都是少数，而人民群众始终是大多数，作为少数人的共产党员，不可能去包办或代替大多数人的任何事情，共产党人的使命与责任，就是要把人民群众的"自觉与自动"激发出来，把人民群众的积极性、创造性、主动性调动起来，让人民群众以自己的实际行动实现自己的翻身解放。那么，人民群众是否具有这样的"自觉与自动"，又与党能否制定一套切实代表和维护人民群众根本利益的路线方针政策息息相关。毛泽东就此明确指出："只有党的政策和策略全部走上正轨，中国革命才有胜利的可能。政策和策略是党的生命，各级领导同志务必充分注意，万万不可粗心大意。"[2]

土地革命战争时期，中央苏区的第五次反"围剿"之所以失败，固然与毛泽东离开了中央红军指挥岗位，博古和李德采取错误的战略战术有关，但更重要的还是在于在根据地执行了"为渊驱鱼，为丛驱雀"的孤家寡人的政策和策略。在中央苏区第五次反"围剿"失败前后，其他根据地的反"围剿"斗争也都相继失败，虽然各个根据地红军的领导人并不相同，但各地执行的都是"左"倾教条主义那一套东西。因此，在土地革命战争中后期，"由于不认识中国革命是半殖民地的资产阶级民主革命和革命的长期性这两个基本特点而产生的许多过左的政策，例如以为第五次'围剿'和反对第五次'围剿'

[1]《刘少奇选集》上卷，人民出版社1981年版，第351、352页。

[2]《毛泽东选集》第四卷，人民出版社1991年版，第1298页。

的斗争是所谓革命和反革命两条道路的决战,在经济上消灭资产阶级(过左的劳动政策和税收政策)和富农(分坏田),在肉体上消灭地主(不分田),打击知识分子,肃反中的'左'倾,在政权工作中共产党员的完全独占,共产主义的国民教育宗旨,过左的军事政策(进攻大城市和否认游击战争),白区工作中的盲动政策,以及党内组织上的打击政策等等"。"这种过左政策,适和第一次大革命后期陈独秀领导的右倾机会主义相反,而表现其为'左'倾机会主义的错误。在第一次大革命后期,是一切联合,否认斗争;而在土地革命后期,则是一切斗争,否认联合(除基本农民以外),实为代表两个极端政策的极明显的例证。而这两个极端的政策,都使党和革命遭受了极大的损失。"[1] "总之,土地革命战争时期实行'左'的政策的结果,我们没能孤立蒋介石,而是孤立了自己。"[2]

新中国成立后,毛泽东在接见外宾介绍中国革命的经验时曾指出:"我们打了二十二年,曾经吃过大败仗,三十万军队剩下了二万多,后来转变了,这主要是个政策问题,与其说我们打的是军事战,还不如说打的是政治战。因而,注意政策问题很必要。"[3] 他这里所讲的"曾经吃过大败仗,三十万军队剩下了二万多",显然说的就是第五次反"围剿"斗争的失败。遵义会议后,党和红军之所以实现了转危为安,并在抗日战争和解放战争中实现由小到大、由弱到强的历史性转变,就是因为党纠正了以

---

[1]《毛泽东选集》第二卷,人民出版社 1991 年版,第 762—763 页。

[2]《毛泽东文集》第四卷,人民出版社 1996 年版,第 330 页。

[3]《建国以来毛泽东文稿》第九册,中央文献出版社 1996 年版,第 298 页。

往的错误政策，而制定了一系列正确的、真正为人民群众谋利益的政策。

中共中央在延安的13年里，始终高度重视政策与策略问题。1940年12月25日，毛泽东专门为中共中央起草了《论政策》的党内指示，强调指出："在目前反共高潮的形势下，我们的政策有决定的意义。但是我们的干部，还有许多人不明白党在目前时期的政策应当和土地革命时期的政策有重大的区别。必须明白，在整个抗日战争时期，无论在何种情况下，我党的抗日民族统一战线的政策是决不会变更的；过去十年土地革命时期的许多政策，现在不应当再简单地引用。"[1] 在这个文件中，毛泽东对抗日战争的特殊时代条件下，中国共产党应该采取什么样的政策作了逐一的说明论述。

在离开陕北前夕，毛泽东再次明确指出："我们要依靠自己的努力和正确的政策，依靠群众，来争取战争的胜利。"[2] "蒋介石孤立，是因为他代表地主阶级和官僚资产阶级的利益，是压迫人民的。有人说共产党是蒋介石逼出来的，'消灭了一个共产党，同时制造了十个共产党；消灭了十个共产党，同时制造了一百个共产党'，结果弄得人人离心，个个厌恶，共产党越来越大。这是一方面的真理。但是，还有另一方面的真理，就是我们政策的正确。如果我们的政策不正确，比如侵犯了中农、中等资产阶级、小资产阶级、民主人士、开明绅士、知识分子，对俘虏处置不当，对地主、富农处置不当，在统一

[1] 《毛泽东选集》第二卷，人民出版社1991年版，第762页。

[2] 《毛泽东文集》第四卷，人民出版社1996年版，第330页。

战线问题上犯了错误,那就还是不能胜利,共产党会由越来越多变成越来越少,蒋介石的孤立会变成国共两方面都孤立,人民不喜欢蒋介石,也不喜欢共产党。这个可能性是有的,在理论上不是不存在的。"[1] 这就对政策在中国革命中的重要性作了十分透彻的说明。

由于中国社会是一个两头小中间大的社会,无产阶级和地主大资产阶级都只占少数,最广大的人民是农民、城市小资产阶级以及其他的中间阶级,"任何政党的政策如果不顾到这些阶级的利益,如果这些阶级的人们不得其所,如果这些阶级的人们没有说话的权利,要想把国事弄好是不可能的"[2]。这要求党在制定政策的时候,必须顾及广大中间阶级的利益,特别是顾及农民、城市小资产阶级以及其他中间阶级的利益。

在半殖民地半封建的中国,近代工业很少,资本主义有了一定的发展,但不充分,大量的人口是农民,而城市又是反动统治的中心,农村则是其统治力量相对薄弱的地方,中国革命必须走也只能走农村包围城市的道路。因此,农村是中国革命的主要阵地,农民是中国革命的主力军,中国共产党领导的革命战争本质上就是农民战争。毛泽东强调:"人民大众最主要的部分是农民,其次是小资产阶级,再其次才是别的民主分子。中国民主革命的主要力量是农民。忘记了农民,就没有中国的民主革命;没有中国的民主革命,也就没有中国的社会主

---

[1] 《毛泽东文集》第五卷,人民出版社1996年版,第22—23页。

[2] 《毛泽东选集》第三卷,人民出版社1991年版,第808页。

义革命，也就没有一切革命。我们马克思主义的书读得很多，但是要注意，不要把'农民'这两个字忘记了；这两个字忘记了，就是读一百万册马克思主义的书也是没有用处的，因为你没有力量。靠几个小资产阶级、自由资产阶级分子，虽然也可以抵一下，但是没有农民，谁来给饭吃呢？饭没得吃，兵也没有，就抵不过两三天。"[1] 毛泽东对农民问题在中国革命中的重要性的分析可谓鞭辟入里、入木三分。

农民与土地是共生关系，没有土地或缺少土地是广大农民生活贫穷和社会地位低下的根源。中国共产党之所以能够把农民组织动员起来，就在于抓住了农民问题最本质的土地问题，制定了能够调动农民参加革命战争积极性的相关土地政策，所以1927年至1936年的国共内战在中共党史上亦称之为土地革命战争，"打土豪、分田地"就成为这个时期最能吸引农民投身革命的口号。当时，各个革命根据地都制定了相关的土地政策，核心就是将地主的土地分配给农民。当然，由于缺乏经验，加上"左"倾教条主义的影响，在制定土地革命政策时也曾发生过偏差，如土地革命战争中期执行的"地主不分田，富农分坏田"，没有给地主阶级以生活出路。地主作为剥削阶级凭借所占有的土地剥削农民，过着不劳而获的生活，农民因为没有土地或者土地不足不得不租种地主的土地，因要缴纳数量不菲的地租而生活贫穷。通过土地革命将地主的土地分配给农

---

[1] 《毛泽东文集》第三卷，人民出版社1996年版，第305页。

民是必要的，否则无法调动农民参与革命的积极性。但是，消灭地主阶级主要是消灭他们赖以生存的封建土地制度，而不是把他们从肉体上消灭，相反，是要通过劳动将他们改造为自食其力的劳动者，使他们能为社会发展创造财富。实行"地主不分田，富农分坏田"政策的结果，等于不给地主、富农以生活出路，这就人为地扩大了他们对革命的抵触与反抗，这也是各根据地反"围剿"最终失利的一个重要因素。

长征结束后，由于日本帝国主义已经成为中华民族的共同敌人，国内主要矛盾由阶级矛盾转变为民族矛盾。经过遵义会议的中国共产党已经成熟起来，能够根据具体实际决定工作方针，在大力倡导建立抗日民族统一战线的同时，进行了相应的政策调整，在农村不再实行土地革命，而是进行减租减息，所以整个全民族抗战过程中，减租减息是中国共产党最重要的农村政策。之所以实行减租减息而非没收地主阶级土地分配给农民的政策，是因为抗战是整个中华民族的事业，只要是中国人，只要他愿意抗日，就应该团结争取。地主阶级虽然剥削农民，但他们毕竟是中华民族的成员，他们中的许多人也有抗日的要求，甚至有人以自己的实际行动支持抗战，如果对其仍实行没收土地分配给农民的政策，固然有利于调动农民抗日的积极性，但不利于建立最广泛的抗日民族统一战线。同时，抗战的主力毕竟是广大农民，要调动农民参加抗日就必须给他们以切实的物质利益。为了动员包括地主在内的社会各阶层都参加抗日民族统一战线，各抗日根据地实行的是减租减息政策，即地主照样可以收租收息，但又比过去少收一点，农民也仍要交租交息，但比过去少交一点，目的在于既动员农民也争取地主参与抗日。实践证明这个政策是正确的，它最大限度地动员了农民与争取了地主共同抗日。

还在全民族抗战爆发前的1937年2月，中共中央致电国民党五届三中全会明确提出停止没收地主土地的政策。但是，随着全民族抗战局面的到来，红军将改编为国民革命军到华北前线去抗日，这就面临一个如何改善农民生活以调动农民抗日积极性的问题。为此，中共中央提出在抗战时期实行减租减息政策，并列入了1937年8月在洛川召开的扩大的政治局会议通过的《抗日救国十大纲领》之中。从此，减租减息就成为中共在抗战阶段主要的农村政策。

全民族抗战初期，各抗日根据地刚刚建立，重点尚放在抗战的发动与战勤动员，同时改造旧政权上，对于农民负担的减轻，主要通过反对贪污、废除苛捐杂税、实行合理负担等方式解决，至于减租减息政策，多数还停留在宣传动员阶段。1939年抗日战争进入相持阶段，国民党挑起第一次反共高潮，各抗日根据地也开展了大规模的减租减息。但这时，一些人把少数顽固派发动的反共摩擦看作了整个地主阶级的动向，认为地主难有继续抗日的可能，于是变相地没收分配地主的土地，"把减租减息合理负担变成土地革命"[1]。在晋西北、冀南、鲁西等地区的反顽固斗争中，甚至提出"无地主不顽固，无顽固不汉奸"的口号，出现对地主乱打乱斗乱没收，把地主都逼往敌区顽区，与我尖锐对立的现象。针对这种情况，1940年12月，中共中央明确提出："必须向党员和农民说明，目前不是实行彻底的土地

[1] 中央档案馆编：《中共中央文件选集（一九三九—一九四〇）》第十二册，中共中央党校出版社1991年版，第544页。

革命的时期,过去土地革命时期的一套办法不能适用于现在。现在的政策,一方面,应该规定地主实行减租减息,方能发动基本农民群众的抗日积极性,但也不要减得太多。地租,一般以实行二五减租为原则;到群众要求增高时,可以实行倒四六分,或倒三七分,但不要超过此限度。利息,不要减到超过社会经济借贷关系所许可的程度。另一方面,要规定农民交租交息,土地所有权和财产所有权仍属于地主。不要因减息而使农民借不到债,不要因清算老账而无偿收回典借的土地。"[1]

为使减租减息政策得到正确的贯彻,1942年1月,中共中央作出《关于抗日根据地土地政策的决定》,承认农民是抗日与生产的基本力量,也承认大多数地主有抗日的要求,现在只能减轻封建剥削而不能消灭封建剥削,既要减租减息又要交租交息,并且要奖励富农生产和联合富农。该决定强调,对于地主与农民的合理要求必须满足,但双方都应服从于整个民族抗战的利益。在处理农村纠纷中,党与政府的工作人员,不是站在农民或地主的某一方面,而是根据上述基本原则,采取调节双方利益的方针。政府法令应有两方面的规定,不应畸轻畸重。一方面,要规定地主应该普遍地减租减息,不得抗不实行;另一方面,又要规定农民有交租交息的义务,不得抗不缴纳。一方面,要规定地主的土地所有权与财产所有权仍属于地主,地主依法有对自己土地出卖、出典、抵押及作其他处置之权;另一方

---

[1] 《毛泽东选集》第二卷,人民出版社1991年版,第766—767页。

面，又要规定当地主作这些处置之时，必须顾及农民的生活。一切有关土地及债务的契约的缔结，须依双方自愿，契约期满，任何一方有解约之自由。

同年2月4日，中共中央又发出《关于如何执行土地政策决定的指示》，强调"联合地主抗日，是我党的战略方针。但在实行这个战略方针时，必须采取先打后拉，一打一拉，打中有拉，拉中有打的策略方针"，并且明确"减租是减今后的，不是减过去的，减息则是减过去的，不是减今后的，大体上以抗战前后为界限"。[1] 随后，各抗日根据地开展了广泛深入的减租减息运动。

减租减息政策在不破裂与地主关系的前提下，减轻了农民负担。《陕甘宁边区土地租佃条例》规定，活租按原租额减25%至40%，减租后租率不得超过30%，土地副产物归承租人。华中解放区的淮北区规定，原来对半分即租率为50%的，减为租率35%，减租率为30%；原租率为40%的，减为30%，减租率为25%；原租率为30%的，减为25%，减租率为17%。[2] 据晋察冀根据地北岳区第二、五专区统计，1940年减租额即达12 290余石。[3] 据晋绥根据地1941年10个县统计，一年内共减租1 002 149大石（1石等于300斤），减租佃户17 812户，平均每户减租57大斗。[4] 减租前与减租后的租率相比较，晋察冀根据地一般减少1/3以上。晋冀鲁豫根据地的晋东、晋中、冀西、黎城、漳北等地区，战前租率最高达收获量的72%，最低的也达40%，平均

[1] 中央档案馆编：《中共中央文件选集（一九四一—一九四二）》第十三册，中共中央党校出版社1991年版，第295、300页。

[2] 陈廷煊：《抗日根据地经济史》，社会科学文献出版社2007年版，第144—145页。

[3] 晋察冀边区财政经济史编写组等：《晋察冀边区财政经济史资料选编》（农业编），南开大学出版社1984年版，第50页。

[4] 中共吕梁地委党史资料征集办公室编：《晋绥根据地资料选编》第一集，第42页。

为54%，实行减租减息后，最高的为37.5%，最低的为30%，平均为33.3%，租率比此前大为减少。[1]与此同时，农民所受的高利贷剥削也有所减轻。山西、河北、山东3省战前利率多在3分左右，减息之后一般只有1分左右，降低了2/3。[2]

减租减息在不损害地主根本利益的前提下，减轻了农民的负担，改善了农民的经济地位。它将地主阶级团结在抗日民族统一战线之内，调动了广大农民支持抗日的积极性，使农村社会各阶层共同汇集在抗日这面旗帜之下。

抗日战争胜利后，人民不想打内战，中国共产党也不希望内战发生。不论是重庆谈判，还是政治协商会议，中国共产党之所以一再作出让步，目的都是为了争取国内和平，避免内战的发生。但是，蒋介石是铁了心要消灭共产党的，除非共产党能交出军队，能放弃解放区。1927年大革命后期，中国共产党为了维护国共合作的局面，不但放弃了武装斗争，而且为了表达自己的诚意，将工人纠察队的武器交给了国民党，甚至连童子军手中的木棍都交出去了，换来的却是国民党反动派的大屠杀。中国共产党人因为有了大革命失败的教训，已经完全懂得了武装斗争的重要性。抗日战争胜利之时，中国共产党一方面尽力争取和平，但也不得不作国民党即将发动全面内战的准备。面对可能发生的国共大规模内战，必须得到解放区农民强有力的支持，而要得到农民的继续支持，就必须给农民以新的物质

---

[1] 黄韦文:《关于根据地减租减息的一些材料》,《解放日报》1942年2月11日。

[2] 中华人民共和国财政部《中国农民负担史》编辑委员会编:《中国农民负担史》第三卷,中国财政经济出版社1990年版,第193页。

利益。

抗战胜利后一段时间，国共之间是谈谈打打，双方关系还没有破裂，为了不刺激国民党，解放区的土地政策继续实行减租减息。到1946年春夏之际，国民党发动全面内战的迹象越来越明显，解放区必须加紧备战。但是，减租减息这个曾经有效的政策，已经难以继续作为动员组织农民的方式了。这是因为经过多年的减租减息，租和息已没有多大可以降减的空间，农民开始伸手向共产党要土地所有权了。还在中共七大的时候，毛泽东就提醒全党一定不要忘记了农民问题的重要性。他说："不是有一个时期我们忘记过农民吗？一九二七年忘记过，当时农民把手伸出来要东西，共产主义者忘记了给他们东西。抗战时期，这种差不多相同性质的问题也存在过。靠什么人打败日本帝国主义？靠什么人建立新中国？力量在什么地方？有些人在这个时候弄不清楚，给忘记了。"[1] 他还说："无产阶级领导，主要应当领导农民，他不要农民，当农民伸出手来的时候，就泼冷水，因为地主也伸出手来了。地主说：共产党，你可不行！于是乎，共产党就夹在地主与农民中间，最后接受了地主的影响，向农民泼冷水。反帝反封建不要农民，还有什么反封建？没有反封建，还有什么反帝呢？"[2]

1946年上半年，国内的政治局势在一定程度上类似大革命后期，国共两党的关系表面上还在维系，国共谈判还在进行。但国共关系究竟走向何方？有

[1]《毛泽东文集》第三卷，人民出版社1996年版，第305页。

[2]《毛泽东文集》第三卷，人民出版社1996年版，第307页。

没有彻底破裂的可能？这是中共中央不得不考虑的重大问题。如果国共关系最终破裂，国共之间的矛盾只有通过战争的方式才能解决，就必须争取农民成为中国共产党坚定的支持者，没有农民的参与与支持，解放区就难以巩固，战争所需要的人力物力就难以保证，甚至兵员的扩充都是问题。为此，毛泽东指出："解决土地问题，是一个最根本的问题，是一切工作的基本环节。"[1]正是在这样的背景下，这年5月4日，中共中央发布《关于清算减租及土地问题的指示》，即五四指示，决定将以往的减租减息政策转变为实行"耕者有其田"的政策，随后在解放区开展了轰轰烈烈的土地改革运动。

五四指示后在解放区开展大规模土地改革的意义，不只是分配了多少土地给农民的问题，更重要的是加深了农民与战争胜利的直接关联。各解放区经过抗日战争时期的减租减息，土地关系已发生了很大变化，地主占有的土地在减少，中农的比例在上升，贫农的比例在下降。对于这方面的情况已经有不少的材料予以证明。在这样的情况下，为什么要用群众运动的方式开展土地改革？一方面，还有相当多的地方，特别是抗战进入反攻阶段后新解放区的土地问题没有解决，就是减租减息比较彻底的老解放区也还有一部分农民有土地要求；另一方面，也是即将到来的全面内战需要一种有效的方式去组织动员农民。

五四指示发布的时候，各地基本上还是采取比

---

[1] 中共中央文献研究室编：《毛泽东年谱（一八九三——一九四九）》修订本，下卷，中央文献出版社2013年版，第79页。

较温和的方式进行土改，主要的方法是反奸（汉奸）清算（清算地主过去的封建剥削）、开明绅士献田等。在陕甘宁边区还试图用土地债券方式解决农民土地问题，即将地主多余的土地购买，由无地少地农民承购，农民有偿而不是无偿地获得土地。这也就是人们所说的和平土改。之所以如此，是因为五四指示发布之时及以后一段时间，国共关系还没有完全破裂，中共中央的想法是大打半年之后将蒋介石打痛，使其不得不停止战争，因而在土地问题上还须适当顾及国民党方面的反应。

进入1947年之后，由于国共关系已经完全破裂，中国共产党决心用战争的方式推翻国民党的反动统治，为了进一步组织动员农民，各解放区基本采取没收地主的土地无偿分配给农民的政策。1947年下半年全国土地会议之后，更是采取抽多补少、抽肥补瘦的方式按人口平均分配土地。在这个过程中，由于没有制定具体明确的划分阶级成分的规定，加上对前一阶段土地改革的结果估计不够，一度发生了"左"的偏差，主要表现是将中农拔高成地主富农，将地主在城镇中的工商业也当作封建剥削而没收等，甚至发生了乱打乱斗。1947年底开始，毛泽东和中共中央采取各种措施对土改中的"左"倾错误进行了纠正。

土地改革运动不但满足了农民的土地要求，更重要的是让众多农民实现了他们的政治参与。在中国农村，地主的数量并不多，他们的情况也千差万别。地主当中既有欺男霸女、鱼肉乡里的恶霸，也有平时与农民关系不甚紧张的普通地主。在过去的历史述说中，或许存在把地主形象简单化的问题。土地改革前，一般情况下地主们的社会地位比农民高，社会影响比农民大，在乡村社会拥有较大的话语权，尽管不同的地主在乡村社会的地位与影响会有很大的不同。在中国传统社会"皇权不下县"的情况下，乡绅是农村基层的实际统治者，乡绅未必都是地主，地主也未必都是乡绅，但乡绅的主体是地主恐怕是事实。土地改革运动中，与土地分配相伴随的是乡村社会的改造，在运动中各地普遍建立了农会，并且一度成为乡村权力的中心，一批过去没有话语权的贫雇农成为农会干部，而过去的乡绅因为大多是地主属于被打倒的对象，这是中国农村从未有过的社会现象。土地改革被赋予的农民翻身得解放的意蕴也在于此，它不仅体现在农民在土改中得到了胜利果实，也体现在他们的社会地位发生了重大变化。

土地改革的结果，不但提高了农民的政治觉悟和参加革命战争的自觉性，也提高了农民的组织化程度，同时也将战争与农民的土地紧密地联系起来。道理很简单，土地改革使农民得到了土地，而国民党对解放区的进攻一旦得逞，解放区就会被国民党军占领，被分掉土地的地主们就有可能反攻倒算，将农民的土地要回去。农民要想将土地保留在自己手中就必须参军参战，打退国民党军的进攻，并且只有彻底打倒蒋介石，在土地改革运动中被打倒的地主们才不敢也不能变天。开展土地改革调动了农民的参战积极性，是解放战争取得胜利的重要因素。

在解放战争中，解放区农民的负担其实相当重，大批的青壮年或参军，或作为常备民工长年支前。仅在淮海战役中，就共动员民工543万人次，运送弹药1460多万斤、粮食9.6亿斤。粟裕回忆说："淮海战役是华东野战军同中原野战军的联合作战。参战兵力达六十万人，作战地域：东起海州，西止商丘，北起临城，南达淮河，参战部队加支前民工每日需粮数百万斤。加之气候寒冷，供应线长，运输不便。因此，粮食的供应，就成为淮海战役能否取胜的一个重要关键。""在整个淮海战役期间，山东解放区每天平均运出原粮三百万斤，在各解放区支援前线的四亿五千万

第四章　全心全意为人民服务的根本宗旨

★ 翻身农民喜得土地证

★ 根据地农民欢庆减租减息

斤粮食中，山东就占两亿三千万斤。淮海战役后期，敌人在我军重重围困中，因断粮而互相殴斗、火并，甚至掘地挖坟，以棺木死尸为柴，烤烧战马充饥；我军阵地上，却是粮足饭香，兵强马壮。待战役结束时，前方尚存余粮四千多万斤。"[1]人们都知道陈毅有一句名言："淮海战役的胜利是人民群众用小车推出来的。"解放区农民之所以愿意为解放军推小车，就是因为经过土地改革，农民明白了战争胜利与自己的密切关系。试想，如果没有土地改革，能否找到更有效组织动员解放区农民的方式？土地改革成为解放战争有效的政治动员。正如周恩来所说的："土地问题解决得好，人民就拥护我们，仗就打得好。全国人口中有百分之八十是农民，其中得到土改利益的占百分之九十以上，这样大的力量，能不打胜仗吗？"[2]

中共中央在延安的13年，不论是土地革命战争后期，还是全民族抗日战争时期和解放战争时期，就革命的性质来说，都属于新民主主义革命的范围。这样的革命，实际是无产阶级领导的反帝反封建的资产阶级民主革命。既然是资产阶级民主革命，如何对待资产阶级特别是民族资产阶级，就成为一个必须慎重考虑的问题。在土地革命战争的前期、中期，由于受"左"倾错误的影响，对中国社会的阶级缺乏准确的分析，否认中间营垒的存在，把民族资产阶级当作最危险的敌人，将本可团结争取的民族资产阶级不但排斥在革命阵营之外，甚至

[1]《粟裕回忆录》，解放军出版社2007年版，第511—512页。

[2]《周恩来军事文选》第三卷，人民出版社1997年版，第271页。

视为革命的敌对力量，结果使自身处于比较孤立的地位。

中国的资产阶级虽然人数不多，尤其当时革命的重心在农村，而农村几乎没有多少资产阶级，但延安时期，毛泽东和党中央对民族资产阶级的问题十分重视，强调必须对私人资本主义采取正确的政策。在1938年9月至11月召开的中共六届六中全会上，他在《论新阶段》的政治报告中提出"有计划的在内地重新建立国防工业，从小规模的急需的部门开始，逐渐发展改进；吸收政府、民间与外国三方面的资力"，"保护私人工商业的自由营业，同时，注意发展合作事业"。[1] 1939年5月4日，他在《青年运动的方向》的讲演中指出："我们现在干的是资产阶级性的民主主义的革命，我们所做的一切，不超过资产阶级民主革命的范围。现在还不应该破坏一般资产阶级的私有财产制，要破坏的是帝国主义和封建主义，这就叫做资产阶级性的民主主义的革命。"[2] 他同时指出，民主主义革命的目的"就是打倒帝国主义和封建主义，建立一个人民民主的共和国。这种人民民主主义的共和国，就是革命的三民主义的共和国。它比起现在这种半殖民地半封建的状态来是不相同的，它跟将来的社会主义制度也不相同。在社会主义的社会制度中是不要资本家的；在这个人民民主主义的制度中，还应当容许资本家存在"。[3]

1939年12月，毛泽东在一次讲话中指出："我

---

[1] 中央档案馆编：《中共中央文件选集（一九三六—一九三八）》第十一册，中共中央党校出版社1991年版，第615页。

[2] 《毛泽东选集》第二卷，人民出版社1991年版，第562—563页。

[3] 《毛泽东选集》第二卷，人民出版社1991年版，第563页。

们对于资本主义采取调节的政策。包括发展中农的生产运动，办好消费合作社扶助中农生产，与富农竞争，成立商品合作社扶助小手工业生产者，废除苛捐杂税培植小商业者，发展国防工业与资本主义竞争，大胆让资本主义去发展而不压制资本主义，对于劳资关系也采取调节的政策。"他还说："社会主义是必然的道路，但是现在还不成，所以可以让资本主义发展，不过要调节它的发展。"[1]同月，毛泽东写了著名的《中国革命和中国共产党》一文，对中国革命的新民主主义性质作了深刻的论述，指出："现阶段的中国革命既然是为了变更现在的殖民地、半殖民地、半封建社会的地位，即为了完成一个新民主主义的革命而奋斗，那末，在革命胜利之后，因为肃清了资本主义发展道路上的障碍物，资本主义经济在中国社会中会有一个相当程度的发展，是可以想象得到的，也是不足为怪的。资本主义会有一个相当程度的发展，这是经济落后的中国在民主革命胜利之后不可避免的结果。"[2]

1940年9月23日，毛泽东在《时局与边区问题》的报告中指出，要消灭党内资本主义思想，发展新式的国家资本主义。党外资本主义是要发展的。边区有四种经济，国营经济、私人资本主义、合作社经济、半自足经济。私人资本主义要节制，但非打击，更非消灭。[3]11月1日，中共中央在《关于建立与巩固华中根据地的指示》中，要求各地防止过左的倾向，不能"过分强调改善工人生活，而致工商

---

[1] 顾龙生：《毛泽东经济年谱》，中共中央党校出版社1993年版，第141页。

[2] 《毛泽东选集》第二卷，人民出版社1991年版，第650页。

[3] 中共中央文献研究室编：《毛泽东年谱（一八九三——一九四九）》修订本，中卷，中央文献出版社2013年版，第208—209页。

业关门,生产缩小"[1]。12月25日,毛泽东在为中共中央起草的关于时局与政策的指示中提出:"劳资间在订立契约后,工人必须遵守劳动纪律,必须使资本家有利可图。否则,工厂关门,对于抗日不利,也害了工人自己。""应该吸引愿来的外地资本家到我抗日根据地开办实业。应该奖励民营企业,而把政府经营的国营企业只当作整个企业的一部分。凡此都是为了达到自给自足的目的。应该避免对任何有益企业的破坏。"[2]

1941年1月15日,《解放》周刊发表《论抗日根据地的各种政策》的社论,明确提出:"我们欢迎他地的资本家到抗日根据地上开办实业,并切实保护他们的营业。"同年5月1日,陕甘宁边区发布经中共中央政治局批准的《陕甘宁边区施政纲领》,其中规定:"发展工业生产与商业流通,奖励私人企业,保护私有财产,欢迎外地投资,实行自由贸易,反对垄断统制,同时发展人民的合作事业,扶助手工业的发展。"[3]1942年1月28日,中共中央在《关于抗日根据地土地政策的决定》中又指出:"承认资本主义生产方式是中国现时比较进步的生产方式,而资产阶级、特别是小资产阶级与民族资产阶级,是中国现时比较进步的社会成分与政治力量。""小资产阶级,民族资产阶级与富农,不但有抗日要求,而且有民主要求。故党的政策,不是削弱资本主义与资产阶级,不是削弱富农阶级与富农生产,而是在适当的改善工人生活条件之下,同时奖励资本主

[1] 中央档案馆编:《中共中央文件选集(一九三九——一九四〇)》第十二册,中共中央党校出版社1991年版,第544页。

[2]《毛泽东选集》第二卷,人民出版社1991年版,第766、768页。

[3]《毛泽东文集》第二卷,人民出版社1993年版,第336页。

义生产与联合资产阶级,奖励富农生产与联合富农。"[1]

在1945年4月至6月召开的中共七大上,毛泽东不论在其《论联合政府》的书面报告中还是在其口头政治报告中,都一再强调要正确对待资本主义。他说:"有些人不了解共产党人为什么不但不怕资本主义,反而在一定的条件下提倡它的发展。我们的回答是这样简单:拿资本主义的某种发展去代替外国帝国主义和本国封建主义的压迫,不但是一个进步,而且是一个不可避免的过程。它不但有利于资产阶级,同时也有利于无产阶级,或者说更有利于无产阶级。现在的中国是多了一个外国的帝国主义和一个本国的封建主义,而不是多了一个本国的资本主义,相反地,我们的资本主义是太少了。""在新民主主义的国家制度下,除了国家自己的经济、劳动人民的个体经济和合作社经济之外,一定要让私人资本主义经济在不能操纵国民生计的范围内获得发展的便利,才能有益于社会的向前发展。对于中国共产党人,任何的空谈和欺骗,是不会让它迷惑我们的清醒头脑的。"[2] 在这几段话中,毛泽东其实已经将以社会主义为奋斗目标、以消灭私有制为己任的中国共产党人为什么主张在中国发展资本主义解释得非常清楚了。

当时,党领导的抗日根据地主要是农村,自然没有多少资本主义,但提出的发展资本主义的政策,产生了很大的影响。时任蒋介石侍从室第六组组长

[1] 中共中央文献研究室、中央档案馆编:《建党以来重要文献选编(一九二一—一九四九)》第十九册,中央文献出版社2011年版,第20页。

[2] 《毛泽东选集》第三卷,人民出版社1991年版,第1060—1061页。

的唐纵，在日记中曾这样写道："在第七次大会上毛泽东的政治报告，主张保持私有财产制度并发展资本主义，这是中共一个很大的转变。这个转变在中国收到很大的效果，后方许多工商界和国民党内部失意分子，过去对于共产党的恐怖心理，已完全改观。本党政治的腐化不但引起党外的反感，亦且失了党内的同情，如果没有显著的改革，全国人心将不可收拾。"[1] 可见这一政策所产生的深刻的社会影响。

中国共产党对于民族资产阶级的这种政策，并没有因为国共内战而改变。1947年12月召开的中共中央扩大会议，即十二月会议提交的《目前形势和我们的任务》书面报告中，亦明确提出："新民主主义的革命任务，除了取消帝国主义在中国的特权以外，在国内，就是要消灭地主阶级和官僚资产阶级（大资产阶级）的剥削和压迫，改变买办的封建的生产关系，解放被束缚的生产力。被这些阶级及其国家政权所压迫和损害的上层小资产阶级和中等资产阶级，虽然也是资产阶级，却是可以参加新民主主义革命，或者保守中立的。他们和帝国主义没有联系，或者联系较少，他们是真正的民族资产阶级。在新民主主义的国家权力到达的地方，对于这些阶级，必须坚决地毫不犹豫地给以保护。"[2] 十二月会议提出了新民主主义革命的三大经济纲领，即没收封建地主阶级的土地归农民所有；没收垄断资本归新民主主义国家所有；保护民族工商业。

1948年3月1日，毛泽东在为中共中央起草的

---

[1] 唐纵：《在蒋介石身边八年——侍从室高级幕僚唐纵日记》，群众出版社1991年版，第522页。

[2] 《毛泽东选集》第四卷，人民出版社1991年版，第1254页。

《关于民族资产阶级和开明绅士问题》的指示中再次指出：在新民主主义革命阶段，民族资产阶级是人民大众的一部分，他们在经济上具有重要性，他们可以参加反对美蒋，或者采取中立的态度，因此有可能和必要去团结他们。对这个阶级的经济地位必须慎重地加以处理，必须在原则上采取一律保护的政策。否则，便要在政治上犯错误。[1] 3月12日，毛泽东在为中共中央起草的《关于情况的通报》中又指出："最近几个月，我党在战争、土地改革、整党整军、发展新区和争取民主党派等方面均有成绩，在这些工作中所发生的偏向有了着重的纠正，或正在纠正中，这样就可以使整个中国革命运动走上健全发展的轨道。只有党的政策和策略全部走上正轨，中国革命才有胜利的可能。政策和策略是党的生命，各级领导同志务必充分注意，万万不可粗心大意。"[2] 正是由于采取保护民族工商业的政策，才稳定了广大的民族资产阶级，扩大了人民民主统一战线。

延安时期，党的政策涉及政治、经济、文化、社会等方方面面。在1942年10月至1943年1月召开的中共中央西北局高级干部会议上，毛泽东在一次讲话中一口气列举了当时对敌斗争、精兵简政、统一领导、拥政爱民、发展生产、整顿三风、审查干部、阶级教育、减租减息、"三三制"等十大政策。强调以上十大政策，坚持贯彻下去，就能对付日本帝国主义的侵略，就能对付国共关系可能的破裂。历史证明，中共中央在延安时期提出的各项重要政

---

[1] 《毛泽东选集》第四卷，人民出版社1991年版，第1289页。

[2] 《毛泽东选集》第四卷，人民出版社1991年版，第1298页。

策都是正确的。正是因为制定了一系列正确政策，所以才使人民群众真正感受到共产党是切实为他们着想的，是真心实意为他们谋利益的。

毛泽东在1947年12月召开的中共中央扩大会议，即十二月会议上曾指出：政治方面，人心动向变了，蒋介石被孤立起来，群众站在我们方面。这个问题在长时期没有解决。十年内战时期我们孤立，抗战时期蒋介石逐渐失掉人心，我们逐渐得到人心，但仍未根本解决。直到抗战胜利以后这一两年来才解决了这个问题。军事方面，蒋介石转入防御，我们转入进攻。以前讲反攻，不完全妥当，以后都讲进攻。经济方面，蒋介石的情形到了今年已经很严重，我们现在也困难，特别是山东、陕北两处，但我们的困难可以解决。根本上是我们有土地改革，蒋介石没有。[1] 在人民解放战争中，之所以实现了"人心向我"，就在于中国共产党制定了一系列正确的政策。

在离开陕北前夕，毛泽东在为中共中央起草的一份党内指示中，曾对政策问题的重要性再次作了深刻论述。他说："全党同志须知，现在敌人已经彻底孤立了，但是敌人的孤立并不就等于我们的胜利。我们如果在政策上犯了错误，还是不能取得胜利。具体说来，在战争、整党、土地改革、工商业和镇压反革命五个政策问题中，任何一个问题犯了原则的错误，不加改正，我们就会失败。政策是革命政党一切实际行动的出发点，并且表现于行动的过程

[1] 中共中央文献研究室编：《毛泽东年谱（一八九三——一九四九）》修订本，下卷，中央文献出版社2013年版，第260页。

★ 边区军民互拜新年

和归宿。一个革命政党的任何行动都是实行政策。不是实行正确的政策，就是实行错误的政策；不是自觉地，就是盲目地实行某种政策。所谓经验，就是实行政策的过程和归宿。政策必须在人民实践中，也就是经验中，才能证明其正确与否，才能确定其正确和错误的程度。但是，人们的实践，特别是革命政党和革命群众的实践，没有不同这种或那种政策相联系的。因此，在每一行动之前，必须向党员和群众讲明我们按情况规定的政策。否则，党员和群众就会脱离我们政策的领导而盲目行动，执行错误的政策。"[1]

一个政党是否得民心，关键在于这个政党的政策是否切合实际，是否符合大多数人的利益。毛泽东说到十年内战时期共产党是孤立的，是因为当时处于"左"倾错误的影响下，提出的路线方针和政策主张，往往脱离了实际，也脱离了群众。比如，在土地问题上，一段时间执行"地主不分田、富农分坏田"，实际上不给地主富农以生活出路，这不但有可能将许多原本不会剧烈与我对抗的地主富农逼成坚定的反革命者，而且会加重农民负担。又比如，在日本发动九一八事变侵占中国东北后，抗日救亡成为压倒一切的任务，而当时"左"倾教条主义竟然不顾国内主要矛盾的变化，依然高喊"武装保卫苏联"，并且继续强调"中间阶级是最危险的敌人"，这必然会造成自己的孤立。全民族抗战之后，中国共产党的政治影响之所以不断扩大，党领导的武装

---

[1] 《毛泽东选集》第四卷，人民出版社1991年版，第1286页。

力量和抗日根据地也不断发展，就在于高举抗日的旗帜，大力倡导并维护抗日民族统一战线，所制定的各项政策都是围绕是否有利于抗日这个大局，所以同情和支持中国共产党的人越来越多。但由于蒋介石毕竟还在抗日，因而国民党还有相当的政治影响。到解放战争时期，在国共对立中才从根本上解决了"人心向我"的问题。这是因为蒋介石的内战政策，他的独裁专制统治，违背了中国大多数人的意愿与要求，从而失去了人心，而中国共产党在抗战胜利后对和平的维护与争取，以及制定的一系列符合实际、维护绝大多数人利益的方针政策，使人们把中国的希望寄托到中国共产党身上。

第五章 自力更生、艰苦奋斗的创业精神

1938年4月1日,毛泽东在陕北公学第二期开学典礼上的讲话中说:"共产党也有他的作风,就是:艰苦奋斗!这是每一个共产党员,每一个革命家的作风。"[1] 1949年10月26日,毛泽东复电延安和陕甘宁边区的同志们说:"延安和陕甘宁边区,从一九三六年到一九四八年,曾经是中共中央的所在地,曾经是中国人民解放斗争的总后方。延安和陕甘宁边区的人民对于全国人民是有伟大贡献的。我庆祝延安和陕甘宁边区的人民继续团结一致,迅速恢复战争的创伤,发展经济建设和文化建设。我并且希望,全国一切革命工作人员永远保持过去十余年间在延安和陕甘宁边区的工作人员中所具有的艰苦奋斗的作风。"[2] 如果说,黄土是陕北高原的底色,那么,自力更生、艰苦奋斗就是延安精神的底色。没有自力更生、艰苦奋斗,就没有中共中央在延安创建的辉煌,也就没有中国革命的胜利。

---

[1] 中共中央文献研究室编:《毛泽东著作专题摘编》下,中央文献出版社2003年版,第2132—2133页。

[2] 《毛泽东文集》第六卷,人民出版社1999年版,第17页。

一、"永远不在困难面前退缩"

中国共产党在极其困难的条件下诞生,又在极其困难的环境中开展革命。这种困难主要是由中国半殖民地半封建社会的性质所决定的。近代以来,由于长期封建主义的统治,中国已经落后于时代潮流陷入衰落的境地。于是,已经实现工业化的西方帝国主义乘虚而入,对中国发起一次又一次侵略。由于中国封建统治者的软弱无能,这些战争又几乎全都以中国战败求和而结束,其结果是不得不签订一系列丧权辱国的不平等条约,使中国领土主权完整遭受严重破坏。这样,中国由原来典型的封建国家变成半殖民地半封建国家。

很显然,导致近代中国贫穷落后的根源,就是帝国主义、封建主义以及二者相结合而产生的官僚资本主义。实现民族独立和人民解放,所面对的主要敌人是帝国主义、封建主义,即帝国主义国家的资产阶级和本国的地主阶级。"因为,在现阶段的中国社会中,压迫和阻止中国社会向前发展的主要的东西,不是别的,正是它们二者。二者互相勾结以压迫中国人民,而以帝国主义的民族压迫为最大的压迫,因而帝国主义是中国人民的第一个和最凶恶的敌人。""由此也可以明白,中国革命的敌人是异常强大的。中国革命的敌人不但有强大的帝国主义,而且有强大的封建势力,而且在一定时期内还有勾结帝国主义和封建势力以与人民为敌的资产阶级的反动派。"[1]

帝国主义和封建主义不仅控制着中国的政权，掌握了中国的经济命脉，而且手中有强大的反革命军队，他们为了维系对中国的统治，丝毫不许中国的革命力量和进步势力发生发展，千方百计地利用自己掌握的强大反革命专政工具，对革命进行残酷的摧残。"因为我们的敌人是异常强大的，革命力量就非在长期间内不能聚积和锻炼成为一个足以最后地战胜敌人的力量。因为敌人对于中国革命的镇压是异常残酷的，革命力量就非磨练和发挥自己的顽强性，不能坚持自己的阵地和夺取敌人的阵地。"[2]这就决定了中国革命的条件与环境异常艰难，决定了中国革命将是长期的残酷的，中国革命要取得成功必须进行长期的艰苦奋斗。

中国革命要面对的是穷凶极恶的敌人。由于中国是一个长期的封建专制统治的国家，反动派对中国实行严密的统治，在中国搞革命没有任何公开的合法的形式可以利用。中共一大召开时，有的代表连出席会议的旅途经费都没有，就在大会即将闭幕时会场又遭到租界当局的搜查与破坏，不得不改到浙江嘉兴南湖的一个游船上才得以继续举行。党成立之后，一开始把主要的注意力和精力用在工人运动上，虽然有的罢工曾取得胜利，但当时影响最大的京汉铁路工人大罢工，却在1923年2月7日遭到北洋军阀的残酷镇压，共产党员林祥谦和施洋惨遭杀害，大批参加罢工的工人被杀被捕被开除，充分

[1] 《毛泽东选集》第二卷，人民出版社1991年版，第633、634页。

[2] 《毛泽东选集》第二卷，人民出版社1991年版，第634页。

暴露出统治阶级的反动性和残酷性。

在后来的革命历程中，不论是大革命时期还是土地革命战争时期，革命都是异常艰难的。1927年5月，中共五大选举产生的31名中央委员中，从大革命失败至遵义会议前牺牲的有蔡和森、苏兆征、张太雷、邓中夏、陈延年、罗亦农、贺昌、彭湃、赵世炎、恽代英、陈乔年、杨其珊等，牺牲人数超过三分之一，这还不包括此后牺牲的瞿秋白、夏曦。中共五大选举产生了以王荷波、许白昊、张佐臣、杨匏安、刘峻山、周振声、蔡以忱为委员，杨培森、萧石月、阮啸仙为候补委员的中央监察委员会，其中有8人在土地革命战争时期牺牲，另有周振声1928年与党组织失去联系下落不明，只有刘峻山一个人幸存到新中国成立。有无数知名的或无名的共产党员，牺牲在北洋军阀、国民党反动派和日本侵略者的刑场上，牺牲在北伐战争、反"围剿"战争、抗日战争和解放战争的战场上。

尽管中国共产党从开始领导中国革命起就面临着巨大的牺牲，但正是凭借不怕牺牲、艰苦奋斗的精神，一批又一批共产党员挺身而出，工人运动失败后开启了国共合作的大革命，大革命失败后开始以武装斗争反抗国民党新军阀的反动统治，第五次反"围剿"失败后迈开自己的双脚踏上万里征程，最终将南方的革命种子转移到了西北。

中国革命在当时风起云涌的世界革命运动中，自然不是孤立的。五四运动后，为什么中国的革命不再是旧的资产阶级民主革命，即旧民主主义革命，而是新式的资产阶级民主革命，即新民主主义革命？这是因为一方面，革命的领导者已经由原来的资产阶级转换为无产阶级；另一方面，俄国十月革命后，中国资产阶级民主革命"在革命的阵线上说来，则属于世界无产阶级社会主义革命的一部分了"[1]。中国革命既然作为世界革命的一部分，那么与其他国家的革命就会或多或少、或直接或间接地产生联系。应该承认，中国共产党成立之时及以后一段时间，曾得到了列宁领导的共产国际的帮助，例如它帮助中国共产党建党、推动国共合作、帮助培训党的干部、支持北伐战争等，同时也曾给予经费上的资助。在后来的土地革命战争时期，共产国际和苏联也曾继续给予过这样的或那样的一些帮助。

但是，共产国际与苏联在对中国革命提供帮助的同时，又容易将自己的革命模式和革命经验自觉不自觉地推行到中国来。第一次国共合作之所以采用党内合作的方式，固然是由于孙中山的坚持，但与共产国际一方面帮助中国共产党建党，同时又更看重孙中山、国民党的力量有关。由于俄国革命是先有无产阶级与资产阶级合作的1905年革命和1917年的二月革命即资产阶级民主革命，后有无产阶级革资产阶级之命的十月革命即社会主义革命，因此，共产国际认为，中国革命也必须先有无产阶级与资产阶级合作的（即共产党与国民党合作）革命，国共两党共同打倒北洋军阀，在中国建立由国民党掌握的政权，发展资本主义，然后无产阶级即共产党一举发动一场十月革命那样的革命，建立无产阶级掌握的政权。因而在革命的第一阶段即资产阶级民主革命阶段，无产阶级主要是给资产阶级帮忙、打工的，是帮助资产阶级取得政权的，无须去争取领

[1]《毛泽东选集》第二卷，人民出版社1991年版，第667页。

导权，只有到了社会主义革命阶段，无产阶级才需要掌握领导权。正是由于受共产国际和苏联的影响，因而在第一次国共合作中，中国共产党始终没有认识到领导权问题的重要性，更没有认识到领导权需要斗争才能掌握，为了维系国共合作的局面不惜迁就国民党，对国民党右派发动的反共活动一再妥协退让，最终导致大革命的失败。

大革命失败，中国共产党人从国民党反动派的大屠杀中，认识到了掌握革命武装的重要，制定了武装的革命反对武装的反革命的方针，开启了武装斗争。但这时，共产党人又面临着新的难题，这就是武装斗争的重点在哪里开展，农村还是城市？由于十月革命是首先在大城市组织工人士兵进行武装起义而取得成功的，走的是由城市到乡村的道路，因而在大革命失败后中国共产党人开启武装斗争之时，也是进行这样的尝试，以夺取城市为目标。

但是，由于敌我力量悬殊，加之城市是敌人统治的中心和反革命力量的聚集地，多数起义都未能实现夺取城市的目标，个别起义虽然一度占领了城市但无法坚守只得退出。在这样的情况下，以毛泽东为代表的一部分共产党人从中国实际出发，当夺取城市的计划受挫时，为保存革命力量，主动将队伍转入敌人力量相对薄弱的偏远农村，开创农村革命根据地，开始农村包围城市革命道路的探索。尽管如此，当时的共产国际和中央领导层并没有认识到中国革命的特殊性，仍然坚持"城市中心论"，轻视革命根据地的作用，仅仅是把根据地的红军看作配合城市武装起义的一种力量，要求弱小的红军去攻打敌人坚固设防的中心城市，要求城市的党组织进行毫无胜利希望的武装起义，给革命造成许多不必要的损失。特别是在1931年1月召开的中共六届四中全会上，由于共产国际代表的坚持，没有多少革命实践经验的王明成为党的实际领导人，从此党陷入了长达四年的王明"左"倾教条主义统治时期，给中国革命带来灾难性的后果。由此可见，中国革命不但需要艰苦奋斗，也需要独立自主、自力更生。

1935年1月召开的遵义会议是中共中央在与共产国际失去直接联系的情况下召开的重要会议，开启了中国共产党独立自主解决中国革命实际问题的新阶段，这是党走向成熟的重要标志。遵义会议后，中共中央和中央红军经过千辛万苦、战胜各种困难，于1935年10月终于到达陕北。一年后，红二、红四方面军在宁夏的将台堡和甘肃的会宁分别与红一方面军（中央红军）会师。

三大主力红军会师前后，红军的生存发展遇到诸多困难。1935年10月，红一方面军到达陕北与红十五军团会师时，仅剩不到8000人，由原红二十五军和陕北红军组成的红十五军团也只有7000余人。不久，红十五军团并入红一方面军序列。随后，红一方面军东渡黄河进入山西，开展扩红筹款和抗日宣传，部队有所发展。三大主力红军会师时，红二方面军有1万人左右；而在1935年时，红四方面军有8万余人，由于张国焘坚持南下的错误方针，在南下过程中损失过半，南下失败后滞留在川西高原少数民族地区无法大量扩充红军，后来只得再过草地北上，又造成部分人员的损失，等到再次与中央红军会师时尚有3万余人。就这样，三大主力红军相加应在6万人左右。

经过中央红军的西征，陕甘革命根据地扩大为陕甘宁革命根据地，面积、人口与过去相比有所扩大、增长，但这里虽然面积不小，但人口不多，几乎都是地广人稀之处，生产力水平基本处于靠天吃饭的状态。此地植被稀少，农作物产量低，为扩大产量农民不得不过度开垦，由此又造成植被的进一步减少。同时这里

★ 长征到达陕北的红一方面军一部

★ 长征到达陕北的红四方面军一部

降雨量少且集中，平时雨水稀少，十年九旱，而一旦下雨又容易发生洪涝灾害，许多地方属于人类不适宜居住之地。当地老百姓的生活本来就十分苦寒，明末农民大起义就是在这里爆发的。原来陕北红军在这里活动之时，红军数量毕竟不多，中央红军先期到来之后，为了解决供养及扩红等问题，先后开展东征与西征，但东征由于蒋介石的中央军入晋只得返回，西征再向西发展便是西北军阀马家军的地盘，向北是连绵的毛乌素沙漠，南面倒是以西安为中心的比较富饶的关中平原，但这里蒋介石派重兵把守，显然不是红军可以发展之处。随着三大主力红军会师，一方面革命力量集中到一处，尤其是此时已经解决了所谓北上还是南下之争，党和红军实现了团结统一，但另一方面，几万红军云集在这里，如何解决给养就成为头等大事。

当时，中共中央曾计划组织宁夏战役，红军主力向北发展，夺取宁夏，红四方面军总部及第三十军、第五军、第九军共约2.18万人先期西渡黄河。可是，蒋介石调集了十几个师大举向红军进攻，国民党军胡宗南部隔断了红军河东主力与河西部队的联系。这时蒋介石亲赴西安，逼迫张学良、杨虎城率部"剿共"。随后，蒋介石又去洛阳进行"剿共"的军事部署，将其嫡系中央军30个师调到以郑州为中心的平汉、陇海铁路沿线，以便随时开赴陕甘地区。在这样的情况下，红军夺取宁夏的计划被迫中止，已过黄河的红四方面军组成西路军西进河西走廊，开始了悲壮的西征。中共中央甚至准备再次组织东征入晋，第一步占领同蒲铁路，第二步出冀豫晋之交，第三步从直鲁豫之交渡过黄河，第四步到皖豫鲁，第五步到鄂豫皖，第六步到鄂豫陕，然后再转西北。[1]1936年11月13日，在中共中央政治局会议上，毛泽东明确提出：红军行动方向主要是向东，预计明春过黄河。四方面军一部分已向西，能否调回来是个问题。现在我们的行动，都是脚踏两边船，最好是，向西的还是向西，向东的还是向东。如果向西不能达到目的，当然可以转向东。[2]可见，当时中共中央已作了万一陕北不能坚守而再次转移的打算。

当时陕甘宁革命根据地地广人稀、贫穷落后，三大主力红军会师后，既要面对尾追而来的国民党中央军随时可能的"围剿"，也要面对严重的经济困难。而如何克服经济困难甚至比军事工作更急迫。所以，在陕甘宁革命根据地这种艰苦的生存环境中，中国共产党只有比以往更重视自力更生、艰苦奋斗才能生存发展。

在全民族抗战时期，中共中央一再号召全党要树立自力更生、艰苦奋斗的精神。毛泽东强调："没有什么困难、事情能够阻住我们去路的，问题只在坚持正确方针，艰苦奋斗，就能达到目的。"[3]他告诫全党："我们民族历来有一种艰苦奋斗的作风，我们要把它发扬起来。要把现在许多人中间流行的那种自私自利、贪生怕死、贪污腐化、萎靡不振的风气，根本改变过来。"并且明确指出："坚定正确的政治方向，是与艰苦奋斗的工作作风不能脱离的，没有坚定正确的政治方向，就不能激发艰苦奋斗的工作作风；没有艰苦奋斗的工作作风，也就不能执

---

[1] 《毛泽东军事文集》第一卷，军事科学出版社、中央文献出版社1993年版，第653页。

[2] 中共中央文献研究室编：《毛泽东年谱（一八九三—一九四九）》修订本，上卷，中央文献出版社2013年版，第610页。

[3] 毛泽东：《给董柏成的题词》（一九三八年），《党的文献》1990年第3期。

行坚定正确的政治方向。"[1]毛泽东的这段话深刻地揭示了坚持正确的政治方向和坚持艰苦奋斗之间的辩证关系。"保持和弘扬艰苦奋斗的精神,说到底就是牢固树立和坚持马克思主义的世界观、人生观、价值观的问题。只有从根本上解决好世界观、人生观、价值观的问题,牢固树立群众观点,才能使艰苦奋斗的精神在思想上真正扎根、在行动上自觉体现。只有真正做到为党和人民艰苦奋斗,才能在思想上作风上真正贴近群众,也才能在实践中不断解决好世界观、人生观、价值观的问题。"[2]依靠自力更生、艰苦奋斗的精神,全民族抗战时期,中国共产党克服了一个又一个困难,创建了19块敌后抗日根据地,数十倍地发展了人民武装,成为抗战的中流砥柱。

抗日战争胜利后,蒋介石不顾人民的反对坚持内战方针,并以1946年6月26日国民党军大举进攻中原解放区为标志,挑起全面内战。面对国民党军气势汹汹的进攻,能不能打败蒋介石是党内党外普遍关心的一个问题。毛泽东就此指出:"蒋介石虽有美国援助,但是人心不顺,士气不高,经济困难。我们虽无外国援助,但是人心归向,士气高涨,经济亦有办法。因此,我们是能够战胜蒋介石的。全党对此应当有充分的信心。"[3]他同时又提醒全党,战争有可能是长期的,为着粉碎蒋介石的进攻,必须作持久打算。"必须十分节省地使用我们的人力资源和物质资源,力戒浪费。必须检查和纠正各地已

---

[1] 毛泽东:《国民精神总动员的政治方向》(1939年5月1日),《新中华报》1939年5月10日。

[2] 中共中央文献研究室编:《十六大以来重要文献选编》上,中央文献出版社2005年版,第85页。

[3] 《毛泽东选集》第四卷,人民出版社1991年版,第1187页。

★ 延安的机关干部、战士参加纺线比赛

经发生的贪污现象。必须努力生产，使一切必需品，首先是粮食和布匹，完全自给。必须提倡普遍植棉，家家纺纱，村村织布。即在东北亦应开始提倡。在财政供给上，必须使自卫战争的物质需要得到满足，同时又必须使人民负担较前减轻，使我解放区人民虽然处在战争环境，而其生活仍能有所改善。总之，我们是一切依靠自力更生，立于不败之地，和蒋介石的一切依靠外国，完全相反。我们是艰苦奋斗，军民兼顾，和蒋介石统治区的上面贪污腐化，下面民不聊生，完全相反。在这种情形下，我们是一定要胜利的。"[1]

共产党员应当是胸怀远大理想者，同时又是脚踏实地者，不论是远大理想还是现时的实际任务，都需要每个党员积极工作、艰苦奋斗才能实现。老一辈革命家谢觉哉在《怎样做个好的共产党员》一文中指出："而中国革命又具有特别艰苦与长期的特点，更要求每个党员具有牺牲、苦干、硬干、百折不挠的精神。永远不在困难面前退缩（环境的困难、战争的困难、物质的困难……）。"[2] 中国革命特有的长期性与艰苦性，铸造了共产党人不怕困难、不怕吃苦、不怕牺牲的品格，形成了自力更生、艰苦奋斗的精神气质，正是靠着自力更生、艰苦奋斗，党领导人民取得了抗日战争和人民解放战争的最终胜利。正如毛泽东在人民解放军成立22周年之际所总结的："二十二年的人民解放军的历史证明，只要坚持了正确的政治路线和军事路线，保持艰苦奋斗的

[1]《毛泽东选集》第四卷，人民出版社1991年版，第1188页。

[2]《谢觉哉文集》，人民出版社1989年版，第324页。

工作作风,完全和人民群众打成一片,任何强大的敌人都是能够打倒的,任何严重的困难都是能够克服的。"[1]

> [1] 《毛泽东军事文集》第五卷,军事科学出版社、中央文献出版社1993年版,第653页。

二、"我们的困难真是大极了"

中共中央到达陕北之初,不但要面对国民党军队的"追剿""围剿",还必须面对严重的经济困难,而且解决后者甚至比前者更为迫切。三大主力红军刚会师就组织西路军西征,一个重要的目的就是为了打通与苏联的联系,试图获取苏联物质上的支援。由于实行抗日民族统一战线政策,共产党与张学良及东北军建立合作关系,当时红军不得不一再向张学良借款以解燃眉之急,但这样并非长久之计。

全民族抗战爆发后,随着第二次国共合作局面的形成,陕甘宁边区经济紧张的局面有所缓解。其原因,一是根据国共谈判达成的协议,红军改编成八路军和新四军后,国民党政府按其核定的编制给予一定的军饷;二是由于中国共产党在推动全民族抗战中起到决定性作用,得到了国内外的广泛好评,从而争取到了较多的国内外捐款。

根据国共谈判,陕北主力红军改编成八路军后,全军编制为3个师4.5万人,国民党政府据此给八路军拨发经费。根据1941年3月国民党政府军事委员会编制的《第十八集团军及新四军编制经费情形报告表》列述,国民党政府对八路军的拨款是:(一)

1937 年度月发经费 30 万元，战务费 20 万元，补助费 5 万元，医药补加费 1 万元，米津及兵站补助费 7 万元，合计月发 63 万元。（二）1939 年 8 月份起加兵站临时补助费 2.5 万元，连前月共到发 65.5 万元。（三）1940 年元月起，每月增发米津 4.5 万元，连月共发 70 万元。

国民党政府拨给新四军的经费为：（一）1938 年 1 月核定全军 4 个支队月各发经费 1.5 万元，军部 0.6 万元，自 3 月份起每月增发经费 2 万元，5 月起成立军直属分站一，独立派出所一，核定月支兵站费 0.3 万元；自 5 月 16 日起，月发米津 1.3534 万元；自 6 月份重新核定新四军经费每月 11 万元。（二）1939 年全年度经费仍旧月发 11 万元，另发战临费 2.2 万元，共月发经费 13.2 万元。（三）1940 年度经费核定每月为 11.5 万元，又战临费 2.2 万元，共月发 13.7 万元。[1]

在全民族抗战开始之初，八路军、新四军数量有限，国民党政府拨给八路军、新四军的军费，尚可勉强维持部队所需。问题在于八路军、新四军发展迅速，到 1938 年 10 月，八路军人数达 15.6 万人，新四军 2.5 万人，到 1940 年，八路军发展到 40 万人，新四军发展到 10 万人。八路军、新四军总人数增加近 10 倍，但国民党政府仍按改编之初原编制拨发经费，40 万八路军月经费 70 万元，人均不到 2 元，新四军以 10 万之众月经费仅 13 万余元，人均 1.3 元。这点经费对于八路军、新四军来说已是杯水车薪。

[1] 总后勤部财务部、军事经济学院编著：《中国人民解放军财务简史》，中国财政经济出版社 1991 年版，第 109—110 页。

全民族抗战一爆发,红军改编为八路军和新四军后迅速开赴前线,并且取得了平型关战役等一系列胜利,赢得了良好的声誉,国内各阶层及一些海外华人华侨纷纷解囊捐助八路军和新四军。1938年至1939年,上海未被日军占领的租界区开展群众性的支援新四军运动,组织义演、义卖,共募集到几十万元,为新四军购买了一批药品和5万套军装所需布匹。[1] 宋庆龄及其领导的保卫中国同盟,在海外为八路军、新四军募捐了数量不菲的医疗器械、药品、现款和其他物资。仅1936年12月到1939年2月,宋庆龄就向延安寄去了6万元法币。[2]

据陕甘宁边区的统计,从1938年10月至1939年2月的5个月时间里,海外及后方捐款共达法币1 300 948元,约合当时小米40 654石(每石300市斤)。[3] 据八路军供给部的统计,从1937年至1941年,各部队上缴给供给部的捐款有账可查者共为897.4万元,其中:1937年3.6万元,1938年200.1万元,1939年60.4万元,1940年555.3万元,1941年78万元。"因各部队分散活动,加上缺少统一的收支手续,账目记载不全,实际上部队所得要多得多。"[4]

除了以上经济来源外,陕甘宁边区的收入来源还有没收汉奸财产、征税、发行公债等。洛川会议提出的《抗日救国十大纲领》明确提出"以有钱出钱和没收汉奸财产作抗战经费的原则"。据陕甘宁边区财政统计,没收罚款占财政收入的比例,1937年为4.41%,1938年为3.95%,1939年为1.07%,1940

年为 1.62%。[1] 陕甘宁边区因不是敌后，罚没的收入较少。税收往往是一个政权的重要经济来源。陕甘宁边区成立了税务总局，各县设立了税务局，公布了货物税修正条例、营业税条例，统一了税制。1941年的税收比 1940 年增加了 3 倍多，占当年财政收入的 30%，在财政收入中占有比较大的比重。此外，发行公债亦是陕甘宁边区的一项财政收入，不过数量不是很多。1937 年夏，陕甘宁边区发行过 200 万元法币的公债。

1940 年前，陕甘宁边区的经济虽然也很困难，但总体来说尚可勉强维持。这主要是因为国民党方面虽然从抗战进入相持阶段后防共限共反共的意向逐渐明显，国共在华北地区的摩擦逐渐增多，但总体上还能按照八路军和新四军最初的编制提供经费，同时海内外也提供了一定数量的捐款，共产国际也给予了一定的经费支持。敌后抗日根据地开辟之初，国民党军队、政府工作人员在日军进攻面前纷纷后撤之时，八路军、新四军却挺进敌后坚持抗战，开辟抗日根据地，深得社会各阶层的赞许，因而筹款也比较容易。

到了 1940 年下半年，陕甘宁边区和敌后抗日根据地的财政经济遇到了前所未有的困难。由于八路军、新四军发展迅速，由全民族抗战之初的数万人发展到 50 万之众，各抗日根据地的政权系统和各种群众团体也健全起来，地方的脱产人员也随之增加，但国民党政府所提供的军饷却仍是按原定编制发给，

[1] 中华人民共和国财政部《中国农民负担史》编辑委员会编著：《中国农民负担史》第三卷，中国财政经济出版社 1990 年版，第 195 页。

不但人均经费大为减少，而且由于战争造成的物价上涨、货币贬值，即使是全民族抗战之初同等数量的经费到这时的购买力也大为降低。

更为重要的是，八路军、新四军的迅速壮大本是蒋介石极不愿看到的，当时他之所以勉强同意国共合作，除了他本人尚有一定的民族意识、争取苏联的支持等因素外，还有一个重要原因，就是经过第五次反"围剿"和长征之后，中国共产党领导的武装力量人数锐减，在他看来已是强弩之末，而将红军改编成八路军、新四军，不但可将八路军、新四军纳入其军队序列，而且让八路军、新四军开赴敌后与日军直接对阵，既能对他的正面抗战起到配合作用，还可借日本人之手消灭至少削弱共产党的武装力量。然而，大大出乎他意料的是，八路军、新四军进入敌后竟如鱼得水，军队发展迅速，根据地遍及华北、华中，这是蒋介石不愿看到却不得不面对的结果。

当时，在华北、华中敌后，除了八路军、新四军外，国民党亦有一定数量的敌后游击部队，国共双方的武装力量有时处于犬牙交错的状态，双方之间难免发生矛盾。在这种情况之下，蒋介石为了抑制八路军、新四军的发展，指使或者纵容其部队与八路军、新四军进行摩擦，以蚕食八路军、新四军的活动区域。然而，国民党的敌后部队的战斗力并不强，抗日也没有什么突出表现，得不到敌后民众的支持，所以当八路军、新四军开展反摩擦作战之后，往往丧师失地。面对失败，蒋介石并不甘心，竟无理要求八路军、新四军仅限于在黄河以北活动，并从1940年11月起，完全停止对八路军、新四军的经费供给，且于1941年初发动了致使新四军遭受重大损失的皖南事变。

皖南事变后，蒋介石还加紧对抗日根据地的经济封锁，严格限制与陕甘宁的货物人员往来。这样一来，大后方和海外对陕甘宁边区的资金、物资援助也几乎被断绝。在此之前，国民党政府提供的经费和海内外的援助曾是陕甘宁边区的主要经济支柱。据统计，1937年，外援占边区收入的77.2%，其他占边区收入的22.8%；1938年，外援占51.69%，其他占48.31%；1939年，外援占85.79%，其他占14.21%；1940年，外援占70.50%，其他占29.50%；这四年外援合计占82.42%，其他占17.58%。[1]包括国民党政府军饷在内的外援的断绝，对陕甘宁边区经济的影响由此可见一斑。

相对而言，其他抗日根据地在经济上对外援的依赖度要小一些，其经费来源除了国民党政府一定数量的军饷外[2]，主要是在"合理负担"口号下的捐助与摊派，这些捐助和摊派往往主要由家境较好者承担，但其承受程度毕竟有限。经过几年的抗战，在根据地的脱产人员大量增加之后，这种方式亦很难持久，筹款日益困难。与此同时，1940年起，包括陕甘宁边区在内的各抗日根据地连续发生旱灾、虫灾等自然灾害。1940年底百团大战结束后，日军又加强了对敌后抗日根据地的"扫荡"，造成抗日根据地大量人力物力的损失，敌后根据地的面积大为缩小，人口也大为减少。晋冀鲁豫抗日根据地的太岳区在最严重的时候，全区没有一个完整的县，已建立的12个县政府，被迫搬迁到沁源县工作，后来沁源县城也被日军占领，全区没有一座县城。至

[1] 西北财经办事处：《抗战以来的陕甘宁边区财政概况》（1948年2月18日），陕甘宁边区财政经济史编写组、陕西省档案馆编：《抗日战争时期陕甘宁边区财政经济史料摘编》第六编"财政"，陕西人民出版社1981年版，第13页。

[2] 1938年2月2日，张闻天在一次谈话中说："我们每月从蒋介石那里总共得到50万墨西哥元。这些钱是这样使用的：25万元用于前线需要，其余25万元用于后方需要、党务工作、报纸和杂志的经费，等等。"毛泽民则在共产国际中国问题研究小组会议上发言时说："国民政府开始给八路军发津贴，我们就从45万元（以前只发给30万元）中拿出20万元寄给前线的八路军，而剩下的25万元留给边区——用于办报纸和支付学校、团体、党的机关等部门的开销。"《共产国际、联共（布）与中国革命档案资料丛书》第18卷，中共党史出版社2012年版，第26、229页。

1942年，八路军、新四军由50万人减少到约40万人，各抗日根据地总人口由1亿人减少到5000万人以下。

在这种情况之下，为了维持军队和其他各类脱产人员最低限度的需要，只得加大根据地各阶层民众的负担，特别是加大对救国公粮的征收。1940年，陕甘宁边区计划征收爱国公粮9万石，实收97 354石，比1939年已经有了很大的增加，但由于脱产人员大量增加（1937年全边区脱产人员仅32 200人，而1940年达到了61 144人，1941年更是增加到73 117人，人员增加的一个重要原因是为了保卫陕甘宁边区调回了部分部队），而边区的人口、面积却由于国民党的蚕食在减少，粮食入不敷出。到1941年3月，部分地区已无粮可吃，进入4月各地普遍发生粮荒。

这时，由于外援断绝无钱购粮，即便有经费也由于国民党的经济封锁无粮可买。为此，边区政府被迫开展粮食征购（即以低于市价的方式强制性购买，所付价款为市价的三分之一）和借粮运动，共计征购粮食18 751石，借粮49 705石。由于征购和借粮都带有强制性，自然为群众所不满。为了保证1942年的供给和归还1940年的借粮，中共中央与边区政府经过再三研究，"决定1941年征粮二十万担。这当然是不得已的，但比1940年征收的公粮九万担增加了一倍多，是抗战以来边区征粮数字最高的一次。群众深感负担过重，普遍出现不满情绪"[1]。于是发生了延川县代县长李彩云被雷电击死后，有农

---

[1] 中共中央文献研究室编:《毛泽东传（1893—1949）》，中央文献出版社1996年版，第616页。

民说"老天爷不睁眼,咋不打死毛泽东"的事件。在1945年的中共七大上,毛泽东曾说:"一九四一年边区要老百姓出二十万石公粮,还要运输公盐,负担很重,他们哇哇地叫。那年边区政府开会时打雷,垮塌一声把李县长打死了,有人就说,唉呀,雷公为什么没有把毛泽东打死呢?我调查了一番,其原因只有一个,就是征公粮太多,有些老百姓不高兴。那时确实征公粮太多。"[1]

当时,公粮太多并非只有陕甘宁一地,在晋冀鲁豫根据地的太行区,有的地方征收的公粮达到个人产量的50%。据对榆社县东清秀村的调查,小地主的负担占其收入的55.67%,富农的负担占其收入的31.85%,富裕中农的负担占其收入的26.35%,贫农的负担占其收入的11.18%,佃农的负担占其收入的35.95%。[2] 在晋察冀根据地,1941年边区政府向各地分配的任务为244万石,比1940年的实际征收量增加了53.7%,其北岳区1941年各阶层负担占其收入的比例分别为地主53.21%,富农28.57%,中农12.77%,贫农8.64%。[3]

1940年、1941年和1942年,陕甘宁边区财政经济发生了极其严重的困难。后来毛泽东说:"最大的一次困难是在一九四〇年和一九四一年,国民党的两次反共磨擦,都在这一时期。我们曾经弄到几乎没有衣穿,没有油吃,没有纸,没有菜,战士没有鞋袜,工作人员在冬天没有被盖。国民党用停发经费和经济封锁来对待我们,企图把我们困死,我

[1] 《毛泽东文集》第三卷,人民出版社1996年版,第338页。

[2] 中华人民共和国财政部《中国农民负担史》编辑委员会编著:《中国农民负担史》第三卷,中国财政经济出版社1990年版,第355页。

[3] 中华人民共和国财政部《中国农民负担史》编辑委员会编著:《中国农民负担史》第三卷,中国财政经济出版社1990年版,第322页。

们的困难真是大极了。"[1] "一九四一年和一九四二年为第二阶段。日本帝国主义者为准备和执行反英美的战争，将他们在武汉失守以后已经改变了的方针，即由对国民党为主的方针改为对共产党为主的方针，更加强调起来，更加集中其主力于共产党领导的一切根据地的周围，进行连续的'扫荡'战争，实行残酷的'三光'政策，着重地打击我党，致使我党在一九四一年和一九四二年这两年内处于极端困难的地位。这一阶段内，我党根据地缩小了，人口降到五千万以下，八路军也缩小到三十多万，干部损失很多，财政经济极端困难。同时，国民党又认为他们已经闲出手来，千方百计地反对我党，发动了第二次反共高潮，和日本帝国主义配合着进攻我们。"[2]

三、自己动手，丰衣足食

对于可能出现的严重经济困难，中共中央并非没有预计到。1938年12月8日，毛泽东在后方军事系统干部会上的讲话中就说："我们现在钱虽少但还有，饭不好但有小米饭，要想到有一天没有钱、没有饭吃，那该怎么办？无非三种办法，第一饿死；第二解散；第三不饿死也不解散，就得要生产。我们来一个动员，我们几万人下一个决心，自己弄饭吃，自己搞衣服穿，衣、食、住、行统统由自己解决，我看有这种可能。"[3] 12月12日，毛泽东在抗日

---

[1] 《毛泽东选集》第三卷，人民出版社1991年版，第892页。

[2] 《毛泽东选集》第三卷，人民出版社1991年版，第942—943页。

[3] 中共中央文献研究室编：《毛泽东年谱（一八九三——一九四九）》修订本，中卷，中央文献出版社2013年版，第101页。

第五章　自力更生、艰苦奋斗的创业精神

★ 毛泽东题写"自己动手",号召边区军民开展大生产运动

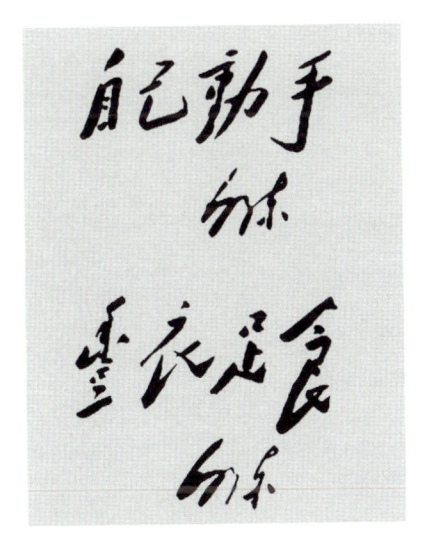

★ 毛泽东题词"自己动手,丰衣足食"

军政大学干部晚会上再次强调:"以后我们要自己解决物质上的供给,要自己种地,自己动手。"[1] 12月14日,中共中央书记处召开会议,专门讨论了生产运动的准备问题。12月20日,中共中央机关报《新中华报》还发表了《广泛开展大生产运动》的社论。

1939年1月2日,毛泽东为《八路军军政杂志》创刊撰写发刊词,亦明确提出:"长期抗战中最困难问题之一,将是财政经济问题,这是全国抗战的困难问题,也是八路军的困难,应该提到认识的高度。"他还提出要通过开展生产运动来解决和改善根据地军民的吃饭穿衣问题。1月25日,陕甘宁边区农产品展览会在延安拉开帷幕,毛泽东在开幕式上作了重要讲话,指出:在边区,不仅老百姓要努力生产,"其他如学校、党政机关、军队也都要参加生产运动"[2]。

按照毛泽东的提议,1939年2月2日,中共中央在延安召开了有700余人参加的党政军民生产动员大会。会上,毛泽东向广大军民发出了"进行生产运动"的伟大号召。他指出:"陕甘宁边区有二百万居民,还有四万脱离生产的工作人员,要解决这二百零四万人的穿衣吃饭问题,就要进行生产运动。"[3] 在同年6月召开的延安高级干部会议上,在谈到生产运动时,毛泽东又强调指出:"一切可能地方,一切可能时机,一切可能种类,必须发展人民的与机关部队学校的农业、工业、合作社运动,用自己动手的方法解决吃饭、穿衣、住屋、用品问

---

[1] 中国人民解放军国防大学:《中国人民抗日军事政治大学史》,国防大学出版社2000年版,第529页。

[2] 中共中央文献研究室编:《毛泽东思想年编(一九二一—一九七五)》,中央文献出版社2011年版,第218页。

[3] 中共中央文献研究室编:《毛泽东年谱(一八九三—一九四九)》修订本,中卷,中央文献出版社2013年版,第110页。

第五章 自力更生、艰苦奋斗的创业精神

★ 1943年3月，中央生产委员会在延安召开各部队、机关、学校生产总动员大会

题之全部或一部,克服经济困难,以利抗日战争。"[1]随后,陕甘宁边区党政机关、部队和学校等单位纷纷组织生产运动委员会,开展生产运动。

陕甘宁边区的生产运动取得了一定的成绩。"边区群众去年(注:指1939年)开荒一百零四万亩,增加粮二十万担,增加牛羊百万头,大大改善了生活,并保障了今春征收救国公粮五万担。""四万个在职人员的生产,平均保障了三个月粮食。警卫营,保卫营及政治教导队则保证了十个月或半年粮食。""在全国有很好的影响,并吸引了外边对我经济上的同情与赞助。"[2]但是,1939年和1940年,其他根据地大规模的生产运动并没有广泛开展起来。

皖南事变发生后,由于国民党顽固派不但停止了对八路军、新四军的经费供应,而且严密封锁陕甘宁边区,边区的外援基本处于断绝状态,使边区本已严重的经济困难雪上加霜。为了度过严重的经济困难,中共中央采取了开源与节流并举的方针。所谓开源就是"自己动手,丰衣足食",在各根据地开展以农业为中心的大生产运动。所谓节流就是大规模的精兵简政。

从1941年起,陕甘宁边区和各敌后抗日根据地的生产运动广泛开展起来,并取得了显著成绩,被毛泽东称为"中国历史上从来未有的奇迹"[3]。

1940年5月,朱德从晋东南抗日前线回到延安后,提出在不妨碍部队作战和训练的前提下,实行屯田政策,以减轻人民负担,改善部队生活,并

---

[1]《毛泽东文集》第二卷,人民出版社1993年版,第224页。

[2]《中央财政经济部关于一九三九年陕甘宁边区生产运动总结的通报》(1940年2月3日),中央档案馆编:《中共中央文件选集(一九三九—一九四〇)》第十二册,中共中央党校出版社1991年版,第278—279页。

[3]《毛泽东选集》第三卷,人民出版社1991年版,第894页。

到延安东南的南泥湾实地勘察。1939年秋，八路军第一二〇师第三五九旅从晋西北调到陕甘宁边区，驻防绥德。经朱德建议，中共中央和毛泽东同意，1941年3月，该部从绥德进驻南泥湾，一手拿枪一手拿锄，开展大生产运动，很快取得了明显的成效。1940年前，该旅的经费全由政府提供，而1941年经费自给率达到78.5%，1942年达90.3%，1943年为91.3%，1944年实现了全部自给。

陕甘宁边区其他部队的经费自给率也逐年增加。到1943年，警备第一旅经费自给率为75.4%，警备第三旅自给率为59.9%，第三五八旅自给率为70.7%，独一旅自给率为74.6%。1942年，边区的中共中央各机关生产收入2581万元，自给48%，边区机关如保安处生产收入113万元，自给70%，鲁迅艺术文学院生产收入28万元，自给32%。[1]

在大生产运动中，部队、机关、学校开展广泛的生产运动，而且各级领导干部以身作则，参加生产劳动，产生了很好的示范作用。毛泽东在一次讲话中特别讲到了八路军第三五九旅两位团干部在大生产运动中的感人事迹。他说："陈宗尧同志是八路军第七一八团的团长，他率领全团走几百里路去背米，他不骑马，自己背米，马也驮米，全团指战员为他的精神所感动，人人精神百倍，无一个开小差。左齐同志是该团的政治委员，他在战争中失去了一只手，开荒时他拿不了锄头，就在营里替战士们做饭，挑上山去给战士们吃，使战士们感动得不可名

[1] 陕甘宁边区财政经济史编写组、陕西省档案馆编：《抗日战争时期陕甘宁边区财政经济史料摘编》第一编"总论"，陕西人民出版社1981年版，第76页。

★ 大生产运动中，八路军第一二○师第三五九旅在南泥湾垦荒

状。我们全体党的干部,都要学习这两位同志的精神,和广大群众打成一片,克服一切脱离群众的官僚主义。"[1] 在大生产运动中,涌现出一大批陈宗尧、左齐这样的先进典型。

1943年11月29日,毛泽东出席中共中央招待陕甘宁边区劳动英雄大会并讲话。他高兴地说:"边区的农民群众和部队、机关、学校、工厂中的群众,根据去年冬天中共中央西北局所召集的高级干部会议的决议,今年进行了一年的生产运动。这一年的生产,在各方面都有了很大的成绩和很大的进步,边区的面目为之一新。""边区的军队,今年凡有地的,做到每个战士平均种地十八亩,吃的菜、肉、油,穿的棉衣、毛衣、鞋袜,住的窑洞、房屋,开会的大小礼堂,日用的桌椅板凳、纸张笔墨,烧的柴火、木炭、石炭,差不多一切都可以自己造,自己办。我们用自己动手的方法,达到了丰衣足食的目的。每个战士,一年中只需花三个月工夫从事生产,其余九个月时间都可以从事训练和作战。我们的军队既不要国民党政府发饷,也不要边区政府发饷,也不要老百姓发饷,完全由军队自己供给;这一个创造,对于我们的民族解放事业,该有多么重大的意义啊!""我们的机关学校,今年也大进了一步,向政府领款只占经费的一小部分,由自己生产解决的占了绝大部分;去年还只自给蔬菜百分之五十,今年就自给了百分之一百;喂猪养羊大大增加了肉食;又开设了许多作坊生产日用品。"[2]

[1] 《毛泽东文集》第三卷,人民出版社1996年版,第22—23页。

[2] 《毛泽东选集》第三卷,人民出版社1991年版,第928—929页。

其他抗日根据地也开展了广泛的大生产运动。1940年，晋绥军区的经费中，政府拨给的占96%，生产自给仅占4%，1944年生产自给达到30%。山东根据地1943年部队生产运动的收入，全省平均自给部分占全部经费的12%，滨海区自给占52%，到1944年，许多主力兵团除被服鞋袜费外已达到全部自给。对于各抗日根据地大生产运动，已经有许多论著有所介绍，这里不再赘述。1945年4月，毛泽东在总结中共抗战时期的历史时，对大生产运动给予高度评价："一九四二和一九四三两年先后开始的带普遍性的整风运动和生产运动，曾经分别地在精神生活方面和物质生活方面起了和正在起着决定性的作用。这两个环子，如果不在适当的时机抓住它们，我们就无法抓住整个的革命链条，而我们的斗争也就不能继续前进。"[1]

为了克服严重的经济困难，尽量减轻根据地群众负担，除了部队机关开展生产自给外，各根据地还开展了大规模的精兵简政。精兵简政这个被毛泽东称为"极其重要的政策"，是陕北著名开明绅士、边区政府副主席李鼎铭提出来的。1941年11月，陕甘宁边区二届一次参议会召开，李鼎铭等人在这次会议上提出有关财政问题的提案，建议"政府应彻底计划经济，实行精兵简政主义，避免入不敷出经济紊乱之现象"，并提出了五项具体实施办法。这个提案提出后，曾产生争议，但引起了毛泽东的高度重视，他不但把整个提案抄到自己的本子上，而

[1]《毛泽东选集》第三卷，人民出版社1991年版，第1107—1108页。

且在一旁加了一段批语："这个办法很好，恰恰是改造我们的机关主义、官僚主义、形式主义的对症药。"[1] 毛泽东后来说："'精兵简政'这一条意见，就是党外人士李鼎铭先生提出来的；他提得好，对人民有好处，我们就采用了。"[2] 12月13日，中共中央发出精兵简政的指示，要求切实整顿党、政、军各级组织机构，精简机关，充实连队，加强基层，提高效能，节约人力物力。此后，中共中央一再指示各根据地克服"鱼大水小的矛盾"，"实行彻底的精兵简政"，因为"伴随着极端残酷斗争，根据地缩小，必然要到来，而且可能很快到来，这一点如不预先计及，将来必要吃大亏。在此情形下，不论华中华北，都不能维持过大军队，如愿勉强维持，必难持久"。[3]

从1942年开始，陕甘宁边区开展大规模的精兵简政。经过精简，边区直属机关由35个减少到22个，税局、税所由95个减至65个，银行办事处9个全部撤销，各系统缉私机关与保安处检查机关合并，各专署及县内的机构由原来的八九个减少至四五个。精简前，边区办公厅、民政厅、财政厅、建设厅、教育厅和物资局共有469人，精简后只余279人，精简人员占原有人员的40%强。[4]

大生产运动和精兵简政，对于陕甘宁边区和各敌后抗日根据地克服严重的经济困难，坚持抗战，起到了极其重要的作用。大生产运动后，陕甘宁边区各机关、部队、学校不仅开荒种地，还搞起了各

---

[1] 李维汉：《回忆与研究》下，中共党史资料出版社1986年版，第502页。

[2] 《毛泽东选集》第三卷，人民出版社1991年版，第1004页。

[3] 《关于华中精兵简政问题的指示》（一九四二年八月四日毛泽东致陈毅），中央档案馆编：《中共中央文件选集（一九四一——一九四二）》第十三册，中共中央党校出版社1991年版，第424页。

[4] 李鼎铭：《边区政府简政总结》（1944年1月7日），陕甘宁边区财政经济史编写组、陕西省档案馆编：《抗日战争时期陕甘宁边区财政经济史料摘编》第一编"总论"，陕西人民出版社1981年版，第205—206页。

种副业，如养猪、做豆腐等，使生活有了很大的改善。如1943年1月至9月，中直、军直机关吃大肉12.8万斤、牛肉0.6万斤、羊肉1.5万斤，合计14.9万斤。[1]1943年1月至10月，第三五九旅吃肉318 262斤，平均每人每月约3斤。[2]

　　大生产运动不但大大改善了机关、部队的生活，更重要的是减轻了根据地人民的负担，密切了与根据地群众的关系。1941年是陕甘宁边区群众负担最重的一年，其负担情况是：人力负担，每个劳动力平均100—115天；畜力负担，每畜平均65—75天；正式财粮负担，每人平均54斤小米，占总收入的15.31%；非正式财粮负担，每人平均81斤小米，占总收入的23.14%。[3]仅财粮负担就占边区群众总收入的38.45%，这还不包括人力和畜力负担，边区群众的负担是比较重的。经过大生产运动和精兵简政，边区人民的负担逐渐减轻，以救国公粮为例，如果以1941年为100统计，1942年为82.1，1943年为91.3，1944年为79.4，1945年为61.5。边区救国公粮占农业产值的比重也逐年下降，1943年全边区的公粮负担率为11.51%，1944年为9.14%，1945年为7.75%。救国公粮占财粮总收入的比重，1940年至1942年平均为52.23%，1943年至1945年平均为29.53%；农民缴纳的各项税收占财粮总收入的比重，1940年至1942年平均为60.65%，1943年至1945年平均下降为35.38%。[4]陕甘宁边区1943年至1945年，取之于民者最多占47.%，最少占

20.82%。[1] 正如毛泽东所说的："部队机关学校既然自己解决了全部或大部的物质问题，用税收方法从老百姓手中取给的部分就减少了，老百姓生产的结果归自己享受的部分就增多了。"[2]

经过大生产运动和精兵简政，不但各抗日根据地坚持了下来，而且1943年之后中国共产党领导的武装力量，各抗日根据地的面积、人口都有了新的发展。到1945年春，人民军队已达到91万人，不脱产民兵200万人，抗日根据地总面积达到95万平方公里、总人口9550余万人，其中大生产运动与精兵简政政策功不可没。

延安时期，自力更生、艰苦奋斗的创业精神，还体现在白手起家，因陋就简，创办了大批的学校、工厂、科学研究机构等，不但发展了陕甘宁边区的文化教育事业，繁荣了边区经济，更重要的是为党在全国执政准备了大批的干部和技术人才。

1943年5月26日，毛泽东在中共中央书记处召集的延安干部大会上作关于共产国际解散的报告。毛泽东说，现在共产国际没有了，这就增加了我们的责任心。每个同志都要懂得自己担负了极大的责任。从这种责任心出发，就要发挥共产党人的创造力。"我们正处在艰难的民族解放战争中，八路军、新四军在敌人后方抗拒着极其强大的敌人，我们的环境很艰苦，战争的时间还很长。但是这种长期的艰苦的斗争，正好锻炼我们自己，使我们用心地想一想，绝不粗枝大叶，自以为是；使我们认真去掉

---

[1] 陕甘宁边区财政经济史编写组、陕西省档案馆编：《抗日战争时期陕甘宁边区财政经济史料摘编》第六编"财政"，陕西人民出版社1981年版，第20页。

[2] 《毛泽东选集》第三卷，人民出版社1991年版，第929—930页。

主观主义、宗派主义以及老一套的党八股作风,而拿出完全的负责的态度与高度的创造力来。"[1] 正是依靠自力更生、艰苦奋斗的精神,中共中央在延安的 13 年,在艰苦的环境中爆发出强大的创造力,不但在这里生存了下来,而且实现了由小到大、由弱到强的历史性转变,创造出一个个历史奇迹,造就了中国革命的伟业。

四、发扬艰苦作风,厉行廉洁政治

毛泽东在中共七大所作的《论联合政府》书面报告中,特地讲到抗日根据地与国统区的区别:"利用抗战发国难财,官吏即商人,贪污成风,廉耻扫地,这是国民党区域的特色之一。艰苦奋斗,以身作则,工作之外,还要生产,奖励廉洁,禁绝贪污,这是中国解放区的特色之一。"[2] 艰苦奋斗、清正廉洁是陕甘宁边区的突出特色之一。

1937 年 8 月 25 日,中共中央发布《中国共产党抗日救国十大纲领》,完整地提出了十条中国共产党坚持全面抗战的政治主张,其中第四条"改革政治机构"中明确指出:"实行地方自治,铲除贪官污吏,建立廉洁政府。"1939 年 4 月 4 日,陕甘宁边区政府公布了边区第一届第一次参议会通过的《陕甘宁边区抗战时期施政纲领》,分为"民族主义""民权主义""民生主义"3 个部分共计 28 条,其中第 11 条明确规定:"发扬艰苦作风,厉行廉洁政治,肃清贪

---

[1]《毛泽东文集》第三卷,人民出版社 1996 年版,第 22 页。

[2]《毛泽东选集》第三卷,人民出版社 1991 年版,第 1048 页。

污腐化，铲除鸦片赌博。"[1]

1941年5月1日，陕甘宁边区政府发布主要是毛泽东加写和改写的《陕甘宁边区施政纲领》，其中明确提出："厉行廉洁政治，严惩公务人员之贪污行为，禁止任何公务人员假公济私之行为，共产党员有犯法者从重治罪。同时实行俸以养廉原则，保障一切公务人员及其家属必需的物质生活及充分的文化娱乐生活。"[2]

为了实现廉洁政治的目的，既要教育广大干部发扬艰苦奋斗的精神，自觉树立这方面的意识，同时还需要具体的制度规定，以约束广大干部的行为。1942年12月，为了贯彻中共中央提出的精兵简政方针，陕甘宁边区政府第三次政府委员会通过《陕甘宁边区简政实施纲要》，在对精兵简政提出具体要求的同时，强调"还须厉行节约，才能贯彻精简的目的"，并为此提出五项规定：一、不急之务不举，不急之钱不用，且须在急务和急用上，力求合理经济。二、除保证给养外，其他消费，概须厉行节省。要提倡勤俭朴素，避免铺张浪费。要疏散机关，调整窑洞，停止建筑。要减少公差公马，提倡动手动脚。要实行粮票制，免去双重粮的浪费。要注意一张纸，一片布，一点灯油，一根火柴的节省。要爱惜每件公物，使之多用些日子。要不追加预算，并建立严格的审计制度。三、集中力量于急要的经济事业，实行经济核算制；并加强其管理和监督，开展反对贪污浪费的斗争。四、爱惜民力，节制动员，不浪

---

[1] 中共中央文献研究室、中央档案馆编：《建党以来重要文献选编（一九二一——一九四九）》第十六册，中央文献出版社2011年版，第159页。

[2] 《毛泽东文集》第二卷，人民出版社1993年版，第335页。

费一个民力，一匹民畜。五、坚持廉洁节约作风，严厉反对贪污腐化现象。[1]

1943年5月8日，陕甘宁边区政府发布命令，颁布《陕甘宁边区政务人员公约》，要求"在干部中进行讨论解释，并督促所属相互检查，严格执行为要"。公约共分为十条，其中第五条为"公正廉洁，奉公守法"，公约就此解释说："这是我们政务人员应有的品格，要在品行道德上成为模范，为民表率。要知法守法，不滥用职权，不假公济私，不要私情，不贪污，不受贿，不赌博，不腐化，不堕落。"[2]

早在中央苏区时期，毛泽东就强调："应该使一切政府工作人员明白，贪污和浪费是极大的犯罪。"[3] 1942年12月，毛泽东为中共中央西北局高干会议撰写了《经济问题与财政问题》的书面报告，强调指出："凡在公营经济中做事的公务人员，如果他为他自己个人图谋特殊利得，在我们队伍中就叫做丧失道德的行为，在法律上就叫做犯了贪污罪。而一切不贪污、不浪费、忠心耿耿、为党为国的人，就算是有很高尚道德的人，应受到党与政府的称赞及奖励。"[4] 针对大生产运动中个别单位、个别人大手大脚，甚至一掷千金，但求铺张，不求实效等现象，毛泽东强调："今后所有军队与机关学校的一切上级领导机关，必须着重于照顾全局，掌握政策，对所属各单位的生产活动一定要有统一的计划，统一的检查，绝对不容许再有各自为政，闹独立性，破坏政策，破坏法令，侵害人民利益，各单位互相

---

[1] 陕西省档案馆、陕西省社会科学院编:《陕甘宁边区政府文件选编》第七辑，陕西人民教育出版社2015年版，第71页。

[2] 陕西省档案馆、陕西省社会科学院编:《陕甘宁边区政府文件选编》第七辑，陕西人民教育出版社2015年版，第151、152页。

[3] 《毛泽东选集》第一卷，人民出版社1991年版，第134页。

[4] 《经济问题与财政问题》(1942年12月)，解放社1944年版，第208页。

斗争，互相妨碍，以及干部中贪污浪费赌博等现象再行发生。如再有这类现象发生，必须严申纪律，轻者批评，重者处罚，决不可对他们纵容，反而美其名曰'宽大政策'。这就是经济工作中的整顿三风，我们必须毫不犹豫地执行。"[1]

厉行廉洁政治不但要对各级干部进行艰苦奋斗教育，还必须以严明的法律去惩治可能发生的贪污腐败行为。1938年8月15日发布的《陕甘宁边区政府惩治贪污暂行条例》规定：边区所属之行政机关、武装部队及公营企业之人员及群众组织及社会公益事务团体之人员，凡克扣或截留应当发给或缴纳财物、买卖公物从中舞弊、盗窃侵吞公有财物、强占强征或强募财物、意图营利贩运违禁或漏税物品、擅移公款作为私人营利、违法收募税捐、伪造或虚报收支账目、勒索敲诈、收受贿赂、为私人之利益而浪费公有之财物等行为，即以贪污论罪。同时规定：贪污数目在500元以上者，处死刑或5年以上之有期徒刑；贪污数目在300元以上500元以下者，处3年以上5年以下之有期徒刑；贪污数目在100元以上300元以下者，处1年以上3年以下之有期徒刑；贪污数目在100元以下者，处1年以下之有期徒刑或苦役。

全民族抗战爆发时，全国只有4万多名党员，随着敌后抗日根据地的开辟，前后方都急需大量干部，因此大量发展党员成为当务之急。1938年3月，中共中央为此特地作出《关于大量发展党员的决

---

[1] 《毛泽东军事文集》第二卷，军事科学出版社、中央文献出版社1993年版，第691页。

议》，提出"因此大量的十百倍的发展党员，成为党目前迫切与严重的任务"[1]。到1940年，全国党员发展到80万人。在大发展中，有些素质不高并不符合党员条件者甚至个别投机分子也混入党的队伍。由于当时处在国共合作时期，共产党的干部难免与国民党官员打交道，国民党官员普遍腐化奢靡，这不能不对共产党的有些干部产生负面影响。同时，国民党采取所谓"溶共"政策，以金钱腐蚀、封官许愿等策，腐蚀拉拢党内一些意志薄弱者。陕甘宁边区和各敌后根据地的许多工作尚处于初创阶段，财务管理、审计监督制度不够健全，也会产生一些管理上的漏洞。如此等等，使革命队伍中的个别人发生贪腐现象。对此，陕甘宁边区不断完善相关法律法规制度，对于贪腐行为做到发现一起就严肃查处一起，以零容忍的态度严惩腐败行为。

陕甘宁边区靖边县张家畔税务局局长肖玉璧，陕北清涧县人，1933年参加红军，作战勇敢，多次负伤，后转业到地方工作，曾任区苏维埃政府主席、贸易局副局长等职。肖玉璧在张家畔税务局任局长期间，结识在靖边大黄口则开店的张某，两人熟识后，张某要肖为他招募新兵，并许诺说："招满一营即为营长，招满一团即为团长。"肖玉璧利欲熏心，为实现升官发财之目的，不惜前后两次挪用公款2520元借给张某。为欺蒙上级，肖玉璧用多收少报的方法罗列虚假账目，但被陕甘宁边区财政厅发觉。事情败露后，肖玉璧拐带公款250元、税票18张，

---

[1] 中共中央文献研究室、中央档案馆编:《建党以来重要文献选编（一九二一—一九四九）》第十五册，中央文献出版社2011年版，第186页。

第五章 自力更生、艰苦奋斗的创业精神

★ 延安各界庆祝边区参议会成功召开

潜逃至绥远东胜县桃力民，找到已在此地国民党军任连长的张某。张某又让肖玉璧返回靖边县宁条梁招兵，肖因招不到兵无以为生，于是潜回清涧原籍，结果被边区政府发觉捕获。依照边区政府法律，经审判，肖玉璧被判处死刑。为此，中共中央机关报《解放日报》特地刊发《曾任张家畔税局长 肖玉璧判处死刑 贪污公款三千余元》的消息，同时配发了《从肖玉璧之死说起》的社论，指出："我们要做到在'廉洁政治'的地面上，不容许有一个'肖玉璧'式的莠草生长！有了，就拔掉它！"依法严惩肖玉璧，有效地警示教育了广大干部。

要建立廉洁政府，就必须发扬人民民主，加强对政府的监督。延安时期，在政权建设上，中国共产党创造性地执行"三三制"原则，在边区推行广泛深入的民主选举。

"三三制"原则是适应抗日民族统一战线而提出的，它规定在抗日民主政权中人员的分配上，共产党员大体占三分之一，左派进步分子大体占三分之一，中间分子和其他分子大体占三分之一，以吸引广大非党人员参加政权。为了贯彻好"三三制"原则，毛泽东曾强调："不论政府机关和民意机关，均要吸引那些不积极反共的小资产阶级、民族资产阶级和开明绅士的代表参加；必须容许不反共的国民党员参加。在民意机关中也可以容许少数右派分子参加。切忌我党包办一切。"[1]

1941年11月，陕甘宁边区召开第二届参议会第

---

[1]《毛泽东选集》第二卷，人民出版社1991年版，第766页。

一次会议。这次参议会的选举严格执行了"三三制"原则。会议选出9名常驻委员，其中共产党员正好3人；在选举边区政府委员时，委员总数18人，按规定共产党员只能有6人，结果有7个共产党员当选，老共产党员徐特立当即声明"退出"，会议随即补选了无党派人士白文焕为政府委员；共产党员林伯渠当选为边区政府主席，陕北著名开明绅士李鼎铭当选为边区政府副主席。

1945年，边区参议会议员170名，其阶级成分，计有工人6人，贫农18人，中农69人，富农26人，商人9人，地主34人等。其党派关系，有共产党员61人，占35.9%；国民党员19人，占11.2%；无党派人士89人，占51%。常驻议员12人，其中共产党员4人，正好三分之一；非党左派进步分子和中间分子8人，占三分之二。1946年4月陕甘宁边区第三届参议会第一次会议选举政府委员19人，其中共产党员6人，占三分之一弱，非党左派进步分子13人，占三分之二强。因此，在边区参议会和边区政府机关中，共产党人忠实地执行了自己的"三三制"主张。[1]

陕甘宁边区在基层参议会和基层政府中，也认真贯彻"三三制"原则。1941年到1942年，陕甘宁边区按照"三三制"原则，大规模推行乡、县、边区三级议会和政府的改选。据统计，乡参议会议员中共产党员只占三分之一左右，有的地方还不足三分之一，如绥德乡参议员共2889人，共产党员

[1] 李维汉：《回忆与研究》下，中共党史资料出版社1986年版，第519—520页。

只占 26%；清涧乡参议会中，共产党员只占五分之一。

与此同时，在陕甘宁边区还组织开展广泛深入的民主选举，使边区人民享受真正的民主权利。陕甘宁边区政府成立后，毛泽东就明确提出：今后边区政府将"首先在西北广大地区，实施抗战和普选的民主政治，作全国民主政治之先导"，以此"进一步推动全国的民主力量，围绕在特区政府的周围，在活的榜样之下，为实现全国的民主制度而努力"。[1] 后来，他还一再申明："抗日统一战线政权的选举政策，应该是凡满十八岁的赞成抗日和民主的中国人，不分阶级、民族、党派、男女、信仰和文化程度，均有选举权和被选举权。抗日统一战线政权的产生应该由人民选举"，"这种抗日统一战线政权的建立，将给全国以很大的影响，给全国抗日统一战线政权树立一个模型"。[2]

1941 年 11 月，陕甘宁边区第二届参议会修改通过《陕甘宁边区各级参议会选举条例》，规定采取普遍、直接、平等、无记名投票选举制，选举边区、县、乡三级参议会的参议员。在选举资格上，规定凡居住在边区境内的人民，除有卖国行为、经政府缉办有案的，经军法或法院判决剥夺公民权尚未恢复的，有精神病的三种人以外，年满十八岁，不分阶级、党派、职业、男女、宗教、民族、财产和文化程度的差别，都有选举权和被选举权，从而保证大多数人民的民主权利。

[1] 中央档案馆编：《中共中央文件选集（一九三六—一九三八）》第十一册，中共中央党校出版社 1991 年版，第 392 页。

[2] 《毛泽东选集》第二卷，人民出版社 1991 年版，第 751 页。

1937年至1946年，陕甘宁边区进行过3次乡、县、边区三级选举，参加选举的选民逐次增加，第三次民主选举时，"人民就把选举运动认定是自己的事，不是旁人的事，所以从检查工作到选举代表的三个月过程里头，就连许多还不到十八岁，还没有选举权的少年与儿童，也做了不少与选举有关的事情。至于选民就绝大部分卷入了浪潮，他们有什么说什么，自由酝酿着候选人，没有因为亲戚朋友而耍私情的；在选举代表时，如志丹、子长、曲子、环县等地区，就有百分之八十七的选民投了票，就是百个选民中有八十七个投了票，这只是平均数，最高的是百分之九十六，就是百个选民中有九十六个投了票。他们从自己的经验中证明坏人可以去掉，不要怕；好人也会有缺点的，但好人的缺点确实是在诚心诚意地改进。所以他们就大胆地批评坏人，不给他投豆子，善意地批评好人的短处和赞扬他的长处，仍旧选举了他，又新选出许多新的好人"[1]。

　　陕甘宁边区经济文化落后，地广人稀，交通不便，而且广大群众文化水平普遍偏低，80%以上的选民是目不识丁的文盲。为了让群众能够表达他们的政治意愿，行使自己的选举权利，边区因地制宜，创造发明了许多富有特色、方便选民的投票方法。外来的参观者曾有这样的记述："因为农民不识字的居多，所以用种种通俗的办法代替写票，有的地方叫选举做'烧香窟窿'，那就是用香在被选人的名字

[1] 陕西省档案馆、陕西省社会科学院编：《陕甘宁边区政府文件选编》第十辑，陕西人民教育出版社2015年版，第153页。

★ 投豆选举

上烧一个窟窿;有些地方的习惯,候选人各有一个木箱,选举人在他所要选举的人的箱子里投一颗黑豆,也就算选举;有些地方,则由一个人背一只箱子,巡回到选民家里去请他们投票,这叫做背箱。"[1]

这样的民主选举,是中国历史上从未有过的。凡是参加这样选举的群众,必定从内心深处产生一种当家做主人的感觉。在中国共产党领导的解放区,曾产生出两个特定的新词——"翻身""解放"。无疑是共产党实行的减租减息和土地改革等政策,提高了农民的经济地位,而广泛深入又切合实际的民主选举,又提高了农民的政治地位,农民从新政权建立以来的社会地位的变化中,深切地体会到"翻身"与"解放"的含义。

1945年7月,黄炎培等6名国民参政会的参政员访问延安。有一次,黄炎培对毛泽东说,在这里看到事事有组织、人人有训练、一派蓬勃的现象,觉得你们实行的政策是切实有效的。但他也考虑一个问题,就是在他60多年的经历中,曾耳闻目睹不少团体和朝代总是在创业之初,雄心勃勃,艰苦奋斗,待到成功之后就逐渐松懈腐化,难免"人亡政息""求荣取辱"的败局,历朝历代都无法跳出"其兴也勃焉""其亡也忽焉"的历史周期率,希望中共诸君找出一条新路,来跳出这个周期率的支配。毛泽东回答说:"我们已经找到新路,我们能跳出这周期率。这条新路,就是民主。只有让人民来监督政府,政府才不敢松懈。只有人人起来负责,才不会

[1] 赵超构:《延安一月》,中国国际广播出版社2013年版,第217—218页。

人亡政息。"[1] 在这里,毛泽东触及民主最本质的问题——人民监督政府,只有这样的民主才是真正的民主,权力必须接受人民的监督才能做到为民所用,也才能跳出人亡政息的历史周期率。

当时凡是到延安参观考察过的人,延安都给他们留下了良好而深刻的印象。1940 年 5 月底至 6 月上旬,著名的南洋华侨领袖陈嘉庚访问延安。通过 9 天的参观,陈嘉庚对延安和中国共产党得出以下结论:一、没有苛捐杂税,不像国统区那样捐税多如牛毛;二、领导人廉洁,他们的工资标准和一般干部、士兵相差很小,这同国民党达官贵人的贪污腐败形成鲜明对照;三、没有乞丐、妓女和失业的人,人民生活过得去,不像国民党统治区那样民不聊生;四、领导人与人民群众平等相处,不像国民党统治区那样等级森严;五、社会治安好;六、男女关系严肃;七、朴素成风;八、民主风气好,县长是民选的。他后来在《南侨回忆录·弁言》中说:"余观感之余,衷心无限兴奋,梦寐神驰,为我大中华民族庆祝也。"[2] 正因为如此,他由衷地发出了"中国的希望在延安"的感慨。

1945 年 10 月,国民党军高树勋部在邯郸起义后组成民主建国军。次年春,民主建国军组织参观团到延安,该参观团团长,也是民主建国军第一军第二师副师长的聂志超,在其《延安参观后的我见》一文中写道:"就陕甘宁边区及延安市的一般人看来,不论公务人员、学生与军民人等,决不像大后方一

---

[1] 黄炎培:《八十年来》,文史资料出版社 1982 年版,第 148—149 页。

[2] 陈嘉庚:《南侨回忆录》,上海三联书店 2014 年版,"弁言"第 4 页。

第五章　自力更生、艰苦奋斗的创业精神

★ 1945年7月1日，国民参政会6位参政员褚辅成、黄炎培、章伯钧、冷遹、傅斯年、左舜生由重庆到达延安，毛泽东、博古（秦邦宪）等中央领导前往机场迎接

般人士的愁眉锁眼,叫苦连天,闹着经济困难,也不像另一部分人贪污腐化,狂嫖乱赌,日趋没落的现象,而都是欢天喜地,刻苦朴素,为着和平民主,为着建设边区,为着解放全国人民,为着将来人类的幸福,有组织、有计划、实事求是的紧张的工作着;同时延安及边区更看不见盗匪、乞丐,这一种安定丰衣足食的社会,刻苦蓬勃欣欣向荣的现象,正是中华民国走向新的道路新的社会的一种新生气象。"[1]

毛泽东曾说过,共产党人要用"延安作风"打败国民党的"西安作风"。在陕北这块黄土地上,共产党人凭借坚定正确的政治方向,坚持全心全意为人民服务的自觉,秉持解放思想、实事求是的科学态度,依靠自力更生、艰苦奋斗,形成了自己独特的作风和精神特质即伟大的延安精神,为中国革命不断走向胜利提供了不竭的精神力量。

[1] 聂志超:《延安参观后的我见》,《解放日报》1946年6月1日。